周金堂　刘　勇 / 等著

R

经济管理出版社
ECONOMY & MANAGEMENT PUBLISHING HOUSE

图书在版编目（CIP）数据

萝北县域经济研究/周金堂等著. —北京：经济管理出版社，2015.6
ISBN 978-7-5096-3670-1

Ⅰ.①萝… Ⅱ.①周… Ⅲ.①区域经济发展—研究—萝北县 Ⅳ.①F127.354

中国版本图书馆 CIP 数据核字（20015）第 055614 号

组稿编辑：申桂萍
责任编辑：张　达
责任印制：黄章平
责任校对：车立佳

出版发行：经济管理出版社
　　　　（北京市海淀区北蜂窝 8 号中雅大厦 A 座 11 层　100038）
网　　址：www.E-mp.com.cn
电　　话：(010) 51915602
印　　刷：三河市延风印装厂
经　　销：新华书店
开　　本：720mm×1000mm/16
印　　张：16.75
字　　数：274 千字
版　　次：2015 年 6 月第 1 版　　2015 年 6 月第 1 次印刷
书　　号：ISBN 978-7-5096-3670-1
定　　价：68.00 元

课题组成员

组　长：

周金堂　中国井冈山干部学院原副院长、博士、教授、研究员、博士生导师，江西省教育厅巡视员，中国区域经济学会副理事长、中国区域经济学会县域经济专业委员会主任委员

副组长：

刘　勇　中国社会科学院工业经济研究所研究员、博士、投资与市场研究室主任，中国区域经济学会县域经济专业委员会副主任委员兼秘书长

张书海　黑龙江省委党校教授、中国区域经济学会县域经济专业委员会常务理事

成　员：

葛　健　中国社会科学院工业经济研究所副研究员、博士、信息网络室副主任、中国区域经济学会县域经济专业委员会常务理事

王建武　国土资源部土地争议调处事务中心副研究员、博士

叶振宇　中国社会科学院工业经济研究所副研究员、产业布局研究室副主任，中国区域经济学会县域经济专业委员会副秘书长

王振霞　中国社会科学院财经战略研究院副研究员、博士

邓　洲　中国社会科学院工业经济研究所副研究员、博士

罗　勇　中国井冈山干部学院教务部副调研员，中国区域经济学会县域经济专业委员会副秘书长

目　录

绪　论

县域经济属于有地域特色的行政区划型区域经济范畴，是国民经济的基本单元。在我国发展进入新阶段，改革进入攻坚期、深水区，经济增速放缓，结构深度调整，发展方式、增长模式、资源配置、经济福祉等大转换的大背景下，萝北县的经济社会发展同我国其他边境县一样，既面临着全面深化改革、加快区域融合发展的巨大机遇，又面临着工业化、信息化、城镇化与农业现代化联动协调发展的多重挑战。如何直面现实，遵循经济发展规律，坚持实事求是，因地制宜，改革创新，转型提质，大力推进县域经济新发展，这是萝北县必须做出回应的重大理论与现实问题。

萝北县是黑龙江省鹤岗市下辖的一个边境县，地处我国最早实行计划经济体制的东北。2014年以来，在世界经济持续低迷、国际市场大宗商品价格大幅下跌、国内需求不足的形势下，县域经济的发展既受到大环境影响，又受到东北三省一向以来工业增加值占地方生产总值一半以上且第二产业中能源、材料和重化工业的比重较高，以及城镇化率很高但服务业比重比全国平均水平还要低等因素的影响。如何面对现实，把县域经济发展工作做实、做细、做好，为萝北小康社会建成夯实经济基础，这是萝北县委、县政府必须认真解决的重大历史命题。习近平总书记指出："小康不小康，关键看老乡。"[①] 县域是广大农民奔小康的主战场，县域经济是县域建成小康社会的重要基础与依托。"我们必须坚持把解决好'三农'问题作为全党工作重中之重，坚持工业反哺农业、城市支持农村和多予

---

① 习近平. 2013年12月23日在中央农村工作会议上的讲话. 新华网：http://news.xinhuanet.com/politics/2013-12/24/c_118693228.htm.

少取放活方针，不断加大强农惠农富农政策力度，始终把'三农'工作牢牢抓住、紧紧抓好。"① 发展县域经济，必须坚持问题导向，始终把解决"三农"问题作为重中之重，坚持可持续发展，把生态文明建设与特色发展结合起来。正如黑龙江省委书记王宪魁指出的："发展县域经济要紧紧把握本地特色，深挖资源潜力，发展优势特色产业。"② 就资源相对丰裕的萝北县来说，做好生态保护与资源科学开发相结合的文章，无疑是促进县域经济社会协调发展、"人与自然"和谐相处的理性选择。

萝北，素有"界江之都"和"石墨之都"之称。改革开放以来，由于其特殊的地理位置和县域要素禀赋构成，县域经济社会发展面临着不少新任务、新问题、新机遇、新挑战。客观理性地看待"萝北现象"，实事求是地研判萝北经济社会发展的新走势，这对于止住经济下行势头，增强经济发展韧性，挖掘经济增长潜力，拓展经济布局空间，提振经济振兴信心，改善发展预期，更加积极主动地通过改革创新来抢抓机遇，确立发展定位与战略，更有效地采取应对措施，推动萝北经济社会的健康协调发展意义非同一般。基于此，中国区域经济学会县域经济专业委员会的部分专家，应鹤岗市和萝北县的邀请，先后三次深入乡镇、工厂、农村、口岸等经济实体单位，对萝北的县域经济发展情况进行实地考察，通过对调查结果的整理分析、论证研判，我们清楚地看到"萝北现象"非常特殊，"萝北做法"值得研究，萝北发展令人期待。

一、"萝北现象"的特殊性

现象是指人或事物在发展、变化中所表现出来的外部形态，也可以理解为"事物表现出来的能被人感觉到的一切情况"。县域经济的"萝北现象"，主要是指萝北县县域经济在发生、发展、变化过程中所表现出的内在联系和客观形势。其特殊性主要表现为：

其一，独特的地理位置。萝北县位于黑龙江省东北部、小兴安岭南麓与三江

---

① 习近平. 2013 年 12 月 23 日在中央农村工作会议上的讲话. 新华网: http://news.xinhuanet.com/politics/2013-12/24/c_118693228.htm.
② 王宪魁. 2014 年 10 月 6 日在望奎县调研产业园区建设时的讲话. 人民网: http://hlj.people.com.cn/n/2014/1009/c338503-22545987.html.

平原交汇处，黑龙江中下游，东北以黑龙江为界，与俄罗斯犹太自治州相望，边境线长 146.5 千米，辖区内名山镇的萝北口岸四季通关，是国家一级客货口岸。

其二，特别的县域行政区划。萝北县下辖 8 个乡镇、63 个行政村。另有农垦宝泉岭分局所属的 6 个国营农场和鹤北林业局所属的 19 个森工林场。镇场合一，乡镇与农场分局等条块单位在经济社会发展事业中"你中有我、我中有你"重叠交叉的社会建设、行政管理等现象大量存在。

其三，地广人少，多民族居住。县域内总人口 22.5 万人。居住着汉、满、回、蒙、朝鲜等 19 个民族，区域国土面积 6784 平方千米。人均国土面积大，土地资源丰裕，现有耕地 354 万亩，年产粮食 30 亿斤，商品率达 80% 以上。加速农业现代化的条件优越、潜力大、前景好。

其四，多元文化并存。名山镇是黑龙江 14 个旅游名镇之一，大卫广场、俄罗斯啤酒街等，较好地展示了俄罗斯文化、犹太风情和中国文化。黑龙江流域博物馆是中国唯一展示黑龙江流域文明的博物馆。太平沟黄金古镇再现了晚清太平沟的繁荣和地方民俗文化的特点。

其五，生态旅游资源丰富。以"两峡两镇一岛一湿地"为代表，展示出了萝北县的生态优势和发展朝阳产业——旅游业的优势和前景。"两峡"是指龙江三峡和兴龙峡谷，那里既有形似巨龙、蜿蜒曲折、靓丽峻秀的龙江三峡，又有林丰叶茂、栈道幽长、沟深景美的龙兴峡谷；"两镇"是指名山旅游名镇和太平沟黄金古镇；"一岛"是指江水环绕、鸟语花香的国家 4A 级旅游景区名山岛；"一湿地"即嘟噜河湿地，30 万亩的湿地水丰草茂、泡泽纵横，是黑龙江省有名的自然保护区，也是我国北方三大水禽栖息之一，是候鸟迁徙坐标区，是天鹅、丹顶鹤等珍贵野生鸟类和野生动物的栖息乐园。

其六，矿产资源富集。萝北县素有"黄金镶边，钨金铺地"的美誉。石墨、石灰石、砂金、硅石、白云岩、菱镁矿、腐植酸、花岗岩等 29 种金属、非金属矿藏中尤以石墨储量 6 亿吨为尊，居亚洲之最，被称为"亚洲第一矿"。萝北县全力打造"中国石墨之都"，建成了享受省级开发区政策的以石墨开采加工为主的专业性特色产业园区，已被国家列入"十二五"建材产业发展规划，主要承载着石墨企业集聚发展。萝北县石墨产业园区现已形成 35 万吨选矿加工能力，2.3 万吨球形石墨生产能力和 400 万吨采矿规模的产业新格局。石墨储量、年加工量和出口量分别占全国的 1/3、1/3 和 1/5。

萝北县独特的历史文化、区位条件、人文景观、资源特色，特别是生产力水平和产业布局与产业发展现状决定了萝北县的要素禀赋与其他县大不相同。萝北经济社会的发展必须立足萝北实际，按照建设精神文明和物质文明的要求，围绕建成小康社会的目标来谋篇布局，分步实施，全面落实；就县域经济发展而言，要根据边境县的特殊区位条件，用"特殊性"来扬长避短、扬优成势，认真对待区域发展规划总体战略，落实主体功能区规划；要坚持以产业升级为导向，完善并创新区域开放经济发展政策，缩小政策单元，重视跨区域、次区域、县域内小区域规划，提高区域开放经济政策的精准性、可实施性，推动经济社会健康持续发展。

二、萝北县域经济发展的主要价值取向及路径选择

萝北调研形成的研究报告，对萝北县域经济的结构、特征与发展阶段，萝北县域经济发展环境与战略选择，现代农业的转型升级发展，资源型产业的拓展与提升，萝北石墨产业发展和升级，商贸流通业的发展，旅游业发展的现状、特点及发展趋势，萝北县域经济的信息化，萝北县域经济与新型城镇化，萝北县域经济发展与区域协调、体制机制创新等都进行了比较客观的研判，并根据萝北县域经济传统做法与经验模式，提出了一系列新的发展思路与对策措施。就当下主动适应经济新常态的要求而言，厘清县域经济发展思路、确立其价值取向及主要路径选择，我们认为应重点考虑以下四个方面：

（一）围绕"把城镇和乡村贯通起来"，立足县域实际，大力推进新型城镇化

按照区域一体化和城乡一体化发展的要求，"把城镇和乡村贯通起来"，就必须把边境口岸与县内 2 乡 6 镇 63 个行政村和农垦宝泉岭分局及所属 6 个国营农场、鹤北林业局及所属 19 个森工场统筹起来以考虑发展建设。"推进城镇化，核心是人的城镇化，关键是提高城镇化质量，目的是造福百姓和富裕农民。要走集约、节能、生态的新路子，着力提高内在承载力，不能人为'造城'，要实现产业发展和城镇建设融合，让农民工逐步融入城镇。"① 按照一盘棋、一体化的要求，

---

① 李克强. 2013 年 1 月 15 日在国家粮食局科学研究院考察调研时的讲话. 人民网：http：//www.chi-nanews.com/gn/2013/07–05/5006270.shtml.

打破城乡分割、条块分割、镇场分割的行政管辖壁垒。坚持规划先行，确立全域规划理念。规划一般是指对未来整体性、长期性、基本性问题的思考和考量，是指导县域经济社会发展的蓝本。围绕实施"十二五"规划，编制"十三五"规划的目标任务，按照村镇同步、彰显特色、科学合理、适度超前的原则，把城乡空间布局、要素配置、产业发展、生态保护、中心镇村基础设施建设等作为一个整体统筹规划，把城乡"九统一"等政策落实到位，为镇村规划编制的组织实施创造条件。坚持以县域所在镇和中心镇、特色镇为辐射和带动。积极推进城乡一体化发展，要不断提升镇村场（场部所在地）联动建设水平，重点抓好鹤北名山等与农垦林场毗邻或交叉乡镇的升级改造，通过建立城乡融合的体制机制、构建新型工农关系；坚持以产兴镇、以镇促产，使商业聚集、创业聚集、人口聚集等向规划建设镇村产业小园区聚集，并逐步在发展生态型、加工型、旅游型、商贸型特色产业的过程中得以实现；要完善户籍改革、劳动就业、社会保障等配套设施，为创造更多的就业机会、提供规范便利的服务、营造绿色生态的环境、构建法制平安的社会夯实基础。坚持以新农村建设和新型城镇化为双轮驱动，努力打造县域一体化发展的省级样板。坚持以名山镇和东明镇两个试点镇为平台，加快推进住宅小区建设，完善道路、给排水、通信等基础设施建设，完善镇村场功能，合理布局学校、卫生院、敬老院、便民中心，为农民特别是边民市民化创造条件。继续推进新农村建设，深化社会事业合作共建，推进文化、教育、医疗、卫生资源共享，提高县域公共服务均等化水平，努力打造县域一体化发展的省级样板，使新农村建设与新型城镇化协调发展，互为一体，形成双轮驱动。坚持以"五化"为城镇化的新内涵，促进经济福祉的均衡化。要围绕逐步形成城乡居民基本权益平等化、城乡公共服务均等化、城乡居民收入均衡化、城乡要素配置合理化、城乡产业发展融合化的"五化"目标，加快萝北县与黑龙江全省和全国人民同步建成小康社会的步伐，推动城镇基础设施向农村延伸，城镇公共服务向农村覆盖，城镇现代化文明向农村辐射，推动人才、资金与技术下乡，让广大农民平等参与改革发展进程，共同享受改革发展成果；让农民转移人口在城镇进得来、住得下、融得进、能就业、可创业，使新型城镇化更加符合萝北经济社会可持续发展的规律与趋势，为"留得住乡愁，听得见蛙声"的以人为本的新型城镇化"萝北样板"的形成，不断开启新的历史篇章。

（二）坚持工业反哺农业，城市支持农村的方针，依托区域优势，大力实施农业现代化

推进萝北县域经济健康持续发展，既要遵循城乡发展一体化的普遍规律，又不能墨守成规，要在借鉴国际国内先进经验的基础上，紧密结合自身实际，努力把工业与农业、城镇与乡村的发展统筹起来，形成以工促农、以城带乡、工农互惠、城乡一体、相互融合、共同发展的新格局。要坚定不移地执行工业反哺农业，城市支持农村的方针，加快推进萝北县的农业现代化。要根据萝北县是国家主要商品粮基地和建设生态示范基地的实情，利用县域工业化的成果，如以石墨为核心的矿产资源的精深加工业，建材等产业的发展来促进农业产业化、机械化、现代化的发展；运用县域工业化的带动力、牵引力，促进商贸物流业的发展，培育和发展林木、中草药、山产品加工业，扶持宝泉药业等龙头企业研发北药产品，打造地方优势品牌，做大做强北药基地；进一步扩大蕨菜、木耳等山野产品采售、种植和加工规模，培育山产品生产企业，发展绿色食品加工业。要用足用好助推农村、农业、农民发展的政策，不断提升农业现代化水平。"要在继续坚持把水利、农机、科技作为推动我省农业生产力发展重要途径的基础上，把农业生态保护和建设放在更加突出位置，作为当前的一项重要工作。"[①] 大力推进农业"八化"建设，办好现代农机专业合作化，水稻智能化育秧基地，深化农业基础设施合作共建，利用农垦系统的大型机械和技术设备，开展农业技术推广和土地规模经营合作；加强水利建设合作，统一做好乡镇场接壤堤防维护和灌溉用水工作；要充分利用地处三江平原腹地，农用土地面积大，土质肥沃，水质好，污染少，气候和环境条件优良，自然生态条件优势，大力推进现代农业的发展，提升农业科技发展水平，为确保国家粮食安全而担当起产粮大县的职责，为不断提高县域居民特别是农民的收入水平，为加快建立县域内现代农业产业体系，延伸农业产业链，促进第一二三产业交互融合发展不断培育新典型、创造新经验。

（三）依托萝北口岸优势，借振兴东北老工业基地的"东风"，大力发展边境贸易，做强做大开放经济

在市场经济条件下，面对大力实施"一带一路"发展战略的新形势，坚持用

---

① 陆昊. 2015 年 2 月 11 日在黑龙江省委农村工作会议上的讲话. 黑龙江政务：http://www.aiweibang.com/yuedu/14632056.html.

改革引领发展，加大国企国资改革力度，加强对外合作，坚持以边贸为重点扩大对外开放，这是萝北县解决振兴发展历史难题必须做好的功课。要根据国家发展开放经济的制度设计和振兴东北老工业基地战略部署以及出台的优惠政策，依托萝北口岸是黑龙江省沿边距省城最近的国家一类国际客货口岸，是黑龙江省面向东南亚以发展江海联运的黄金水道和对外开放重要窗口的优势，在扩大沿边开放、发展边境贸易、创建自贸区方面有所作为。一要依托口岸优势，办好对俄进出口园区。要根据2012年以来，我国投资、消费、进出口增速都出现下滑，对外贸易顺差依靠进口多因素支撑的现实，积极办好进出口园区，为发展外贸和开放合作经济提供平台。重点建设好名山国际世贸中心、进出口服务基地及对俄出口加工基地，规划建设凤凰山综合产业园区，使县域内特色生物科技园区、建材工业园区、电子工业园区、农产品深加工园区、物流园区的建设与发展能更好地为发展对外贸易和开放合作经济服务。二要优化口岸环境，发展对外贸易。要争取国家支持，启动一批可以增强发展后劲的县域重大基础实施项目，提升口岸基础设施建设水平；要根据依法执政、简政放权的规范要求，减免口岸各项管理收费，进一步改善口岸发展环境；要围绕建设开放实验区、综合保税区、跨境经济合作区等开放合作平台，积极扩大与俄罗斯等国的贸易，创新边贸方式；要在巩固和深度开发俄罗斯传统国际市场的同时，开拓日本、韩国、丹麦等国与我国经济特别是县域经济互补性较强的市场，在抓好石墨、建材、木材加工、农副产品等大宗地产品出口的同时，积极推进木材及其深加工产品、镁矿、铁矿等矿产资源的进口；大力引进和壮大外贸主体，促其做大做强，不断增强开拓国际市场的能力，要根据经贸发展的需要，建立对俄的绿色蔬菜、粮食加工、肉制品加工等出口基地，在俄罗斯建立域外商品粮生产基地和畜牧养殖加工基地。三要加大招商引资力度，优化外商服务环境。要根据扩大沿边开放，建立自由贸易区的客观要求，大胆打破空间界限，开放市场，积极开展对外经济技术合作，创新商业模式，积极发展跨境电子商务，为实现边境贸易与东北腹地优势产业发展的良性互动，为做好对外开放与对内开放结合的文章，进一步改善投资和营商环境，加强区域经济与县域经济的合作与协作，使萝北县真正成中外有志创业创新者的一方热土。

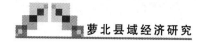

（四）利用优势的自然条件，抢抓主动适应经济新常态的新机遇，大力建设生态经济强县

在我国经济结构优化升级，第三产业、消费逐步成为主体，城乡区域差距逐步缩小，居民收入占比上升，发展成果惠及广大民众的大背景下，发展已从要素驱动、投资驱动转向创新驱动。县域经济发展方式、增长模式、资源配置、经济福祉等的转化将面临不少新情况、新挑战、新任务。如何在人口城镇化、经济服务化、发展低碳化、产业高端化、社会信息化、经营国际化的过程中用好"打造新引擎、改造旧引擎"的战略策略和战略方式，必须要根据萝北县"五山一水一草三分田"的地理结构和拥有大界江、大森林、大湿地、大冰雪的自然资源，确立"保护就是发展"的理念。生态环境通常特指人类的生存环境，生态文明是和谐共生的进步状态，是文明发展的高级阶段，是社会文明的重要方面，是人类与时俱进的发展理念。萝北县要在保护好生态环境的过程中建设好国家级生态建设示范区。促进人与自然、人与人、人与社会的和谐共生、良性循环、全面发展、持续繁荣。当前要抓好的重点工作包括：一要围绕保护环境改善民生，大力推进美丽和谐萝北建设。要坚持保护与开发并重，制定生态建设整体规划和建立生态环境监测评价体系，以保林、保水、保土、保草的多样性为重点，集约开放利用矿藏、森林、土地、湿地和水资源，改善人居环境，建设生态宜居样板；积极探索县域经济绿色低碳循环发展新方式、新机制，坚定不移走保护生态、绿色发展之路；突出产业生态化、环境自然化，提高资源循环利用率，加强环境执法监测，强力推进节能减排、依法整治环境污染，对工业特别是采掘业造成的植被破坏、水土流失、环境污染等加大治理力度，抓好太平沟国家级生态保护区建设，形成绿色、低碳、循环"三位一体"的生态建设格局。二要围绕创建与教育并重，发挥生态与文化的双重优势。良好的生态环境是实现人与自然和谐相处的重要前提，也是实现文化和旅游相互融合、相互渗透的重要支撑。以文化为内容，以旅游为载体，整合地方特色文化资源和区域自然禀赋资源，充分发挥文化的灵魂作用和生态旅游的载体作用，是推动生态保护文化旅游新发展的重要途径。要坚持把生态绿色理念贯穿于精神文明创建之中。在弘扬生态文化、加强生态教育、倡导低碳生活、强化监测管理方面出实招、办实事、求实效。要突出抓好以"界江之都"为核心的特色文化建设，建设和升级一批支撑生态产业和文化产业发展的基础设施，加强对黑龙江流域文化、俄犹文化、掘金文化特别是抗联历史遗存、知青垦荒场所等保家卫国、创新创业文化的整理、保护和开发，使生态与文化的双重优势在建设"生态萝北、美丽萝北"中得到充分发挥。三要围绕做大做强生态旅游、生态农业，大力发展生态环保产业。旅游业是当今世界的第一大产业，是拉动经济发展转型升级的重要引擎。要根据萝北县的实际，充分发挥生态旅游在拉动内需消费、带动产业升级、吸纳社会就业、提高生活品质、构建和谐社会、拓展国际交流、发展边境贸易、增添萝北魅力等方面的作用。要在提升传统优势农业和培育新兴特色农业上下工夫，采取"两业"并举、统筹开发，形成生态农业集群发展优势。要抓好生态旅游与生态农业的结合，建设边境生态农业示范区，提高优质农产品的美誉度和影响力，提升农业生态文明的品质。要在深化旅游合作开发的基础上，整合区域旅游资源，集中力量打造"原生态精品景区"和"休闲度假体验精品线路"，在进一步打造"界江旅游集散区"的基础上，与伊春、嘉荫等地联合开发"界江旅游新干线"，努力创造区域特色的旅游品牌，使龙江三峡、龙兴峡谷、名山岛、名山沿江公园、苇场湿地、黑龙江流域博物馆、太平沟黄金古镇等旅游目的地成为打造以界江、生态、历史文化和境外观光为特色的旅游观光带及享誉中外的旅游响亮品牌。

萝北要发展，发展靠创业创新。要圆建设美丽、幸福、和谐、富裕的"萝北梦"，必须按照实现中国梦"5+1"的目标体系，即经济建设、政治建设、文化建设、社会建设和生态文明建设来谋篇布局、发奋图强。要根据振兴东北老工业基地的大势，围绕主动适应经济发展新常态，在建设资源节约型、环境友好型"两型"社会和全民创业、万众创新的大潮中，大力推动工业化、信息化、城镇化、农业现代化的"四化"联动协调发展，着力保障和改善民生，让改革发展的福祉惠及广大人民。因为只有这样萝北县才能在促改革、谋开放、调结构、扬优势、创特色的过程中找准自己的发展定位，坚定自己的发展理念，在优化发展环境、营造法治环境、提升人气环境、构建和谐环境的过程中真正拿出有人气、能落地、可推行的战略措施。也只有这样，萝北县的经济社会发展才能在把握县域治理特点和规律的实践探索中，真正把强县与富民统一起来，把改革和发展结合起来，把城镇和乡村贯通起来，使县域经济发展得更稳、更实，更有特色和效益，萝北县的未来因此会更加值得憧憬，更加值得期待！萝北县的明天会更加美好！

第一章 萝北县域经济：结构、特征与发展阶段

萝北县隶属鹤岗市，位于黑龙江省东北部、小兴安岭南麓与三江平原交汇处，地处东经 130°01′~131°34′，北纬 47°12′~48°21′。东北以黑龙江为界与俄罗斯隔江相望，边境线长达 146.5 千米，西北与嘉荫县相连，西以梧桐河为界与鹤岗市、汤原县毗邻，东与绥滨县接壤。因地处托萝山之北，故称萝北，辖区总面积 6784 平方千米，其中县属面积 2167 平方千米，2011 年人口 22.44 万人，地区生产总值 68.03 亿元。

第一节 区位条件与主要资源状况

萝北县发展基础较好，自然条件非常适合农作物的生长，也有利于发展观光和度假旅游业；区内矿产资源丰富，石墨资源储量位居亚洲第一；萝北与俄罗斯接壤，具有一定的地缘优势。

一、自然条件

地势、土壤和气候条件非常适合农作物的生长。萝北地势西北高而多山，东南低而多沼泽，形成山地、岗地、平原、洼地四个阶梯。其中山地、平原、水面各占 50.32%、40.47%、9.21%，地理结构为"五山一水一草三分田"。萝北属寒温带大陆性季风气候，年平均气温 1.57℃，无霜期 128 天，年降水量 549.1 毫米。境内耕地 20.26 万公顷，县属耕地 49921 公顷，是黑龙江省著名的绿色食品基地、省级生态示范县和国家级生态示范区建设试点县。农作物以水稻、大豆、玉

米、小麦等绿色食品为主，全辖区粮食年产量达 15 亿斤，县属粮食年产量在 3 亿斤以上。

森林资源极其丰富。县域内林地面积 21.8 万公顷，活木蓄积量 737 万立方米，林木种类繁多，林质优良，有种类繁多的野生动物和山野植物。天然草场、湿地广阔，面积达 5395 公顷，是目前黑龙江省少有的保存较好的湿地之一，也是天鹅、丹顶鹤等各种珍贵野生鸟类和野生动物的栖息乐园。

水资源丰富。境内有黑龙江和松花江两大水系和 55 条中小河流，黑龙江 5~10 月平均流量 10800 立方米/秒，在萝北县域有 162 千米。县域范围内水资源总量 5.34 亿立方米（其中：地表水资源 4.11 亿立方米，地下水资源 1.23 亿立方米），黑龙江流域适渔水面 13 万平方米，辖区内泡泽适渔水面 6000 万平方米，出产 100 种淡水鱼类。萝北县自然资源情况如表 1-1 所示。

表 1-1　萝北县自然资源情况

耕地面积	49921 公顷		林地面积	21.8 万公顷
草场、湿地面积	5395 公顷		河流	黑龙江
主要资源				
树木	柞树、桦树、红松、落叶松、冷杉、云杉、水曲柳、椴树			
野生动物	梅花鹿、马鹿、黑熊、野猪、狍子、狐狸、天鹅、丹顶鹤			
山野植物	人参、黄芪、玉竹、五味子、刺五加、平贝、龙胆草等上百种名贵的中草药材；猴头、蕨菜、四叶菜、黄花菜、薇菜等山野菜，以及松籽、榛子、山里红、都柿等山野果			
风景区	龙江三峡国家森林公园、名山岛综合旅游区、望云峰滑雪场、大马河漂流站、太平沟地下森林			

二、矿产资源

萝北县境内蕴含着丰富的矿产资源，石墨、石灰石、硅石、腐植酸、铁矿、菱镁矿等 29 种金属、非金属矿藏储量十分丰富。其中金属矿产 5 种：砂金、岩金、铁、镍、铜；非金属矿产 18 种：石墨、泥炭、菱镁矿、硅石、石灰石、硅线石、蛇纹石、沸石、云母、黄玉、白云岩、建筑石、砂、黏土、花岗岩、珍珠岩、玄武岩、石棉矿；稀有放射性矿产 2 种：铍、铀；能源矿产 3 种：煤、腐植酸褐煤、石油天然气；地热矿泉水矿 1 种：矿泉水。

专栏 1-1

萝北主要矿产资源概况

● 石墨

石墨矿位于萝北县城北面 43 千米，即云山林场附近。石墨总储量 6.36 亿吨，其中详勘储量为 1200 多万吨，地质品位 13% 以上，入选品位 17% 以上。采矿为正地形，露天开采，剥采比小、品位高，规模大，易采易选矿床。为亚洲第一矿，已被国家列为重要石墨开发基地。到目前为止，已形成年采矿能力 15 万吨，石墨精粉 90~98 产品年产能力 2 万吨以上。2000 吨高纯石墨，1500 吨超细微粉深加工项目正在准备投产运行。

● 石灰石

石灰石资源主要分布在萝北县城北部山区，而且分布广、储量大、品位高、易开采。据初步估算，全县总储量在 10 亿吨以上，CaO 含量在 45%~54%，是鹤岗地区主要的水泥白灰优质原料供应地。目前已有矿山 27 处，年采掘能力达 40 万吨左右。

● 硅石

硅石资源主要分布于萝北县城西北部，位于环山乡尖山村及渔米河林场附近，已进行地质工作 2 处、矿点线索地 3 处，水、电、路、通信方便。硅石是硅铁、玻璃的主要原料。探明的尖山硅石矿储量在 400 万吨以上，品位 SiO_2 含量 96%~98%。矿床赋存条件较好，易开采。目前已规模开采，矿石主要供应双鸭山硅铁厂、鹤岗玻璃厂、发电厂等。

● 白云岩

白云岩矿区主要分布在共青农场北京庄，距县城北西 8 千米，交通便利。经调查储量约为 700 万吨以上，夹石少、矿石单一，MgO 含量 20%~22%，白云岩广泛用于冶金化学、建筑及其他工业。白云岩还可制含镁水泥和作建筑石材，化学工业以制硫酸镁和含水碳酸镁，还可作钙镁磷肥和粒状化肥。

● 砂金

砂金资源主要分布在萝北境内黑龙江二级、三级、四级水系。由于多年开采，砂金资源已近枯竭，只存萝北黄金公司与乌拉嘎金矿局四条大型船在原采区复采，剩余储量估计 1 吨。品位多数为表外矿，小于 $0.07g/m^3$。萝北县绿岩区是岩金重要找矿靶区。萝北于 20 世纪 70 年代才开始岩金勘查工作，但投入的勘查量甚少。目前只找到两处规模较小的岩金矿，一处是太平沟岩金矿，另一处是鹤北小金山岩金矿，现已投产，年产在 150kg 左右。近年国家投入大量资金在萝北绿岩区进行岩金勘查，工作结果显示该区具有良好的岩金成矿前景，期待着大型岩金矿的发现。

● 腐植酸

腐植酸矿区距县城北东 130 千米处新河口村，经地质详查储量为 1467 万吨，分布面积大于 5 平方千米。腐植酸平均厚度 1~2 米，腐植酸含量 45%~50%。腐植酸主要应用于肥料、化工、医药等方面。目前，腐植酸深加工项目正在运作中，矿山前期建设基本完成。腐植酸原矿主要供应鹤岗铁力等省内腐植酸厂。

● 菱镁矿

菱镁矿矿区位于萝北县环山乡西 4 千米处。环山菱镁矿属中型规模矿床，已控制储量 1500 多万吨，其中高品级矿石（MgO 平均品位 45.78%储量）C 级储量 193.5 万吨，D 级储量 558.6 万吨，低品级矿石（MgO 平均品位 35.51%）C+D 级储量 564 万吨。高品级矿石 CaO、SiO_2 含量低。矿体埋藏浅、厚度大、易于开采。黑龙江省以往没有发现菱镁矿床、工农业生产所需菱镁矿均从外省购入。因此对萝北菱镁矿的开发利用具有明显的地理优势，对繁荣萝北县经济具有重要意义。

● 硅线石

硅线石矿区位于太平沟乡十里河村西侧 2 千米处，经过地质普查，求得 D 级储量 786 万吨，硅线石品位 Ai_2O_3 含量 13%~15%，矿区与村公路相通，水、电、路方便，开采条件较好。硅线石是一种高级耐火材料，市场短缺，由于当时选矿技术难以过关，为此没有开展地质详查工作。

● 煤

煤矿分布于萝北县大马河矿，位于萝北县城 45 千米兴东村 4 千米，普查面积 9 平方千米，求得 C+D 级储量 3310 万吨，详查面积为 3.25 平方千米，求得储量 468.5 万吨。煤层厚度在 1 米左右，倾角在 20°~25°，发热量 31.05~32.56 兆焦（7393~7752 卡/克），矿区水、电、路齐备，距离矿区 5 千米处的黑龙江边有煤用码头，可沿江销售，故资源市场条件优越。

● 蛇纹岩

蛇纹岩主要分布在萝北县城西北部鹤北林业局大金顶子、桦皮沟蛇纹岩矿，本县境内尚有蛇纹岩体多处，经取样分析达钙镁磷肥工业要求的尚有 5 处矿点，估计地质储量在 5000 万立方米以上。蛇纹岩具有多种用途，在化肥工业上，主要与磷块岩或磷灰石一起熔化烧制钙镁磷肥，还可作为提取镁化合物和泻利盐的原料；在冶金工业上用来冶炼金属镁和作冶金助熔剂，鲜艳半透明的蛇纹岩尚可打光制作建筑用的高级装饰贴面石料或工艺品。

● 铁

铁矿位于萝北县城大马河林场一带，距县城 45 千米处，水、电、路、通讯方便，经省地质三大队于 1978~1980 年地质勘查求得储量 D 级 276.5 万吨，平均品位 47.49%，高炉高硫富磁铁矿 95.5 万吨，平均品位 47.69%，贫磁铁矿 62.7 万吨，平均品位 34.28%。此外，矿石含金 0.07~0.66 克/吨，可在回收铁矿时考虑被其加以综合利用。大马河流经矿区开采水文条件复杂，故未开发利用。

三、地缘优势

萝北县地处中俄边境，具有发展对俄贸易的天然优势。萝北口岸早在 1989 年 4 月 8 日就经国家批准为国家一类口岸，1992 年中俄双方政府换文，正式确认萝北—阿穆尔捷特为国际客货运输口岸。口岸明水期进行船舶运输，冰封期进行汽车运输。萝北口岸是黑龙江 17 个对俄口岸之一，也是沿黑龙江界江 12 个口岸之一。萝北地处黑龙江与俄罗斯北部边境的向南凹陷处，是距离鹤岗市、佳木斯市、伊春市直线距离最短的边境口岸，随着交通设施的改善，在黑龙江乃至东北地区对俄贸易中的区域优势正在逐渐显现。表 1-2、图 1-1 介绍了黑龙江省口岸情况。

表1-2 黑龙江省口岸情况

口岸名称	所在地	运输方式	种类	俄罗斯对应口岸
萝北口岸	萝北	公路、水路	客运、货运	阿穆尔捷特
哈尔滨口岸	哈尔滨	航空、水路	客运、货运	哈巴罗夫斯克
漠河口岸	漠河	水路、公路	客运、货运	加林达
佳木斯口岸	佳木斯	公路、铁路	客运、货运	哈巴罗夫斯克
同江口岸	同江	水路、公路	客运、货运	下列宁斯阔耶
东宁口岸	东宁	公路	客运、货运	波尔塔夫卡
绥芬河口岸	绥芬	公路、铁路	客运、货运	波格拉尼奇内/格罗捷阔沃
呼玛口岸	呼玛	公路、铁路	客运、货运	斯马诺夫斯克
黑河口岸	黑河	水路、公路	客运、货运	布拉戈维申斯克
虎林口岸	虎林	公路	客运、货运	马尔科沃
抚远口岸	抚远	公路、水路	客运、货运	哈巴罗夫斯克
嘉荫口岸	嘉荫	公路、水路	客运、货运	巴斯科沃
逊克口岸	逊克	公路、水路	客运、货运	波亚尔科沃
富锦口岸	富锦	水路	货运	哈巴罗夫斯克
孙吴口岸	孙吴	水路	货运	康斯坦丁诺夫卡
密山口岸	密山	公路	客运、货运	图里罗格
饶河口岸	饶河	公路、水路	客运、货运	比金

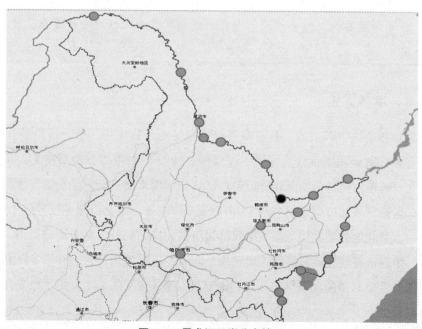

图1-1 黑龙江口岸分布情况

水陆交通条件较好。黑龙江萝北段全长 146.5 千米，水深域阔，水位平稳，是江海联运的黄金水道。国家一类客货口岸、名山口岸，年过货能力可达 150 万吨，可停靠 5000 吨级货轮。水路经名山口岸可以与俄罗斯等东欧独联体国家开展对外贸易，又可以通过江海联运与世界各地进行经贸往来，陆路可通过哈萝高等级公路和鹤北铁路通程全国各地，交通十分便利。

第二节　发展绩效与趋势

"十一五"以来，在省、市两级政府的支持下，在县委、县政府的正确领导下，通过全县人民的共同努力，萝北县经济实现了平稳较快发展，经济发展质量明显改善，产业发展水平持续提升，对外经济贸易出现新增长。

一、综合经济实力不断增强

"十一五"以来，萝北县虽然遭遇国际金融危机的冲击、中国宏观经济增速放缓的影响，但通过积极地调整和应对，全县的综合经济实力依然呈现出稳步增强的态势，各项主要经济指标都有所提升。

经济总量不断提高。按全口径计算，2012 年，萝北县实现地区生产总值 85.16 亿元，较"十一五"末 2010 年增长 65.01%，是"十五"末 2005 年的 3.58

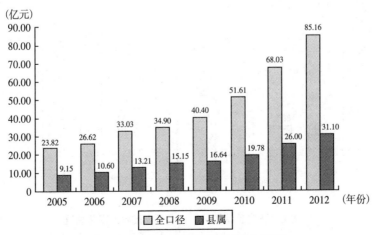

图 1-2　萝北县地区生产总值变化情况

倍；按县属口径计算，2012 年，萝北县实现地区生产总值 31.10 亿元，较"十一五"末 2010 年增长 57.23%，是"十五"末 2005 年的 3.40 倍。具体情况如图 1-2 所示。

财政收入实现翻番。2012 年，萝北县财政收入 69777 万元，较"十一五"末 2010 年翻了一番，是"十五"末 2005 年的 6 倍多。具体情况如图 1-3 所示。

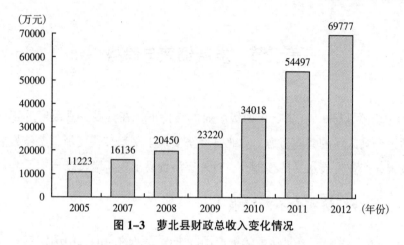

图 1-3 萝北县财政总收入变化情况

人均收入水平实现快速增长。2012 年，萝北县城镇居民人均可支配收入和农村居民人均纯收入分别为 15626 元和 11482 元，分别较"十一五"末 2010 年增长 25.79% 和 15.62%，分别是"十五"末 2005 年的 2.75 倍和 2.71 倍。具体情况如图 1-4、图 1-5 所示。

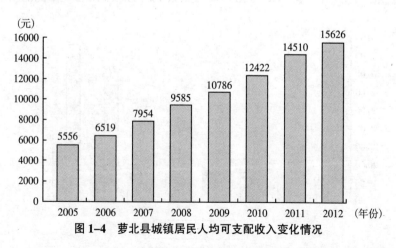

图 1-4 萝北县城镇居民人均可支配收入变化情况

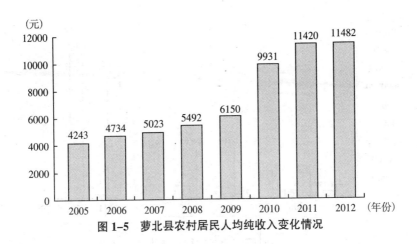

图1-5　萝北县农村居民人均纯收入变化情况

从总体上看，"十一五"以来，萝北县综合经济实力有所提高，主要经济指标增速快于全国、黑龙江省和鹤岗市的平均水平，在鹤岗市经济总量排名稳定在前三位。

二、产业发展达到新水平

"十一五"以来，萝北县逐步形成了以石墨、水泥为主的矿产资源加工产业群，以乳业、米业、肉业、酱业为主的农副产品加工产业群，以及以边境旅游、自然风光、观光旅游为特色的旅游产业三大支柱产业的产业布局，三次产业发展达到新的规模水平。

重点行业凸显拉动作用。2013年，石墨行业已具备占全国石墨精粉产量1/3的生产能力，实现产值7.3亿元，占全县工业总产值的60%，销售收入6.3亿元，上缴税金6600万元；林木产业实现产值8570万元，利润3428万元；旅游业接待游客100万人，其中境外游客6万人，实现旅游收入1.5亿元。图1-6为非金属矿采选业产值变化，图1-7为食品工业产值变化。

重点工业项目先后上马。望云峰风电、完达山乳业、兴汇粮食、祥鹤木业、宝泉药业、宝泉酱业、北大荒肉业、宏图米业和延军水泥粉磨等项目相继建成投产；南海石墨深加工项目已开工建设。同时，柔性石墨、石墨尾矿综合利用等项目正在做前期准备工作。

工业经济规模不断壮大。2013年，全县地方工业增加值实现5.3亿元。作为

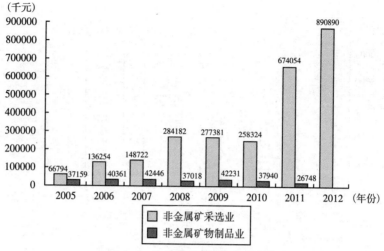

图 1-6 非金属矿采选业产值变化

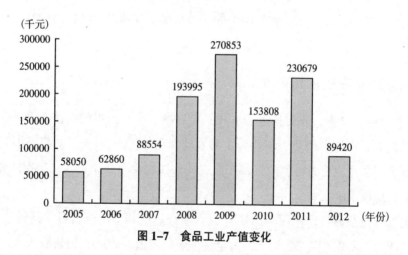

图 1-7 食品工业产值变化

经济运行的微观主体，萝北县企业日益发展壮大，企业数量不断增多，企业规模逐步增长。截至 2013 年底，全县共有规模以上工业企业 17 家，商业企业 14 家，其中，规模以上石墨加工企业 10 家、规模以上食品加工企业 1 家、规模以上林木加工企业 2 家，规模以上旅游企业 1 家。表 1-3 为近年来萝北县工业企业数量及规模变化情况。

表1-3　近年来萝北县工业企业数量及规模变化情况

年　份	2005	2006	2007	2008	2009	2010	2011	2012	2013
工业企业数（家）	19	19	18	25	24	22	17	13	17
平均每月产值（万元）	24832	2483	3334	4208	6361	9170	11349	9866	9866
平均每家工业企业每月产值（万元）	131	185	234	400	341	417	668	759	759

三、产业结构调整进入新阶段

2010年以来，萝北县围绕"工业强县、农业立县、旅游名县"的发展战略，加速基础设施的建设和完善，加快产业聚集和产业链的延长，巩固和提升传统优势产业，培育和拓展新兴产业，产业优化升级获得明显进展。2013年，全县轻重工业之比为1:4，霍夫曼系数为0.25，重工业的比重较"十一五"末提高15.5个百分点。生态农业、石墨开采加工、旅游业三大主导产业规模持续扩大，并呈现精深加工化、集聚化和高端化的发展态势。2013年，三大主导产业中生态农业实现增加值8.57亿元，石墨开采加工增加值2.3亿元，旅游业增加值0.54亿元，占全县GDP的比重提高至34.8%。

农副产品精深加工产业市场竞争力增强。米业不断做大做强。2011年，萝北米业协会成立，着力发展精制米、无污染有机米等高品质大米深加工项目。2013年，全县有机大米产量达到21.65万吨，精制大米产量达到21.65万吨，大米加工产值6772万元。玉米和南瓜加工业形成特色。大力发展南瓜粉、口服液、酒等系列产品精深加工项目。2012年，加工玉米6000吨，年产值1200万元，利税102万元，产值和利税分别较2010年增长10.2%和11.3%；生产南瓜制品116吨，年产值313万元，利税20万元，产值和利税分别较2010年增长11%和10%。2013年，加工玉米33478吨，年产值7381万元，利税1451万元。2013年，生产南瓜制品240吨，产值800万元，利税104万元。

石墨产业链不断延伸完善。①球形石墨、石墨增碳剂、柔性石墨等石墨深加工实现快速增长。高纯石墨、电池石墨、硅化石墨等高档石墨制品技术和工艺研发取得进展，2012年，产球形石墨6408吨，石墨全产业链产值达到6.6亿元，实现利税5000万元，产值和利税分别较2010年增长1%和12%。2013年，产球形石墨15763吨，石墨全产业链产值达到7.3亿元，实现利税3208万元。②可持续发展建设初见成效。深入抓好矿产资源开发利用，对辖区内的硅石、菱镁、石灰石、腐植酸等矿产资源进一步详查详勘，取得第一手资料数据，并科学合理地制订开发规划，为今后有效掌控资源、合理开发利用矿产资源提供依据。

旅游业实现跨越式发展。①旅游产品不断丰富。以"龙江三峡、界江之都、俄犹风情、生态萝北"为主题，名山界江、太平沟黄金古镇、嘟噜河湿地等几大景区不断创新开发旅游线路、旅游节庆活动，以森林湿地风光、边境淘金风貌、俄罗斯犹太风情为特色的萝北旅游形象不断加强。②旅游业基础设施不断完善。截至 2013 年，全县旅游饭店 330 家，其中星级酒店 3 家、景区酒店 35 家，年旅游接待能力 340 万人。主要景区道路建设、交通设施完善，解说、标识、餐饮、纪念品销售、厕所等配套设施建设稳步推进。③休闲度假旅游比例提高。2013年，全县接待旅游者 100 万人，其中过夜游客约 30 万人，游客平均停留 2~3 天，度假旅游发展提速，成为萝北旅游产业发展的方向。

四、商贸经济出现新增长

2010 年以来，萝北县委、县政府把商贸物流作为重点发展的六大产业之一，确立了"商贸活县"战略，将加快商贸流通业发展作为优化产业结构、完善城镇功能、扩大群众就业的重要"抓手"加以扎实推进，全县商贸流通业整体发展水平快速提升。

商贸对县域经济发展贡献突出。①商贸促进消费市场繁荣。2012 年，萝北社会消费品零售总额达到 9.5 亿元，较 2010 年增长 66.67%，是 2005 年的 3.28倍，增长的幅度超过地区生产总值增长的速度，见图 1-8。②商贸促进市场的繁荣。2012 年，实现社会消费品零售总额 9.5 亿元，同比增长 15%。截至 2013 年6 月，全县各类商贸流通企业发展到 5459 户，其中，年销售额 1000 万元以上的10 户。第三产业实现税收收入 20439 万元，占总收入的 30%。③商贸业的发展吸纳就业，改善投资环境。2012 年，第三产业从业人员达到 16763 人，占城镇应从业人数的 56%。2012 年，商贸类固定资产投资 3 年累计完成 2.4 亿元，实际利用外资 3 年累计完成 2365 万美元。

对外贸易实现较快增长。①外贸规模不断提高。2012 年，萝北县进出口贸易额 9208 万美元，较 2011 年增长 20%。②口岸经济日渐繁荣。2012 年，萝北

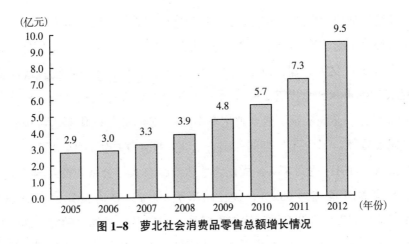

图1-8 萝北社会消费品零售总额增长情况

口岸第一次进口大豆1200多吨，石墨出口在国内外市场销售不旺的形势下，出口额达到了200万美元，同比增长60%。2013年1~6月，进出口货物6183吨，进出境人数26577人次，均比2012年同期有大幅增长。③贸易结构不断优化。一方面，新的贸易增长点不断涌现，房地产第一次进入俄罗斯哈巴，开发建设20000平方米。另一方面，新兴市场不断被开拓，实木家具出口到欧洲的多个国家，红小豆、绿豆等杂粮出口到了也门、伊朗、中国台湾等国家和地区。

市场建设取得新进展。①商业区建设加快推进。改建、扩建、新建了一批商贸流通企业。其中，凤翔国际购物广场占地面积7000平方米，建筑面积42000平方米，投资额为1.6亿元，是周边市县中最大的综合购物平台，于2012年4月底投入使用，到2012年底营业额达到5600万元。②商业网点覆盖率不断提高。依托国家"万村千乡市场工程"，在2009年投资600多万元建设了嘉盛农资配送中心和大兴商厦日用品配送中心，还建设了70家农资农家店和60家日用品农家店，形成了较为完整的农资、日用品销售网络，农资统一配送率达到70%，日用品统一配送率达到了30%，有效地改善了农村和城镇社区市场消费环境。

五、发展"瓶颈"突破初见成效

萝北县地处东北边境，虽然具有发展石墨加工业的自然资源禀赋和边境贸易的区位优势，但由于远离国内和黑龙江省主要经济带，萝北经济社会发展的"瓶颈"较多。2010年以来，萝北县针对发展中面临的主要"瓶颈"，重点改善交通和口岸环境，加快园区建设步伐，在一定程度上突破了发展"瓶颈"。

交通环境不断改善。①公路建设稳步推进。"十一五"期间，全县公路建设累计完成投资 3.99 亿元，建设总里程 405.85 千米。其中，国省干线公路建设完成总里程 137.85 千米，总投资 2.96 亿元；农村公路建设完成总里程 268 千米，总投资 1.03 亿元。全面实现了通乡硬化率 100%，通行政村硬化率达到 98%。②公路养护成效显著。"十一五"期间，国省干线共投入养护资金 1450 万元，公路技术状况指数（MQI）达到 83%，优良路率达 60%；农村公路共投入养护资金 283 万元，县道 MQI 值达到 88.1%，优良路率达 100%；乡道 MQI 值达到 83.87%，优良路率达 82.172%。③交通运输能力提高。2013 年，公路运输完成客运量 198 万人次，客运周转量 8120 万人千米、货运量 94 万吨、货运周转量 9494 万吨千米。

口岸设施得到改善。①功能区设施建设齐全。已建成占地面积 2 万多平方米，集"一站式"服务、检验检疫、旅客通关、货物集散的多功能服务区。名山港建有煤炭、木材和轮渡码头 3 座，吞吐能力 45 万吨，其中煤炭码头每小时可装运原煤 400 吨，是黑龙江沿岸最大的煤炭输出港之一。10000 平方米的货场作业区设备先进，可同时进行两艘千吨轮的装卸业务。②通关能力不断提高。载货 270 吨、载客 100 人的摆渡船，使明水期公路运输双向延伸实现了常态化。新引进总投资 1.24 亿元的浮箱固冰通道项目，在通道建成通车后，冬季冰上安全运输期将由现在的 1 个月延长到 5 个月。

园区建设步伐加快。①园区基础设施不断完善。立足于设施配套，萝北县政府先后投资近 5 亿元集中建设了石墨产业园园区道路、输变电、通信光缆和综合服务楼等基础工程；立足于环境美观，政府在出资 1000 多万元进行绿化的同时，通过规范厂区布局、统一围墙和厂房建设标准等措施，使得企业厂容厂貌整体改观。②园区服务不断升级。编制了全省唯一的石墨产业供电专项规划，金融、警务、石油、医疗等服务设施已投入使用，石墨变电所、大型尾矿库、污水处理厂和鸭蛋河小型水库等工程正在有序推进。开展了石墨整装勘查以摸清资源底数，萝北石墨实际储量将进一步扩大。通过积极争取，园区被列入国家石墨产业集聚区基础建设项目计划，在基础建设上将获得更多支持，园区的承载能力显著提高，初步形成了产业聚集优势。

第三节 转方式调结构的主要问题与矛盾

"十二五"以来，萝北县经济发展在取得显著成效的同时，也依然存在许多明显的不足和问题，特别是制约地方经济长期可持续发展的素质性、结构性、深层次矛盾仍未得到根本解决。

一、产业结构层次偏低

从总体上看，萝北县主导产业规模日益增大，但产业发展中长期存在的"低、小、散、乱"问题并没有得到有效的改观，具体表现为采掘业机械化和自动化程度不高、农业产业化水平不高、制造业深加工程度不够、旅游业度假产品不足等问题。

（一）采掘业机械化、自动化程度不高

以石墨开采为代表的采掘业是萝北县的支柱产业。2012 年，采掘业产值达到 8.9 亿元，占到全部工业产值的 50.9%；实现增加值 3.2 亿元，占到地区生产总值的 10.3%；实现税收 5500 万元，占到地方全部税收的 9.91%。2013 年，石墨行业产值达 7.3 亿元，占到全部工业产值的 57.6%；实现增加值 2.93 亿元，占到地区生产总值的 8.9%。近年来，萝北县加大了采掘业设备更新力度，但总体上看，与先进地区相比，萝北石墨等矿产资源开采手段还比较传统，机械化、自动化程度不高。

采掘业资本密集程度偏低。采掘业是一个高资本密集度的行业，采掘业资本密集程度的高低也直接决定了采掘效率的高低、资源综合利用水平的高低和对环境影响的大小。

缺乏最先进的矿山装备。萝北石墨资源的开采方式还比较传统，这是由萝北石墨资源易采选的特征决定的，绝大多数矿山都是露天开采，对先进矿山装备的需求不大。但是，随着人工成本和工人劳动保护成本的不断提高，以及萝北石墨产业规模的壮大，矿山装备落后已经成为产业发展的制约。目前，超大型开采、运输机械、矿山救援等先进的矿山装备在萝北还比较少见，矿山企业对装备的投

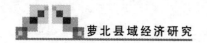

资还需要进一步加强。

资源综合利用程度偏低。石墨尾矿具有一些特殊的工程性能，且萝北石墨尾矿中可回收利用的有用金属种类很多，能够生产墙体材料、高速公路底基层、陶瓷环保生态砖、保护渣及白炭黑等材料。但萝北石墨尾矿中有效成分含量低，再利用和回收的经济价值有限，影响了石墨尾矿综合利用业的发展，尾矿大量囤积，不仅浪费资源，还造成一定的安全隐患。

（二）农业产业化水平不高

虽然近年来萝北县农产品结构不断多元化，农村经济得到迅速发展，但从总体上看，农业生产还停留在较低层次，农业产业化的基础、条件还不够成熟，农业产业化水平总体偏低。

"三农"发展制约仍然较多。突出表现为"三弱、四低、五难"。"三弱"就是农村基础设施弱、农产品市场竞争能力弱和农村集体经济实力弱。"四低"就是农业科技含量低、农民素质低、农民组织化程度低和农产品加工水平低。"五难"就是有效投入增加难、农村劳动力转移难、结构调整项目选准难、利益机制完善难和基层债务化解难。

农村经济结构不合理。农产品产品结构不适应市场需要，农民就业渠道狭窄，增收路径不宽。单靠增加产量和提升价格已不能确保农民实现增收，且萝北县农产品大路货多，名优产品少；普通产品多，专用产品少；初级产品多，精加工产品少，市场竞争力脆弱。

乡镇发展缓慢。萝北县乡村企业经营规模普遍较小，而且数量小，市场辐射力不强。同时，基地建设水平还不高，存在龙头大、基地弱的矛盾，而进入市场的农户，又往往是"单兵作战"，市场信息不畅，驾驭市场的能力不足，使农业生产和农产品应有的效益很难发挥出来。

农业与其他产业融合程度不高。农业与工业融合程度不够，农产品深加工程度非常有限，萝北优质粮食、经济作物和丰富淡水鱼及山野动植物资源转化工业深加工产品的比重还不高。农业与商业融合程度不高，虽然拥有众多优质农作物产品和一些农副加工品，但缺乏知名品牌和销售渠道。农业与旅游文化业融合程度不高，农业是一种特殊的旅游资源，也是一种文化符号，而当前萝北在这方面还缺乏进展。

（三）制造业深加工深度不够

矿产加工业和农副食品加工业是萝北最重要的制造业部门。虽然矿产加工业和农副食品加工业对萝北县地方经济的贡献较大，但从加工深度看，无论是矿产加工还是农副食品加工的程度都不够深，产品以低附加值、初加工产品为主。

高纯度矿产加工品比例较小。萝北现有的选矿企业技术水平总体偏低，绝大多数仍采用 20 世纪 50~60 年代的 a 式浮选设备，生产工艺繁杂、冗长，产能低，能耗大，资源利用率低，个别企业设备改造后资源利用率仍达不到要求。目前，萝北出产的石墨精粉 99.9% 以上的纯度只能达到 1%，与国际先进水平差距较大，而纯度 95% 石墨精粉价格只能是纯度 99.9% 石墨精粉价格的 1/3。

高附加值、深加工农副产品比重较小。萝北县是农业大县，种植有优质水稻40.6 万亩、谷物 96.6 万亩、玉米 56.1 万亩。2012 年，粮食产量突破 4 亿公斤，再次刷新历史纪录。但是，与粮食作物产量和质量形成对比的是，萝北县农副食品加工业的层次还比较低，大米、白酒、酱菜等主要产品的技术含量和附加值低，优质、绿色、有机农产品经济价值没有得到放大和实现。

（四）旅游业度假产品不足

旅游业是萝北县近年来发展较快的新兴产业。截至 2013 年底，萝北境内拥有星级酒店 2 家、度假性酒店 2 家，最大旅游接待能力约 300 万人，旅游接待能力近年来增长较快。但是，萝北县旅游业以观光旅游为主，经济效益更好的度假旅游发展相对滞后。

度假旅游设施尚不健全。黄金小镇、龙江三峡、名山镇、太平沟等主要风景区配套设施还不够完善，且已有旅游设施主要服务于观光游客，房车基地、分时度假酒店等高端度假设施还非常缺失。从总体上看，萝北县虽然拥有发展度假旅游的自然条件，但尚不具备发展休闲度假旅游的设施条件。

休闲度假线路产品比较单一。一方面，萝北境内几大比较有特色的景区之间缺乏有机的联系，景区与景区缺乏专门的旅游线路，使得萝北对于自助、自驾度假旅游者的吸引力不足。另一方面，萝北与周边县市合作开发东北边境旅游的力度不够（当然，这也是该地区普遍存在的问题），萝北也没有真正融入黑龙江流域旅游板块中。

二、技术创新能力不强

技术进步是引领经济增长和产业发展的重要力量，任何经济发达地区都是技术创新，特别是自主创新活动特别活跃的地区。萝北地处东北边境地带，不仅远离中国经济发达的东部沿海地区，也远离技术资源密集的京津唐、长三角、珠三角地区，地区技术创新能力较低，影响了地方经济的长远发展和产业转型升级。

（一）高等教育缺失造成人才基础不佳

与黑龙江省主要高等教育资源距离较远。黑龙江省高等教育比较发达，全省共有普通高等院校 78 所，包括 4 所"211"大学，1 所"985"大学和 1 所中科院研究机构。2011 年，普通高校在校大学生 71.1 万人，毕业本科生、硕士和博士，从教育资源和教育质量上看，在东三省中明显优于吉林，与辽宁相当。但是，黑龙江主要的高等教育资源集中于省会哈尔滨，与萝北距离较远，萝北所属的鹤岗市仅有 1 所师范高等专科学校。表 1-4 为黑龙江省重点高等教育机构。

表 1-4　黑龙江重点高等教育机构

"211"大学		"985"大学		中国科学院研究机构	
东北农业大学	哈尔滨	哈尔滨工业大学	哈尔滨	东北地理与农业生态研究所农业技术中心	哈尔滨
东北林业大学	哈尔滨				
哈尔滨工业大学	哈尔滨				
哈尔滨工程大学	哈尔滨				

周边缺乏急需人才专业高等教育资源。萝北主导产业发展亟须农学、工学和工商管理人才，但萝北周边地区相对也比较缺乏这些专业高等人才培养机构。例如，农学重点学科主要分布在华北、东部沿海和长江沿线地区高校，东北地区只有东北农业大学、东北林业大学和沈阳农业大学拥有部分农学重点学科；矿产勘探、地质工程、采矿工程、矿物加工工程等重点学科主要分布在华北和中部地区，东北地区只有东北大学拥有采矿工程重点学科。

（二）地域偏远造成对外来人才吸引力不强

地理位置偏远影响人才引进。萝北地处东北边境，对外交通并不发达，城镇基础设施建设相对落后，教育、医疗条件与黑龙江先进县市相比存在较大差距，虽然与俄罗斯接壤，但并非边贸重镇，这些都使得萝北对人才，特别是中高端人才的吸引力不足，外地籍贯人才不愿意到萝北工作，本地人才回家乡工作的意愿也不强。

地方科技资源稀缺影响人才发展。一方面，萝北没有国家级重点实验室，也没有承担火炬计划、星火计划等国家级技术产业化计划，目前仅有一个省级火炬计划特色产业基地和一个省级石墨科技创新平台，人才成长的基础设施不完善。另一方面，萝北缺乏技术创新文化，人才成长的软环境建设也比较滞后。即便是吸引到人才，萝北的环境也不太适合人才的长期发展。

（三）资源型经济发展路径造成创新动力不足

地方经济增长模式仍然表现显著资源型经济特征。从产值结构看，2012 年，萝北县采掘业产值 8.9 亿元，矿石加工业产值 6.6 亿元，采掘和矿石加工业产值占到全部工业总产值的 45.7%；从税收结构看，2012 年，萝北县采掘业上缴税收 2000 万元，矿石加工业上缴税收 2700 万元，采掘和矿石加工业上缴税收总额占到全县税收的 24.1%。2013 年，石墨行业产值 7.3 亿元，占到全部工业产值的 57.6%，实现增加值 2.93 亿元，占到地区生产总值的 8.9%。萝北县采掘业上缴税收 3208 万元。除采掘和矿石加工外，萝北县另外两大支柱产业——农业和旅游业发展其实也是建立在土壤、气候、植被、森林等自然资源基础上。从总体上看，萝北县地方经济发展主要还是依靠比较初级的自然资源，并且这些资源短期内没有枯竭的迹象。独特而丰富的自然资源为萝北经济发展奠定了坚实的基础，但同时也降低了技术创新的动力。

地方研发强度明显低于全省和全国平均水平。R&D 投入占地区 GDP 的比重能够反映出一个地区的研发强度。2013 年，萝北县全社会 R&D 投入 916 万元，占全县 GDP 的 0.28%。相比较，2013 年，全国研发强度为 2.08%，黑龙江省研发强度为 1.15%。萝北是一个农业县，这是其研发强度低于全国和全省平均水平的客观原因。但是，农业产业化、采掘业现代化、矿石深加工业的升级都离不开研究开发活动，过低的研发强度会影响萝北经济发展方式的转型和现代产业体系的构建。

三、发展约束问题突出

"十一五"以来，在全县人民的共同努力下，萝北县交通、口岸、园区环境得到改善，发展"瓶颈"得到突破。但是，制约地方经济和社会发展的约束问题仍然存在，这突出表现在主导产业长远发展和转型升级的重要要素的缺失，以及对外贸易受境外环境的发展约束。

(一) 石墨产业升级发展受到技术水平落后约束

目前，可应用的石墨技术和工艺多数掌握在美国、日本、俄罗斯等发达国家，而这些国家对我国实行很强技术壁垒政策，核心技术和工艺都无法引进。同时，受机制体制的限制，从省外引进技术也存在较大困难，萝北石墨产业相关领域的技术和人才较为缺乏。更重要的是，符合节能、环保要求的石墨提纯技术急需突破。石墨提纯是生产电池负极材料最重要的前提条件，而目前氢氟酸提纯法无法通过环评审批，仅在国内个别地区因历史原因仍在使用。热法提纯与氢氟酸法相比，虽然达到环保要求，但耗能过大、成本高，无法与氢氟酸法竞争市场。

(二) 现代农业发展受到品牌缺失约束

随着农业产业化的推进及国内城乡居民生活水平的提高，品牌在农产品销售中的作用将越来越大，品牌化也是发展现代农业不可缺少的一个环节。如表1-5所示，东北三省是我国知名大米品牌分布最集中的地区，东北肥沃的土地、适宜的气候为在这一地区种植优质水稻提供了得天独厚的自然条件，萝北所属鹤岗市也有"梧桐"等国内知名大米品牌。但是，目前萝北还没有一个知名度高的大米品牌，这成为阻碍萝北农业产业化、发展现代农业的巨大障碍。

表1-5 国内知名大米品牌分布

品牌	所属公司及所在地
金健	金健粮油实业发展有限责任公司，湖南常德
北大荒	北大荒米业集团有限公司，黑龙江哈尔滨
五常	黑五常大米协会，黑龙江哈尔滨
古船	古船米业有限公司，北京
利是	利是米业有限公司，辽宁盘锦
德春	德春米业集团有限公司，吉林辽源
好雨裕丰	裕丰集团有限公司，吉林长春
金佳	金佳谷物股份有限公司，江西南昌
梧桐	泰丰粮油食品有限公司，黑龙江鹤岗
东南香	东南香米业发展有限公司，福建莆田

（三）商贸旅游业发展受到对外交通条件差约束

萝北与俄罗斯接壤，拥有发展边境旅游和口岸经济的条件，但萝北对外交通条件较差，没有铁路过境，也没有过境的高速公路，这对旅游业的发展形成巨大障碍，口岸的辐射范围也非常小。例如，萝北出口的产品主要是当地和周边地区生产的日用百货和建筑材料，产品质量和价格都偏低，市场占有份额小，出口创汇能力差。受到对外交通的制约（包括对国内和对俄罗斯），大宗出口货物很少，在国际市场上有竞争力的产品更少。

四、风险抵御能力较弱

（一）农业和农产品加工业受自然灾害影响大

农业和农产品加工业都是萝北县主导产业，但农业产量受当年气候的影响较大，属于"靠天吃饭"的产业。例如，2007 年，受洪涝、风雹灾害的影响，黑龙江粮食减产 4.7 亿斤，萝北县玉米减产 14883 万斤，大豆减产 2085 万斤，粮食减产直接影响到当年地方经济发展，特别是对农民收入造成较大影响。农产品加工业虽然不直接受自然气候的影响，但萝北农产品加工业原材料基本来自于本地，因此也间接受自然灾害的影响。

（二）石墨产业受国际市场波动影响大

石墨是萝北最重要的经济资源，石墨产业也是萝北最重要、最有发展前景的主导产业。目前，萝北对石墨出口产品的价格还不能有效控制，出口价格受日本、韩国、美国、欧盟等主要进口国家和组织的需求情况影响较大，而近年来包括石墨在内的矿产品国际价格波动极其频繁。例如，2013 年上半年以来，天然石墨出口价格下跌近 10%。虽然萝北出口产品以石墨精粉为主，天然石墨价格波动造成的影响不大，但萝北县经济对石墨的依赖性过大，对国际石墨价格波动风险的抵御能力较弱。

第四节　发展现状的综合判断与比较分析

一、萝北县经济社会发展阶段的综合判断

对一个地区经济发展阶段的判断能够采用多种方法。从 18 世纪英国工业革命开始，人类文明进入工业化的阶段，经济社会各个方面的发展和进步也表现出很强的工业化特征。目前中国还处在工业化的攻坚阶段，从某种意义上讲，经济发展阶段与工业化的阶段是一致的，因此，在本书中我们以"中国社会科学院工业化评估模型"为基础，构建符合县域经济特征的经济发展阶段评价体系。具体过程如下：首先，将经济社会发展阶段分为 3 个阶段，即落后阶段、发展阶段和发达阶段，其中，发展阶段分为发展初期、发展中期和发展后期，并给出各个阶段的标志值。其次，从经济发展水平、产业结构、工业结构、就业结构、空间结构 5 个方面对萝北县经济社会发展水平进行评估，选择人均 GDP、三次产业产值比、制造业增加值占总商品生产部门增加值的比重、第一次产业就业占比、人口城镇化率 5 个指标来分别代表以上 5 个方面的发展水平。

经典的工业化理论认为，工业化标准主要是人均收入的增长和经济结构的转换，工业化主要表现如下：①一般来说，在国民收入中，制造业活动所占比例逐步提高，甚至占主导地位；②制造业内部的产业结构逐步升级，技术含量不断提高；③在制造业部门就业的劳动人口比例也有增加的趋势；④城市这一工业发展的主要载体的数量不断增加，规模不断扩大，城市化率不断提高；⑤在上述指标增长的同时，整个人口的人均收入不断增加。基于此，一个国家和地区的工业化水平可以从经济发展水平、产业结构、工业结构、空间结构等多方面来衡量。一般而言，经济发展水平采用人均 GDP 作为具体衡量指标；而产业结构，可以根据三次产业结构的产值比例和就业比例来具体衡量；对于工业结构，通常存在两个具体衡量指标，一是制造业增加值占总商品生产增加值的比重，二是消费资料工业净产值与生产资料工业净产值之比，即霍夫曼系数；而空间结构则一般通过城市化率指标来衡量。此外，还可以从其他各个方面进行衡量，如从消费结构

看，可以通过恩格尔系数来衡量工业化水平，因为工业化会提高国民收入，而随着收入的增加，国民的食品支出比重（恩格尔系数）会降低。一些学者还提出运用其他指标，如迂回生产的增加、外贸结构变化、工业效率提高等。

上述指标和相应的工业化阶段性标志在特定的时空条件下被证明是合理的，多数指标在检测地区工业化进程的同时，在一定程度上表现出合理性的一面，但由于不同经济体的历史和现实影响因素的复杂性，直接运用单一指标来测定地区工业化水平，其结果往往难以令人信服。因而，不能简单套用现有评价指标，要客观反映某一地区工业化进程，必须建立综合的指标体系框架。用综合指标从多角度加以考察才能克服片面性，抵消个别因素对特定研究对象工业化进程高估和低估的问题。面对国内外工业化水平的衡量指标众多，"中国社会科学院工业化评估模型"在具体选择评价全国和地区工业化进程的评价指标时，应遵循以下原则：

第一，代表性原则。所谓"代表性"是指在选取指标时应抓住问题的实质，指标数量要尽可能地少，使具体计算评价过程简单明了。一般来说，由于社会经济事物的复杂性和相关性，在大多数情况下，评价指标之间存在一定程度的包含和替代关系，庞杂的指标体系并不一定能够使评价结果更为科学。

第二，可行性原则。有的指标构思很好，看起来很完备，但在目前的条件下收集不到相关资料和数据，根本无法操作。因此，地区工业化指标必须具有可操作性：一是指标数据可获取，便于收集整理；二是与现行统计方法相衔接；三是便于经常性动态监测。

第三，可比性原则。地区工业化评价的目的是找出各地区工业发展水平与国际先进水平的差距，因此，应重视指标的国际可比性，尽可能选择国际较常采用的指标。此外，设计地区工业化的指标体系，是为了对各地区工业化程度进行横向比较，因此，应尽可能应用各地区都有的通用指标，而只有少数地方采用的统计指标则不能被选用。

根据上述原则，"中国社会科学院工业化评估模型"选择了人均 GDP、一二三产业产值比、制造业增加值占总商品生产部门增加值的比重、第一次产业就业人员占比、人口城镇化率 5 个指标来衡量地区工业化进程，具体指标和标志值如表 1-6 所示。

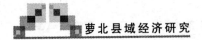

表1-6　工业化不同阶段的标志值

基本指标	前工业化阶段 (1)	工业化实现阶段			后工业化阶段 (5)
		工业化初期 (2)	工业化中期 (3)	工业化后期 (4)	
1. 人均GDP（经济发展水平）（美元）					
(1) 1964年	100~200	200~400	400~800	800~1500	1500以上
(2) 1995年	610~1220	1220~2430	2430~4870	4870~9120	9120以上
(3) 1996年	620~1240	1240~2480	2480~4960	4960~9300	9300以上
(4) 2000年	660~1320	1320~2640	2640~5280	5280~9910	9910以上
(5) 2002年	680~1360	1360~2730	2730~5460	5460~10200	10200以上
(6) 2004年	720~1440	1440~2880	2880~5760	5760~10810	10810以上
(7) 2005年	758~1516	1516~3033	3033~6066	6066~11374	11374以上
(8) 2006年	771~1542	1542~3084	3084~6169	6169~11567	11567以上
(9) 2007年	778~1557	1557~3113	3113~6227	6227~11675	11675以上
(10) 2008年	771~1542	1542~3085	3085~6169	6169~11568	11568以上
(11) 2009年	744~1489	1489~2978	2978~5956	5956~11167	11167以上
2. 三次产业增加值结构（产业结构）	A>I	A>20%，且 A<I	A<20%，I>S	A<10%，I>S	A<10%，I<S
3. 制造业增加值占总商品生产部门增加值的比重（工业结构）	20%以下	20%~40%	40%~50%	50%~60%	60%以上
4. 人口城市化率（空间结构）	30%以下	30%~50%	50%~60%	60%~75%	75%以上
5. 第一产业就业人员占比（就业结构）	60%以上	45%~60%	30%~45%	10%~30%	10%以下

注：2005~2009年是课题组按照NBER美国实际人均GDP计算。

资料来源：陈佳贵，黄群慧，钟宏武. 中国地区工业化进程的综合评价和特征分析［J］. 经济研究，2006（6）. 美国经济研究局网站，http://www.bea.gov/bea/dn/home/gdp.htm.

以"中国社会科学院工业化评估模型"为基础，结合县域经济的规模和特征，对指标标志值进行了较大的调整，形成本书中的"县域经济发展评估模型"。

第一，参照"工业化阶段"来设计新的"经济社会发展阶段"。将阶段名称调整为"落后阶段"、"发展阶段"和"发达阶段"，其中，"发展阶段"分为"发展初期"、"发展中期"和"发展后期"3个小阶段。

第二，适当降低了人均GDP水平。由于中国经济"二元结构"特征显著，城乡差距、地区差距在短期内难以消失，则需要适当降低各发展阶段人均GDP的水平。目前，全国城镇居民人均可支配收入大致是农村居民人均纯收入的3

倍，城乡人均 GDP 的差距则更大（部分地区差距在 10 倍以上）。同时，考虑到县域经济城镇化的水平不断提高和城乡发展相对差距正逐步缩小，根据专家建议和综合分析，将各发展阶段人均 GDP 水平降低到如表 1-7 所示的水平。

第三，调高了第一产业的比重。农业在县域经济中的作用较大，根据专家建议和对全国县（市）经济情况的综合分析，对第一产业增加值、就业比重进行了调整，涉及 3 个指标在不同发展阶段的水平：一是在三次产业增加值结构中，调高了各阶段第一产业比重水平；二是在就业结构中，调高了各阶段第一产业就业人员的占比水平。

第四，适当降低了人口城镇化率水平。农村是县域经济空间结构的主要组成部分，针对县域经济社会发展水平的判断应更加重视农村的发展。因此，将各发展阶段人口城镇化率进行了调整。

第五，删除了"工业结构"指标。这主要是考虑到县域经济的特殊性及数据的可获得性。

表 1-7　调整后的县域经济社会发展阶段标志值

基本指标	落后阶段（1）	发展阶段			发达阶段（5）
		发展初期（2）	发展中期（3）	发展后期（4）	
1. 人均 GDP（经济发展水平）（元）	＜5000	5000~10000	10000~30000	30000~60000	＞60000
2. 三次产业增加值结构（产业结构）	A＞I	A＞30%，且A＞I	A＜30%，I＞A	A＜20%，I＞S	A＜15%，I＞S
3. 人口城市化率（空间结构）	20%以下	20%~40%	40%~50%	50%~60%	60%以上
4. 第一产业就业人员占比（就业结构）	80%以上	60%~80%	40%~60%	20%~40%	20%以下

以表 1-7 的标准为参照，对萝北县域经济发展进行如下评价：

人均 GDP 增长：2012 年，萝北县人均 GDP（县属经济口径）达到 36090 元，进入发展后期阶段。2005~2012 年萝北县人均 GDP 增长情况见图 1-9。

三次产业结构变化：2012 年，萝北县三次产业结构比为 28.51：28.16：43.33，第一产业比重低于 30%，第三产业比重超过第二产业，对三次产业比重进行判断，萝北县还处于经济发展的中期阶段，见图 1-10。

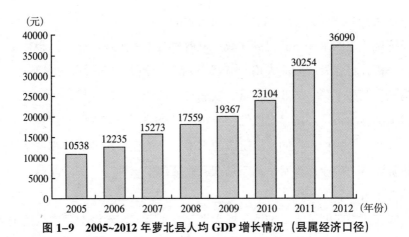

图1-9　2005~2012年萝北县人均GDP增长情况（县属经济口径）

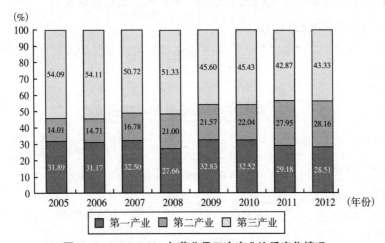

图1-10　2005~2012年萝北县三次产业比重变化情况

城镇化进程：2012年，萝北县人口城镇化率达到57.6%，处于经济发展后期阶段，即将跨入发达阶段，见图1-11。

就业结构变化：2012年，萝北县三次产业就业比为49.93∶6.45∶43.61，第一产业就业比重在40%~60%，处于发展中期阶段，见图1-12。

在判断县域经济发展阶段的4个指标中，萝北县有两个指标进入发展后期阶段，两个指标处于发展中期阶段。综合评价，萝北县经济发展水平总体处于发展中期的阶段，正向后期阶段迈进。

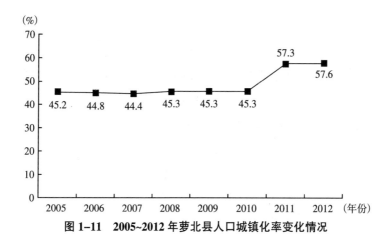

图 1-11　2005~2012 年萝北县人口城镇化率变化情况

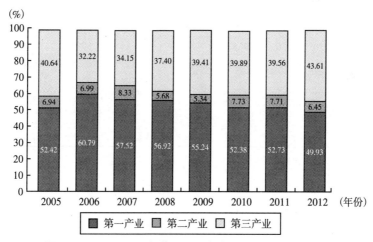

图 1-12　2005~2012 年萝北县三次产业就业比重变化情况

二、萝北县经济发展水平与其他县市的比较

为了更好地反映萝北县经济发展水平在全国的优势，我们将选择若干具有代表性的发达县、农业大县和口岸县与萝北县进行比较。

（一）与经济发达县的比较

我们选择了在 2012 年全国百强县排名第 1 名、第 10 名、第 40 名、第 60 名、第 80 名和第 100 名的江苏太仓、浙江玉环、山东招远、山东高密、江苏海门和湖南望城与萝北县经济发展水平进行比较。如表 1-8 所示，与发达县相比，萝北经济发展的特点和短板主要表现为以下五点：①经济总量规模偏小，2012

年萝北全口径 GDP 仅为百强县排名第 100 名湖南望城的 22.72%；②人均 GDP 水平较低，2012 年人均 GDP 超过了湖南望城，但只相当于江苏海门的一半、江苏太仓的 1/4；③第一产业比重偏高，百强县第一产业比重几乎都在 10% 以下，而萝北县第一产业比重高达 28.5%；④服务业比重偏高，由于萝北县第二产业规模较小，导致服务业比重过高；⑤城市化进程超前，在选取的六个发达县中，只有百强县首位江苏太仓的城市化水平超过萝北县。

表 1-8　萝北县经济发展水平与发达县的比较

	百强县排名	GDP（亿元）	人均 GDP（元）	农业比重（%）	服务业比重（%）	财政收入（亿元）	城市化率（%）	比较年份
发达县								
江苏太仓	1	955.12	134439	3.5	42.0	230.20	63.7	2012
浙江玉环	10	361.52	85869	6.7	29.9	46.70	—	2011
山东招远	40	551.12	96875	5.7	36.4	80.20	44.9	2012
山东高密	60	445.80	50873	10.1	31.2	40.90	50.8#	2012
江苏海门	80	663.10	73490	7.0	36.0	122.10	50.2#	2012
湖南望城	100	374.88	27249	7.9	18.3	37.80	43.8	2012
萝北县								
萝北	—	85.16	36090	28.5	43.3	6.98	57.6	2012

注：# 表示使用 2011 年数据。

资料来源：课题组整理。

（二）与农业大县比较

我们选择了黑龙江五常、河南固始、山东寿光 3 个农业大县与萝北经济发展进行比较，如表 1-9 所示，萝北县经济发展的特点和主要短板如下：①经济规模偏低，萝北在 2012 年全口径 GDP 不足 100 亿元，明显低于参照的 3 个农业大县；②人均 GDP 处于中游水平，萝北人均 GDP 超过黑龙江五常和河南固始，但低于山东寿光；③三次产业结构与农业大县基本一致，萝北农业增加值比重与黑龙江五常相当，低于河南固始，但高于山东寿光，服务业比重与黑龙江五常相当，高于河南固始和山东寿光；④财政收入处于中低水平，萝北财政收入仅为山东寿光的 1/10，也低于同为黑龙江省的五常；⑤粮食总产量较低，与农业大县相比，萝北粮食总产量规模还非常低，仅相当于五常的 14.4%。

表1-9 萝北县经济发展水平与农业大县的比较

	GDP（亿元）	人均GDP（元）	农业比重（%）	服务业比重（%）	财政收入（亿元）	粮食总产量（亿斤）	比较年份
农业大县							
黑龙江五常	232.20	22326	29.9	45.6	10.00	57.70	2011
河南固始	200.60	11555	35.7	29.4	5.00	24.10	2011
山东寿光	542.40	51839	13.4	34.9	69.20	13.26	2011
萝北县							
萝北	85.16	36090	28.5	43.3	6.98	8.31	2012

资料来源：课题组整理。

（三）与口岸县比较

我们选择了内蒙古满洲里、四川双流、云南江城分别作为东北地区、内陆地区和西南地区口岸县的代表。如表1-10所示，与其他口岸县相比，萝北县各项经济发展水平虽然高于处于欠发达地区的云南江城，但与四川双流、内蒙古满洲里等发达口岸县相比差距还非常大。

表1-10 萝北县经济发展水平与口岸县的比较

	GDP（亿元）	人均GDP（元）	农业比重（%）	服务业比重（%）	财政收入（亿元）	出入境（万人次）	进出口（亿美元）	比较年份
口岸县								
内蒙古满洲里	175.9	70400	1.93	70.32	17.70	168.80	56.60	2012
四川双流	679.1	70736	4.90	42.30	180.68	—	28.94	2012
云南江城	20.1	16209	37.80	21.90	1.10	5.47	0.13	2012
萝北县								
萝北	85.16	36090	28.50	43.30	6.98	5.05	0.93	2012

资料来源：课题组整理。

第二章 萝北县域经济发展环境与战略选择

第一节 发展环境

一、面临的机遇

进入 21 世纪，经济全球化，中国加入 WTO，国家振兴东北计划，新型城镇化战略，这些都为萝北县的发展带来重大的战略机遇。

（一）经济全球化带来的国际产业转移

经济全球化是生产、贸易、投资、金融等经济行为在全球范围内的大规模活动。其特征是资本全球化、贸易全球化、市场全球化、信息全球化、知识全球化。从 20 世纪 90 年代酝酿和进入 21 世纪迅速发展起来的经济全球化，全面而深刻地影响世界各国的经济和社会生活，成为不可逆转的世界经济发展大趋势。它使世界各国的经济活动更紧密地相互依存、相互促进，推动着资源在全球范围内合理配置，使资本为主导的资源在全球范围内自由流动，使世界各国和各地区都能从中受惠而实现共同发展。经济全球化的拓展，为经济发展滞后的萝北县利用世界资源、寻求国际资本以谋求更大发展创造了现实上的可能性。

2001 年 12 月 11 日，中国正式加入 WTO，成为世界贸易组织的正式成员，标志着中国经济开始全面面向世界，与国际全面接轨，与世界经济融为一体。2005 年 7 月 1 日的过渡期结束后，中国正式与国际全面接轨。预示着外国的资本、产业、技术、人才和产品开始大规模顺畅进入中国市场；也预示着中国的资金、产业、产品以平等的资格进入世界各国市场。在中国全面对外开放、参与国际分工合作、共享世界资源的背景下，萝北县充分利用国际、国内两个市场和两种资源，有效引进外部资金以谋求更大发展，扩大了战略上的发展空间。

（二）经济中高增速阶段下的国内产业升级

从国内环境看，内生型发展将是今后相当长时期经济发展的基点，扩大内需将成为常态化措施，基础设施建设、产业结构和消费结构升级及社会事业发展等方面存在的巨大需求，将进一步扩大萝北县产业发展和经济增长空间。

（三）国家区域平衡发展下的振兴东北战略

1999 年，国家正式实施振兴东北战略，在国内开发建设的资金、项目和政策全面向东北倾斜，目的是协调国内经济，拓展市场，启动新一轮的国内发展。为实现这一目的，国家不仅在基础设施、生态环境等重大项目工程开发上重点投资建设东北，而且制定颁发一系列有效投资东北、加快东北发展的重大政策。振兴东北已成为国家发展的一项长期政策。萝北县地处东北，可以利用国家振兴东北政策，为未来开发建设和实现跨越式发展提供长时效的政策环境。萝北县将在一定程度和范围内最大限度地争取各项资金的配套和政策支持，用以开发萝北县的各种优势资源和重大建设项目。国家加大力度实施东北老工业基地振兴战略，在着力发展现代装备制造业、资源型城市接续产业和现代农业、高科技产业等方面给予其重点支持，将进一步扩大萝北产业拓展空间，如萝北石墨产业、国际口岸经济区的开发建设、旅游景区的开发建设、重大特色农业项目工程、生态建设保护工程、重大交通基础设施工程等。为"走出去"、"请进来"招商引资，提供国家政策的有力支撑。

（四）国家对外开放框架下的口岸发展战略

萝北与俄罗斯接壤的地理区位优势条件，以及陆路进出口贸易的交通优势和口岸优势。全面提升萝北县在中国与俄罗斯经贸活动中的地缘经济战略功能。在未来一段时间内，萝北口岸将成为中国与俄罗斯远东地区物流、人流、资金流及其他要素流比较重要的陆路通道和通关口岸。萝北由于拥有这一得天独厚的区位交通优势和国家级口岸的贸易条件，将有利于吸引国内对萝北进行口岸产业经济开发，同时也将吸引俄罗斯的各种商品和物产通过萝北口岸进入中国市场进行交换。两大区域间的贸易，将推动信息和资金在萝北交汇和聚集，必将促进中国同俄罗斯贸易活动及产业基地在萝北口岸形成。由此将极大地改变着萝北县未来发展的总格局和总趋势，将为实现萝北县的崛起和跨越式发展创造直接而重大的战略发展契机。

（五）黑龙江立足自身优势提出东北亚经济贸易开发区战略

从省内环境看，黑龙江提出打造东北亚经济贸易开发区。充分发挥萝北地处东北亚腹地的区位优势，利用国内国际两种资源、两个市场，以建设全国沿边开放桥头堡和枢纽站为方向，全力打造面向东北亚、辐射亚欧大陆的扇形放射、多点向外的经济贸易开发区。

主要任务包括加快建设口岸、腹地和境外相结合的外向型产业基地，创新发展边境互市贸易区、综合保税区、境内外加工区等各类特色园区，着力建设以中心城市和边境口岸为节点、连接国内生产基地和国外商品市场的国际经贸大通道和物流网，全面提升对外开放水平和国际竞争力。

萝北应抓住建立东北亚经济贸易开发区的战略机遇期，积极面向俄罗斯，融入东北亚，全面发挥口岸优势，整合开放资源，建成面向东北亚的重要产业聚集区和进出口贸易加工基地。

二、面临的挑战

（一）后金融危机背景下全球经济放缓和国际市场需求萎缩

自 2008 年下半年金融危机爆发以来，世界经济大幅下滑，国际市场需求严重萎缩，我国外贸遇到了前所未有的困难。

第一，全球需求锐减。金融危机发源地——美国正在经历严重的经济衰退，欧盟经济下降的幅度超过了美国，而日本经济衰退程度在主要发达国家中最为严重。由于世界主要发达国家同时出现严重的经济衰退，经济规模缩小导致缺少必要的进口需求，贸易下降速度加快。

第二，贸易模式已发生巨变。经济全球化已形成全球生产链，很多产品的生产过程延伸为多个连续的生产阶段，并形成跨越许多国家的贸易链。这样，贸易的扩张或萎缩不再仅限于生产国和消费国，在贸易乘数效应的作用下，其影响迅速扩散到相关的国家。这意味着在形势好的时候贸易增速会加快，但在形势差的

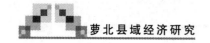

时候贸易下降也会更加明显。萝北的主导产业——石墨产业，将受到比较严厉的冲击。

（二）人民币升值带来的产业利润空间减少

人民币升值导致出口商品的价格必然上涨，然而劳动密集型产品本身附加值较低，可讲价空间较小，出口利润的下降导致部分原来竞争力强的产品的海外市场萎缩，必然影响相关产业的生产和规模，挤压出口企业的利润空间和加大就业压力。萝北石墨产业的主要市场在国外，人民币升值提高了石墨相关产品的价格，减少了石墨产品的需求和利润，削弱了石墨产业的竞争力，最后将阻碍萝北经济和社会的快速发展。

（三）国内调整经济结构导致的发展方式转变

我国"十二五"规划指出，必须以加快转变经济发展方式为主线；坚持把经济结构战略性调整作为加快转变经济发展方式的主攻方向。

萝北的主导产业为资源产业，面临谋求向国际产业链中上游延伸、提升整体竞争实力的内在要求，但由于石墨产业的技术研发需要较长时间，提升产业链还面临着国外技术壁垒。

（四）区域竞争带来的发展压力

萝北的口岸经济面临着黑龙江省其他口岸如漠河、绥芬河、佳木斯等的竞争压力，这些口岸与萝北口岸相比，其基础设施条件更好，发展历史更久，自身经济实力更强，对应的城市更有辐射力。萝北口岸发展只能依靠自身特点，发挥灵活的管理和争取更多的优惠政策来实现跨越式发展。

第二节　战略定位、方针及选择

一、战略定位

为推动萝北县实现 21 世纪跨越式大发展，必须站在时代发展的战略高度，全面把握萝北县发展的优势条件，科学判断和确定萝北县发展的战略定位。

从地理区位条件看，萝北县位于黑龙江省东北部、小兴安岭南麓与三江平原交汇处，具有沿边、沿线、沿江"三沿"发展优势，地缘优势与资源优势十分明显；从交通条件看，黑龙江萝北段全长 146.5 千米，水深域阔，水位平稳，是江海联运的黄金水道。国家一类客货口岸、名山口岸年过货能力可达 150 万吨，可停靠 5000 吨级货轮。水路经名山口岸可以与俄罗斯等东欧独联体国家开展对外贸易，又可以通过江海联运与世界各地进行经贸往来；陆路可通过哈萝高等级公路和鹤北铁路通程全国各地，交通十分便利。

从资源上看，萝北县拥有丰富的矿产资源：境内有金属、非金属矿产 39 种，其中已探明储量的有黄金、石墨、蛇纹岩、硅石、石英石、菱镁、腐植酸等十余种，矿体品位高、赋存好、储量大，尤其是石墨，储量在 6 亿吨以上，是亚洲最大的石墨矿床，极富开采价值。萝北县拥有丰富的森林资源：林地面积 21.8 万公顷，活木蓄积量 737 万立方米，林木种类繁多，材质优良。萝北县拥有种类繁多的中草药和山野产品：有梅花鹿、马鹿、黑熊、野猪、狍子、狐狸等上百种野生动物；有人参、黄芪、玉竹、五味子、刺五加、平贝、龙胆草等上百种名贵的中草药材；有猴头、蕨菜、四叶菜、黄花菜、薇菜等山野菜，以及松籽、榛子、山里红、都柿等山野果。萝北县拥有广阔的天然草场、湿地，面积达 5395 公顷，是目前全省少有的保存较好的湿地之一，也是天鹅、丹顶鹤等多种珍贵野生鸟类和野生动物的栖息乐园。萝北县拥有极富特色的旅游资源，包括独特的人文自然景观，龙江三峡国家森林公园、名山岛综合旅游区、望云峰滑雪场、大马河漂流站、太平沟地下森林等著名的景区、景点享誉国内外。

根据上述优势条件和发展前景判断，萝北县到 2020 年县域经济发展的战略定位如下：

以东北亚经济贸易开发区的启动作为发展契机，依托各种发展优势和条件，把萝北县建设发展成为中国对俄罗斯贸易便捷通道之一和重要的开放门户；集国际贸易和工业为一体的重要基地；绿色有机高效农业特色的产业基地；我国北部著名旅游胜地和区域性旅游中心。

二、战略方针

萝北县经济发展战略应实施"重点突破，有效推进；做足市场，倚外兴内；统筹兼顾，协调发展"的战略方针。

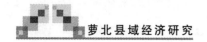

（一）重点突破，有效推进

萝北县为改变当前经济发展现状及自身发展能力不足而确立重要的发展方针。萝北县经济基础薄弱，财力非常有限，很难在总体层面上全面推进发展。这就要求萝北县必须从这一现实条件出发，在确立和实施总体战略时，应突出重点，善于抓住对全局具有重大影响和决定性意义的中心环节，优先建设，率先发展，以重点方向上的战略突破来带动全局发展。在经济建设发展过程中，必须讲求实效，一方面，要从县情和能力条件出发，有多少钱办多少事，量力而行。要以效益为中心，扎扎实实富有成效地推进工作。另一方面，要根据经济发展的不同情况，区分轻、重、缓、急，善于抓大放小，就重避轻，防止四面出击。有计划、有步骤地解决发展中的各项重大问题。

（二）做足市场，倚外兴内

萝北县为实现跨越式发展所确立的重要发展方针。实现跨越式发展，是萝北县于 21 世纪全面建设小康社会的必然选择。当前制约萝北县跨越式发展的核心因素是资金匮乏，投入不足。有效解决这一制约因素，就必须放弃传统的以内源式为主的发展方式，转而实施以外源式为主的发展方式。依靠外部的资金和发展资源，加大对萝北县大开发、大建设、大发展的力度和有效投入。而实现这一战略目标，首要前提是必须做足市场。政府应成为做足市场的主体。在市场经济条件下，政府首先要全面开放萝北市场，在内部市场中首先要建设起适合市场运作要求、开放式，并与国际全面接轨的优质投资环境和服务环境；要善于利用市场的手段和渠道正面有效宣传推介萝北，扩大知名度，提高影响力；与此同时，要善于利用市场利益机制和国家赋予萝北的优势政策，在外部市场中制造一个能有效吸引资金进入萝北市场的"畦地效应"和开发上的"热岛效应"。利用外部大批资金和产业的"引进来"全面振兴萝北经济。

（三）统筹兼顾，协调发展

萝北县要按照全省主体功能区和经济功能区明确区划，以区域发展一体化为路径，以充分发挥区域比较优势和要素禀赋优势为突破口，以建设具有优势竞争力的项目为依托，统筹城乡发展，促进各具特色的区域经济社会发展的新格局。以率先在全省实施"推进城乡一体化工作试点县"为契机，深入实施城乡（规划布局一体化、产业发展一体化、现代农业一体化、基础设施建设一体化、公共服务一体化、社会保障一体化、生态环境建设一体化、区域共建一体化）"八大战略"，在创新体制机制、增加农民收入、提高农业发展水平以及缩小城乡差距四个方面实现重大突破。实现城乡差距明显缩小，城乡经济社会协调发展，城乡基础设施基本完善，城乡社会事业整体推进，城乡公共服务均等化，城乡生活水平同步提高，城乡社会管理更加规范，最终形成城乡经济社会发展一体化新格局。

三、战略选择

（一）立足长远，实施创新发展思路

要把改革开放和科技创新作为加快转变经济发展方式的强大动力和重要支撑，显著增强科技自主创新能力，大幅度提高科技进步对经济增长贡献率，使创新成为萝北经济社会发展的主要驱动力，提高萝北产业包括石墨产业的科技含量和产品附加值。

全面推进思想观念创新、体制机制创新、科学技术创新、管理方式创新和工作措施创新，着力增强创新对萝北经济社会发展的驱动力，实现经济社会发展新突破。建立充满活力、富有效率、更加开放的体制机制，建设科技创新体系，提高科技创新能力，促进科技成果转化，实现制度创新与科技创新的有机统一。

（二）发挥资源优势，确立工业化为主导的发展战略

坚定发挥新型工业化主导作用，持续提升萝北经济建设支撑能力。目前，萝北正处在工业化、城镇化前中期阶段，工业仍是带动萝北经济社会发展的主导力量，要着眼竞争，发挥优势，错位发展，明确产业定位；要遵循规律，集中布局，集聚发展，实现科学发展；要培育集群，形成体系，相互配套，创造竞争优势。

萝北工业化主要产业为石墨产业，萝北工业化就是要实现石墨产业的"四集"发展和四个转变。

"四集"发展：资源的集约开发、产业的集聚发展、科技的集合利用和市场的集中开拓。

四个转变：一是以产业链延伸为"抓手"，实现由资源优势向产业优势的转变；二是以技术创新为引领，实现由资源型产业向技术型产业的转变；三是坚持环境保护和生态修复，实现由环境破坏型产业向环境友好型产业的转变；四是依

靠产业集聚和市场建设，实现由资源优势、企业优势、产品优势向集群优势、区域优势的转变。

（三）实现产业集聚，大力发展以民营企业为主的园区经济

产业集聚是打造先进制造业基地的基础和理想途径，实施园区经济，促进产业聚集，积极引进民营资本。明确扶持方向，坚持以信息化带动工业化，以工业化促进信息化，进一步转变经济增长方式，扶持萝北以石墨产业为主的园区经济和民营经济。一是要实施民营企业50强计划。要鼓励民营企业走园区经济道路。要支持民营企业发展成为上市公司。要建立"产业集聚"发展专项资金。二是要不断完善园区基础设施，实现石墨产业园提档升级。推进园区变电所、大型尾矿库、污水处理厂等各项工程建设，近期完成省级重点石墨产业园区的申报和建设。同时，积极申报国家石墨产业基地、国家外贸出口转型基地及石墨产品交易平台和建设项目，为打造"中国石墨之都"创造条件。三是要创建优良的软环境。围绕发展壮大石墨产业，对投资兴建石墨精深加工项目的企业和客商，实行"三优先"政策，即优先供地、供电、供矿，优先办理审批手续，优先提供贷款担保，促进石墨产业项目尽快落地开工、建成投产，切实推动石墨产业快速发展。四是要进一步完善园区功能。按照园区总体规划的要求，借鉴东部沿海地区工业园区发展经验，加快服务性设施建设，建立起专业的投资融资平台、技术转化平台、检测技术平台、市场咨询服务平台、生活服务平台等产业公共服务平台，进一步完善服务功能，成为产业集聚的重要载体。

（四）整合优势资源，发展大旅游经济产业

一是整合旅游文化资源，大力发展文化旅游。由于特殊的地理位置优势，萝北成为"中、俄、犹"三大文明交相辉映之地，三大古老民族隔岸而居，相互融合，形成世界上独一无二的地理文化现象，要深度开发萝北与俄罗斯、犹太文化交融的旅游资源，吸引国内外游客近距离感受俄罗斯、犹太文化的精髓，重点发展文化旅游产业。围绕"自然生态、文化旅游、低碳旅游、民族风情"四大主题，重点发展生态观光游、休闲度假游、文明遗址科教游、地区文化体验游。

二是整合旅游配套设施，在县旅游发展管理委员会管理下，统一协调管理各景区管理处和旅游实体，整合辖区内所有旅游资源，统一管理景区内的道路、基础设施建设，项目建设、旅游服务和环境卫生、社会治安等社会事务。探索实行

景区通票制，开通景区班车，按照旅游要素的配置，实现景区管理、线路运行的科学化和规范化。鼓励和引导社会资本以多种方式参与旅游景区的开发和重大旅游项目的建设。对投资开发导向性的旅游项目，可以在电力、通信等基础设施建设方面给予资金配套和贴息扶持。在土地、能源价格、促销、旅游线路组织等方面予以倾斜支持。在符合国家有关法律、法规的前提下，鼓励旅游景区通过合资合作、租赁、拍卖等方式引进国内外知名的专业管理公司。

三是整合需求市场，根据萝北旅游业发展现状、经济发展水平、区位条件，萝北地区旅游需求的市场定位应以周边地区和国内发达地区为核心客源市场，以海外市场为机会客源市场。

（五）延长产业链，推进现代农业及农产品加工业

发展现代农业是萝北县推动农业产业转型升级的方向，也是进一步促进县域经济持续较快发展的突破口。一是大力发展优质水稻、绿色玉米、蔬菜、水果、马铃薯、中药材等特色种植业，实现特色种植业与旅游产业有机结合。二是拓展外向型农业。重点建设对俄农产品出口市场、粮食仓储、蔬菜窖储设施等项目。三是推进农业标准化建设。加快无公害、绿色、有机农产品认证，地理标志的申报认定。大力动员农业种植大户，扩大农作物无公害生产面积，认证一批"三品一标"产品。四是打造优势领军企业。加大对农业产业化龙头企业的扶持力度，引进实力强的农产品加工企业，做强农产品加工企业集群，提高市场竞争力。积极推进粳稻等粮食作物产地初加工与精深加工相结合，加强农副产品综合利用，延长产业链。五是优化现代农业空间布局，着力构建"三区、四带、五基地"产业布局。即现代农业示范区、生态农业示范区、观光农业示范区；粮食深加工产业带、食品加工产业带、功能性饮品加工产业带、林木加工产业带；高产粮食作物和特色经济作物种植基地、绿色蔬菜生产基地、肉牛养殖基地、生猪养殖基地、名特优水产养殖基地。

（六）实施开放战略，依托口岸资源振兴萝北县域经济

萝北口岸良好的区位优势和自然条件是促进萝北县域经济发展的重要手段。口岸经济的发展不仅促进地区产业结构升级、扩大对外贸易，而且口岸经济本身的发展就是庞大的经济增长点。一是规划先行。尽快完善萝北口岸建设的规划工作，争取国家和黑龙江省对萝北口岸经济的支持。二是积极整合口岸资源，形成

较为完善的产业体系。积极整合口岸周边企业资源、生产资源和人才资源，形成聚集效应，做大口岸周边产业体系。三是优化口岸经济发展的软环境。萝北口岸应建立口岸经济人才引进、培训和再教育制度，不断提高口岸工作人员的业务水平和能力。四是加强口岸交通网络等硬件设施建设。大力提升萝北口岸仓储设施、联检大楼、查验设备等口岸基础设施的建设，更重要的是提升口岸周边公路、铁路等交通基础设施。

（七）以信息化带动工业化，提升萝北县域经济发展

进入 21 世纪，面对信息化带来的难得机遇与挑战，萝北县政府要坚持以信息化带动工业化、以工业化促进信息化，坚持以改革开放和科技创新为动力，大力推进信息技术在工业领域特别是石墨工业的广泛应用，走出一条具有萝北特色的信息化道路。

第一，要通过 GIS、CAD、CIMS 等提高勘探开采、在线检测水平和企业级生产流程智能化水平；利用 MES、CRM、SCM 等技术逐步实现管理、计划和执行环节的有机结合；信息化从 ERP、MES 向数据库管理、BI 等更高层次的管理系统发展。

第二，要积极推进电子商务应用。支持和鼓励企业开发专业商务应用平台，扶持有条件的企业提供应用服务。以适应统一、开放的市场要求，为客户服务好，降低经营成本，提高市场竞争力。

（八）城镇化带动县域经济发展，释放改革红利

第一，加强工业化、城市投资和基础设施建设，提供城镇化的原动力。必须全方位、多元化地建立城镇建设投融资市场，以市场手段营造吸纳资金的磁力效应，萝北县基础薄弱，资金严重匮乏，严重制约萝北县经济发展。必须打破依靠财力搞建设的传统发展方式，建立多元化、开放式投融资新体制，用市场手段有效解决建设发展资金不足问题。以吸纳外部社会资金为主，全面推进县域经济发展战略的实施，实现跨越式发展。

第二，大力发展教育文化事业，提供萝北城镇化的推动力。萝北县城镇化发展的一部分动力来自城乡教育资源和水平的差异。要巩固提高现有初中，扩大办学规模，优化和提升初中教育水平；要重点普及高中，大力发展高中教育。到 2020 年，初中生升高中率要达到 90%以上。要建立长期稳定的成人教育制度。

逐步建立大众化、社会化的终身教育体系。重视成人职业教育，办校办班，提高人口的文化素质和劳动技能。

第三，积极推进城乡土地制度改革，释放城镇化的制度红利。要在稳定和完善农村联产承包责任制前提下，逐步深化土地制度改革。在明确农民承包土地使用权的同时，赋予农民对其的处分权。允许土地转让、出租及用作抵押物，使土地能够成为一种特殊"资本"，保障农民能享有这一"资本"的权利。让农民土地入股，收取利润；通过"期权"，按月按年得到收入。这就能保障农民的长期利益，消除农民无地的后顾之忧。

第三章　现代农业的转型升级发展

第一节　萝北县现代农业发展的现状与主要特征

萝北县是中俄边境地区的一个农业大县，水稻、玉米等优质粮食作物产量较高，农业经营体制机制创新较活，农民增收渠道较宽。近年来，萝北县依托现代农业示范区，积极发挥农业龙头企业的市场主体作用，加快体制机制创新，优化提升农业种植、加工、流通、销售等价值链，率先走出一条绿色环保、高产优质、增收增效的现代农业产业化道路。

一、现代农业发展的资源优势

萝北县优越的自然条件为现代农业发展创造了得天独厚的环境，土壤肥沃，水质好，污染少，垂直气候明显。并且，当地地形多样，平原广阔，丘陵交错，森林茂盛，河流蜿蜒，良好的资源组合为构筑现代农业产业体系奠定了基础。

气候和环境条件良好。萝北县属中温带大陆性季风气候，光照充足，雨热同期，四季分明。常年降水量 579.1 毫米，主要农区大部的无霜期达到 130 天，昼夜温差较大，适合于高油大豆、优质水稻、专用玉米、脱毒马铃薯和杂粮杂豆等优势作物的生长发育。全县所有河流无外来水污染，土壤、空气质量良好，二氧化硫、重金属等污染物非常少，工业"三废"和农业化学污染极轻，特别是北部的太平沟乡、环山乡等三乡属于接近自然状态的"净土地带"，具有发展生态农牧业、开发绿色有机食品最有利的条件。

农林牧渔药等自然资源富集。萝北县地处三江平原腹地，农用土地面积大，土质肥沃，辖区内共有耕地345.64万亩，其中宝泉岭农垦分局及所属农场233万亩，县属112.64万亩；湿地面积30万亩，草原面积12万亩；黑龙江流域适渔水面13万平方米，辖区内泡泽适渔水面6000万平方米；水资源总量5.34亿立方米（其中地表水资源4.11亿立方米，地下水资源1.23亿立方米），境内有黑龙江和松花江两大水系和55条中小河流；林地面积48.5万公顷，森林覆盖率43.2%，活木蓄积量4490万立方米，有蕨菜、刺嫩芽、蘑菇等50余种山产品，年均采集量达200吨以上；有黄芩、柴胡、防风等野生中草药290余种，人工种植面积6000亩。

地缘优势明显。萝北县地处黑龙江省对俄开放前沿，与俄罗斯有145.4千米的水上边境线（鹤岗市水上边境线总长234.6千米，其中萝北145.4千米；绥滨89.2千米）。坐落在名山镇的萝北口岸，是我省沿江口岸中距省城最近的国家一类国际客货口岸，常年可通行5000吨级驳船，是我省面向东南亚发展江海联运的黄金水道，也是绿色农业产品出口创汇的重要窗口。

二、现代农业发展取得阶段成就

萝北县作为后发赶超的边境县，这些年来既克服了交通末梢的区位劣势，又赶上现代农业发展的"快车"，加大产业结构调整，实施农业"八化"工程，有效解决了长期束缚农业转型升级的硬件设施和管理机制，极大释放了农业生产力。

（一）总体特征

农林牧渔业齐头并进。萝北县地形特征造就了农业发展的业态选择，农业、林业、牧业和渔业都有一定的基础，传统种植业占据重要地位。跟市区相比，萝北农业总产值列鹤岗市之首。随着完达山等知名企业进入，带动当地畜牧业发展，许多农户转行从事畜牧业。农业发展促进了农民收入增长，当地农民纯收入达到9931元，低于市区，但远高于绥滨县。表3-1为鹤岗市各区县农业产出。

农业效益比较突出。据统计，2011年，萝北县农业劳动生产率为90855.74元/人，列居全省第二位，是绥滨县的2.6倍，是农业大县友谊县的1.18倍。从地均投入产出看，萝北县农业土地地均产出量为1.17万元/公顷，列全省第55位；地均化肥使用量246.8公斤/公顷，列全省第5位。从总体上看，萝北

表 3-1　鹤岗市各区县农业产出

	农业产值（万元）					农民人均纯收入（元）
	农业	林业	牧业	渔业	农业总产值	
市区	36403.20	307.0	13792.0	486.0	50988.20	12930
萝北县	60137.44	21.0	10818.8	139.8	71117.04	9931
绥滨县	27211.70	0.4	866.10	137.0	28215.20	1198

县农业具有投入少、产出高的特点，农业科技对农业增长的贡献率较高，科技优势转化为经济优势，有力支持了现代农业发展。

特色种植业有规模优势。目前，萝北县除了种植水稻、玉米等传统粮食作物之外，特色种植业在近年来发展较快，人参、水飞蓟、白瓜籽、黑木耳、大棚蔬菜等农作物种植规模扩大，其中，人参种植面积为 7 公顷、水飞蓟为 187 公顷、白瓜籽为 120 公顷、黑木耳为 200 万袋。特色种植业发展促进了产业结构调整，也增加了当地农户收入。

龙头企业处于蓄势增长态势。跟省内其他县市相比，萝北农产品加工业发展并不快，但龙头企业保持平稳发展态势，华祥粮油、圣元乳业、正元乳业、兴汇粮食、北兴米业、军粮酿酒等农业龙头企业成为全县农副产品加工业发展主力军，除了兴汇粮食和北兴米业之外，其余支柱企业都是农垦局下属企业，其中圣元乳业一枝独秀，2009 年销售额为 2.69 亿元，是正元乳业的 2 倍；而粮食加工企业规模并不大，华祥粮油、兴汇粮食、北兴米业的销售规模分别为 8536 万元、3987 万元、4653 万元。

（二）行业发展特征

种植业发展势头强劲。依托丰富的土地资源和优越的生态条件，引导和扶持农民大力发展水稻和玉米两大高产优势作物。2012 年，共种植"三大粮食作物"110 万亩，占总耕地面积 112.7 万亩的 97.6%，其中水稻 40.5 万亩、玉米 56.1 万亩、大豆 13.5 万亩。2012 年，全县粮食产量 8.31 亿斤，粮食商品率达到 80%以上，是全省重要的商品粮生产基地。同时，加大发展绿色生产基地，目前已创建全国绿色食品原料（水稻）标准化生产基地 20 万亩，年产绿色稻米 11.6 万吨。此外，设施农业规模持续扩大。近年来，新建水稻育秧大棚 6215 栋，投资 1325 万元新建了 1 个中型现代农业水稻智能催芽育秧基地和 2 个小型智能催芽车间，

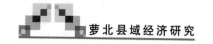

水稻工厂化和智能化育秧水平大幅度提升。

畜牧业发展规模不断壮大。2008 年以来，萝北县抓住市场消费升级的机会，出台畜牧养殖的特殊优惠政策，扶持养殖户向现代化、标准化、规模化饲养方向发展。近年来，为了彻底扭转养殖业"散、乱、脏"问题，萝北县大力推进养殖业规模化经营，先后引进哈尔滨英瑞斯公司等大小养殖企业 10 余家，建成生猪万头示范镇 3 个、千头以上规模养殖场 16 个、千头专业村 18 个、50 头以上养殖大户近千户；奶牛 200 头以上专业村 8 个，其中千头以上的专业村 2 个，规模化奶牛养殖场 3 个，奶牛和生猪养殖基地不断壮大。截至 2012 年末，全县奶牛存栏 1.8 万头，生猪饲养量 37.1 万头。

水产养殖面积扩大。通过推广名特优水产养殖技术，引导养殖户向精养、高效养殖发展。2012 年，全县水产养殖推广面积达到 9000 亩，养殖产量 960 吨，产值 1440 万元，全县渔船 126 艘，渔业捕捞年度产值 200 万元。

劳务经济和旅游产业搞活农村经济。依托名山旅游名镇和太平沟黄金古镇的兴建，发展旅游、餐饮、商贸项目，建成临江酒店、农家乐、俄罗斯商品和旅游纪念品销售等多家经营网点，拉动了全县农民工资性收入。2012 年，全县转移农村劳动力 9900 余人，实现劳务收入近 2.3 亿元。

林下经济起步。实施林下经济多种经营战略，大力发展食用菌、山参和药材种植，不断扩大蜜蜂、山地鸡和山地猪养殖规模。2012 年，林下参种植 3000 亩、袋装木耳 200 万袋、山地鸡饲养量达到 3.1 万只。

三、现代农业发展的主要做法

提高产业化经营水平。坚持优势互补、资源共享、利益均沾的原则，深入实施区域联手战略，先后引进了完达山乳业、双汇北大荒肉业、九三油脂和宝泉药业等国内知名企业入驻萝北，规模龙头企业数量发展到 20 家，其中国家级龙头企业 2 家、省级龙头企业 4 家、市级龙头企业 14 家，带动了农产品生产基地快速壮大。

加强农田水利基础设施建设。近五年，累计投资 1.2 亿元，加强农田水利基础设施建设，水资源得到了有效利用，全县建有小型水库 3 座，完成了烟筒山渠首改造、江萝灌区、苇场排干、黑龙江堤防维修加固等一大批水利工程，各类抗旱水源井 2656 眼，临时泵站 76 座，能有效灌溉耕地 40 万亩，农业抵御自然灾害能力进一步增强。

推进土地规模经营。依托农民专业合作社的快速发展，加大农村土地流转和规模经营的推进力度，引导农村土地承包经营权向农民合作社、专业大户和家庭农场流转，共完成土地规模经营 103.5 万亩，占全县耕地总面积的 91.8%，实现了土地规模经营整县推进。

发展农民专业合作社。把培育壮大农民专业合作社作为发展现代农业的有效载体，制定了中长期发展规划和相关扶持政策，加大农民专业合作社组建和规范力度，促进农产品由一家一户、分散生产向规模化、订单化生产方向发展。目前，全县各类农民专业合作社 209 个，涵盖种植、养殖、加工和农机作业等相关产业。

提高农机装备水平。近五年，累计争取农机购置补贴 2137 万元，更新大中型拖拉机 422 台，配套农机具 432 套，联合收获机 103 台，水稻机动插秧机 186 台。同时，组建了 6 个百万元农机合作社和 5 个千万元农机专业合作社。目前，全县农机总值达 2.1 亿元，农机总动力 22.13 万千瓦，农机保有量 7530 台，综合机械化水平达 97.8%。

完善农业服务体系。累计投入"村级事业发展基金"511 万元，建成公路桥涵、中小型农田水利等 99 个村级项目；投资 950 万元，建成省级动物疾病防控中心和 106 个乡镇、村、社区畜牧综合服务站（室）；依托国家"基层农技推广体系改革与建设示范县"项目，完成了农业技术推广体系改革，为发展现代农业提供了有力支撑。成立了农业专家组，建立了农业防灾减灾预警机制，构建了县、乡、村三级农业科技园区示范体系，测土配方和水稻前氮后移优化施肥、水稻钵育摆插、玉米立体通透栽培、大豆窄行密植等 22 项高产新技术得到广泛应用，科技成果转化率达 85% 以上。

深化区域合作。凭借与农场接壤的地域优势，形成了以整合区域资源为目标，以产业化发展为主线，坚持"资金联筹，项目联上，环境联创，城镇联建联评"的场县共建工作格局，在携手发展现代农业方面，广泛开展了代耕、代种、代收服务业务，2012 年完成跨区整地和秋收面积 28.3 万亩。

强化生态环境综合治理。加强了农业面源污染治理，鼓励农民多施农家肥，大力推广有机肥料。加强了农产品安全生产指导及农产品质量安全检测,保障了农产品优质安全。开展了玉米秸秆腐熟还田项目,提高了土壤有机质含量,改善和恢复耕地自然产出能力。

四、萝北县现代农业发展面临的主要问题

当前,萝北县现代农业发展进入前所未有的机遇期,市场需求转换加快,农业从业人员老龄化问题日益突出,体制机制创新更加紧迫。然而,萝北县现代农业发展仍然存在一些突出的问题,主要包括:

产业价值链条短。萝北县现代农业发展起步晚,正处于传统农业跃迁提升阶段,水稻、玉米等优质粮食尽管品质较高,但长期处于低水平初级加工阶段,粗放加工现象普遍存在于农产品加工企业之中,产品呈现单一化、同质化、无牌化等特点,即使是有机高品质农产品也只是简单从田地直接到餐桌,缺少分选、包装、监测等环节,导致产品卖不远,也卖不出价。此外,萝北县现代农业发展也呈现出很强的季节性现象,库存能力有限,生产基地规模不大,无法为企业连续生产提供有力的支持。这种季节性生产容易产生从业人员流失和固定资产使用达不到最优使用效率。同时,相关配套产业也没有发展起来,农产品物流(如冷链物流、大宗物流)、品牌咨询、商务网络等产业发展十分薄弱,无法对现代农业形成有力支撑。

龙头企业实力弱。企业是萝北县现代农业发展的市场主体,直接关系到现代农业发展规模和效益。然而,现在看来,萝北县农业龙头企业数量太少,单体规模也不大。与之密切相关的是,当地缺少创业精神,农民或商业人士缺少创业意识,思想相对保守。并且许多村办企业规模太小,缺少能人带动,长期处于季节性生产状态,不能有效释放生产能力。尽管村办企业一定程度促进农产品初级加工,然而,这种分散化、小量化、粗放化的发展方式不利于农产品加工行业整体提升;相反,它们通过行政手段变相地控制了许多产区的粮食,从而阻碍了一些有实力的农业加工企业进一步扩大加工规模。此外,萝北县的农业龙头企业普遍缺少现代企业经营管理的意识,虽有一些思想朴素的企业家,但他们几乎出身于草根农民,也没有机会经过现代管理教育的"知识改造",拘于眼前,安于现状;而新生代企业家也没有孕育起来,加之外来的企业家很少,使得萝北县从事现代

农业的企业家群体规模偏小，难以适应经济发展的需要。龙头企业现代管理方式引入滞后，从而导致萝北县虽有优厚的资源却无法换取相应的回报，缺少知名品牌和销售网络严重制约了当地农产品对外销售的半径和附加值。

科技支撑体系散。这些年来，萝北县对农业科技示范项目下了很大的工夫，无论是资金还是人力。对于萝北县而言，现代农业发展不仅需要最基础农业技术示范推广，还需要育种、保鲜、加工、包装、冷藏等方面的先进技术作为支撑。但当地现实情况却距离这些要求还有相当长的路要走，萝北县现代农业科技支撑体系尚处于发育阶段，几大功能板块的推广技术各自发展，种植技术推广示范走在前面，但其他先进技术或工艺却停滞不前，比较落后。而且由于缺少统一的协调机构，许多政策没有进行统一规划、统一整合、统一协调，分散于各职能部门管理的技术推广项目无法形成合力。加之萝北县农业科技力量非常薄弱，企业研发能力底子薄，科技人才资源也很短缺，争取到市级以上科研项目较少。

管理服务体系缺。一个产业的发展，需要相应的管理服务体系作为支撑。在萝北县发展现代农业过程中，仍然缺少"五个一"，即一个规划、一个协调机构、一个产业园区、一个全国知名的农业龙头企业和一个国内技术领先的农业生产基地。由于这些服务管理工作没有做到位，现代农业仍然停留于种植业和简单的加工业。发达国家的经验表明，现代农业发展不仅取决于先进技术应用推广，还取决于当地是否拥有完善的服务管理体系，使之能够覆盖现代农业生产过程的产前、产中、产后以及相关配套生产环节。

第二节　萝北县现代农业转型发展的理论思考

从产业价值链、规模经济、土地流转、城乡发展、自主品牌建设、农产品流通模式等多个视角，从理论上对萝北县现代农业发展的经验进行深度解读，剖析困扰萝北县现代农业发展的制约条件。

现代农业发展对萝北县传统农业改造升级无疑是一场"翻身仗"，北大荒的崛起和中俄边境的安宁充分释放了市场需求潜力及和谐安邦的国际环境。萝北县现代农业虽然处于起步阶段，但是发展态势很好，基础工作扎实，主攻方向明

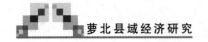

确，是一个从小农生产向规模化生产平稳转型的过程，是渐进式改革的生动实践。

一、要素流动，释放红利

人口流动，合理配置。在全国两千多个县市中，萝北县人口规模不算大，然而，常年外出务工人员却不少，其中在朝鲜族比较集中的乡镇，这种现象更为普遍。劳务经济是县域经济的一种发展模式，本质是移民就业，是县域经济工业化处于初期阶段呈现的常态。然而，随着萝北县优势特色产业的发展，外出务工人口回流并不明显，这在很大程度上取决于当地的产业结构，以石墨为主导的资源性经济吸纳就业非常有限，这种产业主要依靠资本和资源的相互结合。尽管这样，萝北县人口流动出现了从农村走向城市、从本地走向发达地区、从国内走向国外的过程，农业人口转移就业给萝北县现代农业发展创造了有利的条件。以鹤北镇为依托的县域经济中心，正在承接由农村转移过来的农民，他们转换了就业，享受了城乡一体化带来的好处。可喜的变化是，萝北县在发展现代农业过程中积极推动科技人员下乡，使得掌握先进技术的人员用知识"反哺"农村发展，这种"逆向"流动着实增加了萝北农业的"含金量"。

土地流转，规模生产。当更多的农民选择离开农村时，他们原来的承包地则采用流转方式进入农民专业合作组织托管，每年享受土地入股的分红。萝北县平原面积较大，适合大规模粮食作物种植，一旦有机会将土地集中起来，则有利于农业机械化生产，使农业规模化生产优势释放出来。同时，土地流转也让土地股民享受到农业规模生产带来的红利。在此过程中，萝北县并不是采用激进的办法，而是发挥党组织力量，做好外出务工农民的思想工作，让他们吃透政策，并做好配套服务，维护农民的合法权益不受侵害。

二、科技支撑，厚积薄发

创新机制，打好基础。萝北县农业科技力量虽然不强，但农业科技投入却很大。萝北县积极建立农业技术示范推广体系，从新品种引入到推广种植，一条龙的科技服务初步建立起来。正如上文所说的，农业科技人员到农村推广先进种植技术、耕作经验或新的品种，这种技术溢出效应的做法将逐步改变萝北县传统农业发展面貌，"知识下乡"扩散到萝北农村全境，也将形成科技致富的氛围。同时，萝北县积极探索机制创新，鼓励种植大户和科技特派人员签订"包产到田"的协议，即双方通过协议确定一个协议产量，确保农户的田地基本产量收成，如果低于这个协议产量，农户可获得相应的补偿，科技特派员也要承担歉收的风险（自然灾害等不可抗拒的因素除外）；如果高于这个协议产量，农户和科技特派员都能从中共同分享其中增产部分。实际上，创新这种机制的本质就是让种植大户在风险可控的条件下接受先进技术或新的品种，从而实现更大范围农业技术推广。

基地建设，贵在示范。萝北县发展现代农业的另一抓手就是设立现代农业示范区，把根据地建在村里或屯里。农业示范区建设散落在县域之内，成为带动当地种植业转型示范的窗口。依托这些农业示范区，萝北县能够将原来分散支农资金集中投放到示范基地建设，从而产生极化辐射效应，带动县域农业技术扩散，让更多种植大户直接受惠。换言之，这种技术传播模式就是从少数示范基地试验向技术全面扩散动态转换，是特惠制向普惠制转变的过程。当技术积累达到一定程度，萝北县传统种植业将彻底改造升级，形成科技服务机构、农业企业、种植大户、农民和政府相互结合的农业技术创新体系。

三、精深加工，价值提升

做深加工，做长链条。萝北县为了解决初级农产品长期以来出现的增产不增收、价格波动大等难题，从水稻、玉米、水果等特色优势农产品入手，引导当地一些企业从事农产品加工，把产业链从种植向初级加工延伸。其实，这种产业链升级是企业对市场的一种积极反应，企业可以依托萝北当地种植基地的有利优势，通过农产品简单初级加工获取加工利润，也减少加工废物的物流成本。不过，随着东北地区农产品整体优势的显现，单纯依靠初级加工已难以从市场中获利，而消费需求的升级、农产品和食品质量安全的更受重视以及市场竞争格局的变化倒逼萝北县农产品加工业从简单初级加工向两头延伸，一头连接着标准化的种植基地，一头连接着个性需求的消费者。两头整合的趋势进一步提升了萝北农产品加工链的附加值，从而改善企业的盈利能力。

个性加工，差异竞争。对于萝北县的农业龙头企业而言，个性化消费需求已成为当地企业家的共识。随着我国人均收入持续增长，高中低不同档次的需求都要被覆盖，这样才能让农产品稳住市场甚至扩大市场。其实萝北县农业龙头企业正在朝着这个方向努力，从覆盖中低端消费群体扩大向高端消费群体，从无公害种植基地入手，做好有机绿色产品"文章"，同时改善加工环境和提高工人素质，以适应消费者对健康、绿色、安全的基本需求。在满足个性化需求的同时，萝北县农业龙头企业正在寻求农产品的品种、品质、服务等方面差异化的优势，以扩大市场的影响力，打造萝北农业高端品质。

四、内外联动，开拓市场

物流滞后，抵消优势。农产品物流体系薄弱是萝北现代农业发展的主要制约条件之一，仓储、冷藏、货运等物流环节仍然没有形成规模，单个企业自建物流系统比较普遍，这种情形导致萝北县农产品外销的物流成本很高，从而推高了农产品或加工成品终端消费价格，影响了整个行业竞争力。对于有些农产品而言，物流成本甚至超过农产品自身的生产成本，企业自建物流本身缺少规模效益，又缺少必要的沟通协调，原本可以采用联建共享的物流平台却不能搭建起来，于是农产品及制成品将在很长一段时间面临居高不下的物流成本。的确，物流成本过高已经销蚀了萝北县现代农业的竞争优势。

品牌缺失，丧失优势。萝北县农产品几乎没有地域名牌或知名商标，从企业到农户都没有对品牌引起足够重视。品牌缺失使得农产品资源的财富价值源源不断地向区外流出，有些企业甚至成为国内知名农产品加工企业的代工厂或生产车间。在品牌消费的今天，"北大荒"、"塞外香"等地方农产品品牌的崛起，意味着品牌正在瓜分市场，加之有一些强势品牌介入，如"金龙鱼"、"福临门"等，进一步加剧了市场竞争程度。萝北现代农业正处于打造品牌的黄金阶段，"特色、特质、特产"是塑造农产品品牌之所向。

第三节　国内外现代农业发展的成功经验与启示

这一节将重点介绍欧盟、美国、韩国、日本、中国台湾等发达国家或地区的县域现代农业的发展成功案例或经验，以供萝北县学习借鉴。

一、国外经验

（一）日本青森县：苹果产业做优做强

青森县地处于日本本州岛北端，三面环海，土地面积为 9644.21 平方千米，人口约 140 万人，是日本农产品主要产区之一，也是富士苹果的发源地，苹果、家山芋、大蒜、牛蒡等农产品产量居日本全国产量的第一位，其中，苹果是青森县的主要特产之一，苹果种植面积占日本全国的 50.22%，产量占日本全国的 52.72%。青森县苹果之所以得名，离不开长期积累的精细化的栽培管理、栽培技术持续创新和农协组织。

栽培精细管理。青森县农民素有种植苹果的历史传统，至今仍保存日本最古老的苹果树。在长期栽培过程中，他们也开始从企业管理中引入精致化管理，即实施了蔬果、套袋和着色的管理，整枝、剪枝等细致管理，等等。果农对苹果的管理可以称得上精心服务管理，他们对特定果树采取个性化的服务。在应对病虫害方面，不是下药，而是引入天敌或人工。即使用农药，也是有严格规定的。为了保证苹果个头、色泽、甜度等指标最适合日本消费者需求，果农在果树产果数量、光照等方面都下了很大工夫。

技术持续创新。实际上，青森县果农在种植苹果的过程中，与农协、苹果研究机构等组织共同为苹果产业技术创新进行长期不懈的努力。如为了解决当地农民老龄化问题，日本果树研究所苹果研究部专门研究了圆叶海棠与 M_9（砧木）杂交而成的 JM 系砧木、青台系砧木。新矮化品种不但实现"省力化"最基本的目标，而且易生根成活。另一项创新是来自果园生草循环利用技术，传统的果园管理就是把草除干净，然后给果树施很重的肥，这不仅容易伤及果树，也污染土壤。为了解决这个问题，当地果农在农协组织下采取果园生草，让牧草或杂草充分吸收多余的肥料，同时也保持土壤温度不发生急剧变化。当草长得过高时，可以将其割掉并作为有机肥，然后提供给苹果树。与之相配套的要苹果整形修剪也朝着省力化、高品质、树体矮化、修剪方便易行、早期多收和有利于新品种引进推广的方向发展。有些研究机构超前研究储备一些适应日本人口老龄化、全球变暖和市场需求变化的新品种，以便于能持续保持较高的产业竞争力。

合作组织培育。青森县苹果之所以能够远销海内外，离不开当地农协的强有力组织和销售体系建设。高度组织化的农协几乎将苹果整个产业链"武装起来",果农只负责种植栽培,而种植技术推广、果品冷藏、水果加工、水果销售、品牌打造等诸多环节都由农协承担,所以说农协是市场和果农的利益纽带。农协不仅扮演着公共服务平台的角色,还是一个带有超利益共同体的商业组织。通过这种组织化经营管理,果农生产风险大大降低,同时也有利于改变单个果农分散化经营而使其处于不利的市场地位。

(二)荷兰现代农业发展:支撑体系完善

在大国崛起中,荷兰是现代市场经济发祥地之一,也是农业高度发达的国家。跟日本不同,荷兰农业是以典型的农户经营为市场主体,通过技术创新和组织体系,成为继美国、法国之后世界第三大农产品出口国。无论从国土面积还是人口规模,荷兰都算不上一个大国,但荷兰农业却是一个高度国际化的产业,也是一个技术创新活跃的部门,科技进步对农业增长贡献率超过80%,加之政府建立一套比较完善的制度安排,使得荷兰农业具有非常强的国际竞争力。其实如果从组织形式看,荷兰农业生产经营主体跟我国比较接近,是以家庭生产单位为主体,形成"公司+农户"、"合作社+农户"等组织合作形式,但他们能获得成功的主要原因在于高素质人才和科技创新。

科研机构发挥创新引领作用。荷兰农业科研体系比较全面、合理,各类机构各司其职,瓦赫宁根农业大学和乌特勒支国立大学兽医学院负责承担基础研究;而农渔部下属的37个专业研究机构承担实际应用研究,他们的研究活动直接联系农户,研究成果都是基于需求导向。

高素质的从业人才是现代农业的骨干。各级政府都出台相关政策支持农民素质提升,让他们接受基本农业知识和现代农业技术,同时,接受过农学教育的高层次人才加入,使得荷兰农业从业人员整体素质较高,吸收先进技术的能力较强。并且,国家重视农学教育,保持教育政策的连续性和稳定性,确保农业人才后继有人,而不被从业人员老龄化所拖累。

农业技术推广力量雄厚。在荷兰,农业技术推广体系比较完善,存在政府农业推广组织和推广员,这种推广员类似我国的科技特派员。此外,农业企业和合作组织也有推广员,推广员的职责就是在技术、市场信息、管理、销售技巧等方面为农户提供力所能及的服务。

二、国内发展经验

（一）北京郊区县：沟域经济模式多样

模式之一：农业资源主导发展型

京郊山区农业资源主导发展型适用于山区果树、蔬菜种植面积大、历史悠久、农产品生产初具规模的山区农村。按照"生态、安全、优质、集约、高效"的都市型现代农业发展模式，农业资源主导发展型的新农村建设模式在今后将以服务城市、改善生态和增加农民为出发点，发展设施现代化、生产标准化、经营产业化、产品安全化、景观田园化、环境友好化的现代农业。[①]

1. 产业定位

农业资源主导发展型的发展模式是根据山区比较优势和市场需求前景，以山区农业资源开发为核心，对资源产业链条进行构建、整合和提升，形成以农业资源开发为依托，由企业或者合作组织为主导，带动当地农户参与。这类发展模式的产业选择定位为果业、花卉、蜂业、家禽、养殖等，市场定位于北京和国外市场，推出差异化农副产品，高、中、低端并举。

2. 品牌构建

品牌建设是农业资源开发型发展模式塑造产品形象和新农村建设模式重要组成部分。依据农产品的特征，向当地的工商部门申请适于本村或者本地区农产品发展的品牌。一般而言，农产品品牌适用于历史比较悠久、至今仍然保持较好口感和风味的农副产品，它的市场开发容易被赋予深厚的历史文化内涵，较易为广大消费者所接受。

3. 组织管理

农业资源开发型发展模式要不断完善管理组织方式，消除传统农业种植方式和农产品流通渠道，引入现代管理理念加以调整、优化和提高，具体可参照的方式如下：

（1）企业化经营方式。企业是地方特色农业资源开发、经营的主体，承担着果业种植、田间管理、采摘、加工和销售等环节，企业拥有独立经营权和收益

---

① 参考《北京市"十一五"新农村建设发展规划》。

权，企业融入当地发展，为当地农民提供就业岗位。

（2）行业协会＋个体经营。行业协会负责农副业的引种、技术交流、质量评估、行业自律、价格协调等事务，个人承担着农产品种植的风险和行业自律的义务。

（3）集体经营。由村委会推荐一两名既懂市场，又精通技术的人员负责村集体果园和农场的经营活动，集体承担经营风险，收益分配除扣除必要的集体提留金和投入成本外，都将按照户籍人口分配给农户。

（4）农户个体独立经营。农户独立承担着种植、生产和销售环节，也可以由商贩直接对农户的产品集中采购。其他如企业和农户复合式经营、企业授权农户经营等。

4. 资金筹措

农业资源主导发展型的资金投入是该模式能够顺利实现的重要条件，具体可以参考三种方式：

（1）农户或者企业自筹资金。农户或者企业将自己积累的资金投入农业生产过程之中，接受农业市场风险考验。特别是市政府实施山区生态林补偿机制和水源地补偿机制之后，山区部分村庄农民的现金收入较过去增加较多，投入资金的能力得以增强。

（2）小额贷款。由农村金融机构根据农户投资方向、信用和条件向农户发放小额贷款，解决农户投资资金不足而难以扩大生产规模的问题。

（3）地方财政补助。市区两级政府按照一定比例相互配套，采取直补方式扶持农户扩大生产、革新品种或者增加生产设施投入。

5. 人员培训

培养新型农业产业工人是农业资源主导发展型模式能否成功的关键，结合京郊山区的实际，该项培训的操作具体包括：

加强对农业技术人员的培训。每年邀请市、县级农业相关技术人员对农户或者工人进行必要的技术培训，及时介绍国内外先进技术和经验，更新农民的观念和知识结构。

组织更多的技术交流。如就地交流，即邀请当地的技术能人到场给同行农户介绍种植、管理经验和心得；也可以采取异地交流的方式，即每年选派一批农业大户到国内院校、科研院所或者农区学习取经。

培养农产品营销人才。每年政府拿出专项资金聘请农业高级营销主管对从事销售—加工—种植一体化的农户进行集中培训，鼓励更多农户加入农产品市场开拓营销队伍。

模式之二：旅游产业主导发展型

京郊山区旅游资源主导发展型适用于具有特色旅游资源（自然景观、民俗民风、历史古迹、休闲娱乐、体验场所等）禀赋的京郊山区村庄。京郊山区旅游资源的调查，要围绕山、河、路、库、景进行统一规划，将不同的景点连接成网，优化旅游产品结构，形成各具特色的旅游区、旅游村（户）和旅游点。

1. 明确资源特色

特色资源是京郊山区旅游产品差异化竞争的重要砝码，山区农村发展旅游业要明确旅游资源特色，具体包括：

（1）细化旅游资源。从北京山区的旅游资源类型进行分析，其主要分为观光农业、民俗、生态三大类，涵盖休闲、娱乐、餐饮、会展等相关旅游产品开发。①观光农业型：以果园为基地，拓展成为集采摘、休闲、会议、餐饮等于一体的旅游综合景区。②民俗旅游型：是以农家餐饮、民居、民间艺术、登山观光为主，成为城市居民假期休闲娱乐的场所。③生态旅游型：以湿地公园、森林公园、生态沟为主题，集休闲、餐饮、居住、娱乐为一体化的休闲场所。

（2）塑造旅游品牌，实施旅游营销计划。旅游品牌要突出地域特征，加强旅游产品属地化的形象识别，如"军山京白梨"、"妙峰樱桃园"，旅游产品包装也要突出地域历史文化特色，结合历史故事加大对旅游产品的宣传力度，引导消费者放心消费。此外，鼓励旅游景区（点）参与旅游产品博览会或者旅游区等级认证，如国家旅游局的旅游区认证、北京市旅游产品认证等，规范旅游景点、旅游户等收费、餐饮、卫生标准；引导旅游企业或者个体将旅游产品开发与公益事业发展联系起来，提高旅游产品的美誉度，如旅游区开发与绿色环保组织、大中小学的教学实践基地相结合。

（3）制定旅游区开发规划。京郊山区旅游景区规划涉及休闲娱乐景区、生产种植区、农家居住区、对外交通等分区规划，景区开发既要反映当地农村特色和文化风貌，又要考虑景区的生态环境容量。此外，景区规划还需与农村发展相结合，发挥景区对农村经济结构调整、转移农业剩余劳动力、改变村容村貌、转变农村观念等方面的带动作用。

2.选择开发模式

旅游景区开发模式是基于旅游资源特点、市场运作方式等因素而做出的选择，具体可参考的开发模式包括：

（1）"企业+旅游区开发+农户就业"模式。开发企业既可以由单一的企业独资控股，也可以由旅游和农业企业合股，获取旅游区开发权、时限的经营权和收益权，在区内栽培林果，建设必要的旅游设施，在承包期内，旅游企业取得旅游区收益回报。同时，旅游企业在开发旅游区阶段，优先录用当地的农民工作为工人，工价参照市场价。对于长期雇佣的农民工，企业按照市政府劳动部门的有关要求，为其缴纳社会保险、养老保险、医疗保险等。当然，旅游企业在经营过程中可考虑采取配股形式让员工持股，优化企业的治理结构，调动员工积极性和创造性，促使员工寻找良好的企业归属感。

（2）"集体开发+委托经营+农户就业"模式。村集体开发旅游资源要依据旅游景区规划加以展开。一旦旅游资源开发完毕，村集体可将旅游景区以公开招标形式委托给企业或者个体户经营，在承包期内，承包单位根据合同，适当吸收当地农民工就业。

（3） "股份制合作组织开发经营+农户就业"模式。村中的几户或者几十户入股承包开发旅游区，对景区进行规划设计与资源开发，在承包期内享有经营权、收益权。完成景区开发之后，根据实际需要，聘用本地农民工长期参与旅游景区维护，获取稳定的收入。

3.旅游经营方式

（1）常年开放经营方式。该方式适用于综合性的旅游景区，便于获取稳定的投资回报。

（2）季节性开放经营方式。农业观光型的旅游景点适合采取季节性开放经营方式，即当果树处于开花或者成熟期时，景区面向游人开放，供游人采摘、观光；在其他时间内，景区暂不对游人开放，只是进行正常的农业生产活动。

（3）节日开放经营方式。民俗游景区适合在节假日和民俗日开放，利用节日气氛，加大人力、物力和财力投入，集中接待大量的游客。在其余时间内，农民继续从事正常的农业生产活动。

4. 利益分配机制

旅游资源开发模式是为了改变京郊山区落后面貌，加快山区发展而提出的一种有效的促进山区发展的途径。因此，建立有效的利益分配机制才能够调动广大山区农民创造性、积极性，也才能形成促进山区发展的良性机制，具体措施包括：

（1）设立乡村旅游发展基金。这笔基金是由承包企业或者个体户向村集体上缴，村集体再将这笔资金作为旅游发展基金，用于解决旅游资源开发带来的负面作用。

（2）开展旅游项目小额贷款。对于投资方向明确的民俗旅游户，农村信用社、邮政储蓄银行等优先发放小额贷款，引导旅游户做出合理的投资。

（3）投资公共基础设施。旅游收益将优先用于村容村貌、农村教育、卫生等基础设施。

模式之三：劳务输出主导型

劳务输出型发展模式适用于一些地处偏远、生产生活条件不佳、人口众多、经济条件较为落后的山区，而且短时间内无法通过生态移民搬迁解决问题，因此实施"移民就业"的形式可以有效加快该类地区经济社会发展。

1. 劳务培训

乡（镇）、村委会成立劳务培训办公室，对本村的劳动力进行一一登记，联系当地职业培训学校，根据劳动力年龄、职业取向和求职意向进行实用技术培训、就业前的引导培训和职业技能培训；再者，主动联系城里的企业或者劳务公司，采取"订单就业"或者"委托就业"的方式。所谓的"委托就业"就是委托劳务公司为合格的劳动力进行劳务代理，协助求职人员联系就业单位，从而解决农村就业信息闭塞的困难。此外，地方基层政府还可以与非政府组织合作，大力开发农村人力资源，利用非政府组织的人才优势对劳动力进行专业化、职业化岗前培训，并且利用非政府组织的网络输出农村剩余劳动力。

2. 劳务品牌

劳务品牌是京郊山区劳动力职业化发展到一定阶段的产物，是衡量地方劳动力质量的重要标志。山区农村应结合地域特色，推出适合宣传本地劳动力技能的劳务输出品牌，如"京西厨子"、"京东保姆"等；此外，通过地方小吃或者手艺推出劳务输出品牌，特色小吃或者手艺是偏远山区输出劳动力的重要途径，这样便于在更大区域范围内为消费者所接受。

3. 劳务输出行业协会

地方政府成立地方性劳务输出行业协会，其宗旨是帮助京郊山区农村劳务输出，为农民工权益保障提供必要的服务和加强对农民工信誉的监督。为此，该协会的成立将可以加强对输出去的劳动力进行跟踪回访，及时向农民工提供就业信息，对侵犯本地农民工权益的行为给予及时协助处理；对农民工进行必要的劳动权益保障教育，增强农民工维权意识。

4. 劳务回流

劳务回流是山区农民工输出的逆过程，也是劳务输出的最后结果。从成因入手，可以分为几类：

（1）年老回流型。针对这种类型，政府除了保护原来承包的集体土地之外，还要出台配套社会保障措施，鼓励参保，应保尽保，解决其养老、医疗等问题。

（2）回乡赡养父母型。这种类型表现在父母年老力衰时，特别是父母病重，他们为了照顾父母而在短时期内回乡赡养父母，一般不会长期滞留于农村，一旦其父母病情好转或者不用再承担赡养任务，便会再次外出务工、经商。

（3）回乡创业型。这种类型对农村经济社会发展带动效果较好，也可以加快当地农民思想观念的转变。鉴于此，基层政府可以出台一些优惠的政策，扶持一批带动性强、就业容量大的地方特色产业。

模式之四：生态移民搬迁型

京郊山区生态移民搬迁型适用于三种类型地区：一是水源保护区，水源的上游地区及水源周边地区都属于生态移民的范围；二是边远山区，为了加快生态林建设和推进京津风沙源治理工程，鼓励居住在林区的农民退山搬迁；三是生态脆弱区，包括地质灾害高发区、不宜进行农业种植区和矿产资源开发区。

1. 移民补偿机制

直接补偿就是市政府对搬迁户给予安置补偿、青苗补偿和房屋等固定设施补偿，鼓励移民户将补偿款优先用于农业投资、技能培训、建房等。间接补偿就是政府采用税收优惠的方式鼓励企业为移民创造就业岗位，或者资助就业培训机构对农民进行职业培训和就业介绍。

2. 新型社区建设

基层政府以生态移民为契机，按照新农村建设要求，对新农村进行统一规划，建设新型农村社区。①社区建筑方案统一设计，村民自愿选择合适的建设方案，采取自建、委托建设或者合建统分等方式，建设移民居住小区。②做好移民思想工作，建设文明社区。组织人员入户宣传，及时了解、掌握移民的情绪，做好思想动员工作；深入社区，组织群众文艺活动，配合市政府的"四下乡"活动，鼓舞移民的整体积极性。③搞好社区职业培训，帮助移民从事非农产业就业，鼓励企事业单位优先安排移民就业，扩宽增加农民收入的渠道。

3. 移出地区生态环境整治

移出地区的生态环境整治是一项重大工程的事后处理，为此，需要着手以下方面：一是清除移出地区居民房舍。为了防止移民再次返流和周边生态保护，可以对原有的村庄进行一次大规模的土地整理，将住宅用地辟为林业用地，根据移出地区的生态规划，恢复周边原有的生态系统，真正成为"退山、还林、还水"。二是植被恢复。在"养山富民"工程的推动下，对边远山区进行生态改造，根据宜林则林、宜牧则牧的原则，建设若干片生态林示范林和示范牧场。允许企业、非政府组织参与植被恢复，鼓励专家下乡指导当地农民进行林果种植。

模式之五：矿山生态修复再开发型

矿山生态修复再开发型模式适用于京东山区矿产采掘区，过去经济发展依赖于资源开采，大部分农民从事矿产资源采掘，为了举办北京 2008 年奥运会，市委、市政府近年来对采矿区进行关停，从事矿业活动农民面临转业困难，为此，单独对这类地区进行区分具有重要意义。

1. 转产转业

当地农民具有双重身份，转岗就业是现实的选择，具体讲，第一种方式是就地安置，大力发展生态绿色产业。由于矿产开发遗留的环境问题相当严重，政府从财政拨出专款支持矿产周边植被恢复，让更多农民从事生态环保产业，开展养山富民行动。第二种方式是移民安置，鉴于资源开发对生态环境破坏严重以及周边缺乏生产生活条件，鼓励从事矿业的家庭移民整体搬迁，政府视同生态移民，给予经济补偿、就业培训和介绍职业。第三种方式是灵活安置，发展矿产资源型旅游产业。根据矿工的意愿，自主选择移民或者留在当地发展，为了加快当地发展，又能发挥矿工的特长，可以建立若干个矿产旅游区，根据国家安全标准对矿山、矿井进行装修和旅游开发，形成矿产资源旅游区。

2. 补偿基金

由于长期资源开采支持首都经济社会发展，设立补偿基金是这类型山区新农村建设资金的重要来源：

（1）设立矿产资源转产补偿基金。根据工龄对从事矿产采掘的工人进行适当补偿，其中年纪超过 40 岁以上、转业相对困难的，可以提供养老、医疗保险和低保，维持其正常的生活。对于年纪低于 40 岁的中青壮年，政府财政全额资助转岗培训，联系单位，鼓励再就业或者创业。

（2）矿山生态林保护工程。政府每年拿出一笔专项资金资助农户培育生态林，并且派出技术人员对矿工进行林业技术培训，发展林果业，保证农民稳定的收入来源。

（二）浙江省诸暨市：珍珠产业集群壮大发展

诸暨市是绍兴市下辖的县级市，该市东北部的山下湖镇是远近有名的"珍珠之乡"，是世界淡水珍珠主要生产基地。目前，全市共有珍珠养殖户 3000 多户，控制养殖珍珠面积 40 万亩以上，遍布全国五大淡水湖区，珍珠相关的加工企业 2000 多家，其中上市公司 1 家，中国名牌 3 个，淡水珍珠产量占全球的 73%，2011 年实现产值 65.77 亿元，已形成珍珠养殖、加工、研发、设计及终端销售的完整产业链。[①]

1. 技术吸收扩散

最初，诸暨市并不养河蚌，也不产珍珠。第一个"吃螃蟹"的人就是山下湖镇的农民何木根，他是当地最早尝试养河蚌取珍珠的第一人，但首次养殖并没有成功。1971 年，他结识了一位从江苏回来的挖蚌人，跟随着他去江苏武进学习到了当时比较成熟的珍珠养殖技术，很快，他再次养殖河蚌，顺利获得第一批珍珠，并几经辗转，将珍珠以 497 元"高价"出售给浙江省医药公司。这种成功的示范效应迅速在山下湖传开了，何木根将这种技术无偿传授给本乡的农民，并在很短时间传播开来。无疑，何木根在诸暨珍珠产业发展过程中发挥着知识吸收和

---

① 蒋萍. 山下湖镇：产全球七成淡水珍珠 [N]. 文汇报，2012-11-02.

扩散的作用。以后，随着更多的人参与到这个行业之中，珍珠蚌养殖技术发生了技术或工艺升级：从 140 多种河蚌中不断试验和筛选，从最初的以鸡冠蚌为主向以三角帆蚌为主转变。养殖方式已从幼蚌养殖转向成蚌再养，养殖呈现向规模化、精细化、工厂化的方向转变。

同时，加大科技攻关，明确了种植资源管理，优质珍珠的插种技术、养殖技术和珍珠蚌病害防治技术等作为重点，鼓励企业加大研发投入，加快技术改革。创新珠宝制造技术，从国外引进、消化并研发了珍珠漂白、增光、染色等核心加工技术，解决了珍珠深加工部分技术工艺问题，从而提高珠宝产品的工艺水平。佳丽珍珠培育出平均直径 11 毫米以上的爱迪生珍珠，长生鸟公司从珍珠中提炼出生物活性物质用于新品研发。

2. 产业链延伸

由最初的珍珠蚌养殖、项链串缀、珍珠粉加工、珍珠批发贸易向现在珍珠项链、首饰设计及加工、珍珠保健制药、珍珠美容、珍珠检测、物流等现代产业链升级，形成低、中、高的不同层次、多种品系、各种类型的珍珠全产业链。见图 3-1。

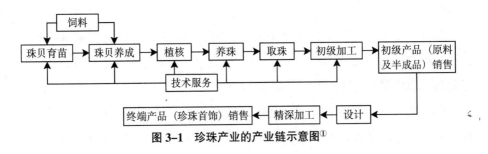

图 3-1 珍珠产业的产业链示意图[①]

3. 珍珠市场升级

1985 年，受江苏吴县渭塘珍珠交易市场的启发，山下湖镇广山珠农詹仲华联合本地村民，自建起一个简易的珍珠交易市场，当时设立的摊位数量相当少，但珍珠交易却很活跃。到 1987 年，国家实施珍珠归口经营管理，不允许民间私办交易市场，为此诸暨市的第一代珍珠交易市场仅经营了 20 个月就戛然而止。

---

① 陈劲，张高亮，陈中，杜坤林.基于全球价值链的珍珠产业升级机制研究——以诸暨市珍珠产业为例 [J].农业经济问题，2007（2）.

紧接着，地方政府开建了一个农副产品交易市场，实质就是为本地珍珠提供一个交易的场所，可以说，当地政府为了解决珍珠交易的实际问题，采取采用打"擦边球"的变通办法应对国家管制，建立了以珍珠交易为主的西江农贸市场。尽管第二代交易市场地理位置偏僻，场所不大，摊位不多，但每日来往的各地珠商及本地珠农上千人，到了1989年市场摊位增加到360个，吸引了江苏等省的珠农进场交易，每日交易人数已达到2000人，基本确立了全国最大的淡水珍珠交易市场的地位。然而，既有市场已很难适应珍珠产业的迅猛发展。为此，1989年5月，诸暨市工商局和山下湖镇政府共同商议实施市场搬迁计划，异地扩建第三代珍珠交易市场，设水泥棚屋摊位686个，占地面积2700平方米。同时，加强与江苏渭塘珍珠市场的联系，每日有班车往返于这两个市场，很快每天吸引各地客商和珠农超过2000人。时间不长，诸暨市政府为了扶持壮大珍珠产业，由市政府牵头，市工商局、市珠宝公司、山下湖镇政府共同出资，再次实施异地扩散，在诸湄公路交叉路口建立诸暨珍珠市场，即第四代珍珠交易市场。该市场规模11391平方米，设水磨石面板固定摊位1134个，于1992年8月建成投入使用。到1998年，这个市场日均人流量突破1万人次，全年成交珍珠640吨，成交额9.1亿元。

第五代珍珠市场总投资3500万元，占地55亩，建筑面积15360平方米，内设精品房100间，摊位1000个，交易的商品包括原珠、散珠、珍珠首饰、珍珠工艺品、珍珠保健品这几大类，数百个品种。2003年市场交易额达到12亿元。[1]

电子商务的出现，对现有交易市场形成有益补充。跟衣服、鞋帽等商品一样，电子商务的崛起带动了饰品销售模式转变，珍珠饰品也从这种商业模式变革中获益，诸暨当地许多知名珍珠生产企业要么自建电子商务平台，要么利用淘宝、天猫、京东商城、苏宁易购、亚马逊等大型电子商务网络平台加大市场投放，已取得初步成效。如浙江长生鸟生物科技有限公司网上销售已占到产品销售额的70%，这种现象在当地越来越普遍，不出家门购珍珠饰品不再是一种想象。

发布珍珠指数，谋求全球定价权。如今，诸暨珍珠养殖基地向中西部地区扩散，甚至当地市场上交易的大部分珍珠都产自内地省份，然而诸暨无论是珍珠交

---

① 吴像水，何剑光，胡雪良.诸暨淡水珍珠国际市场闪光［N］.市场报，2004-11-30.

易量还是珍珠交易额都在国内占了最大份额，这种市场优势进一步强化了诸暨对珍珠定价的话语权。诸暨市联合相关协会、企业、研究机构共同发布珍珠价格指数，不断扩大诸暨珍珠价格的影响力，也有利于促进珍珠配套服务业的兴起。

4. 龙头企业带动

珍珠作为诸暨市县域经济的主要支柱产业之一，龙头企业在产业集群发展过程中经常扮演者领军的角色。这些企业是从数以百计的小企业或小家庭作坊中脱颖而出，它们在企业管理、资本运作、技术创新、新产品退出、品牌建设、对外贸易等方面具有领先优势。目前，已涌现出山下湖、浙江英格莱制药、佳丽珍珠、爱迪生珍珠、长生鸟珍珠、珠力宝珠业、台胞医药、西施珍珠粉厂、生命之光等龙头企业，其中有些企业已初步建立了与珍珠养殖、加工、贸易等环节相互配套的完整产业链。

5. 产业载体建设

载体建设是诸暨珍珠产业化向前迈进的重要一步。诸暨市抓住珍珠产业兴起的时机，及时开建了珍珠产业园，吸引加工企业入驻园区，并承接国外珍珠知名企业设立加工基地，以便于促进先进加工技术扩散。2006年，诸暨市珍珠产业园区经浙江省政府批准及国家发展和改革委员会审核升格为省级开发区，使得园区获得一个合作的"准生证"。最初，园区早期是按照县级开发区规格进行规划建设，然而随着大量企业进入，废弃物处理设施不堪重负，同时资源综合利用效率也不高。为了扭转这种局面，诸暨市对原来产业园区进行转型升级，着力建立循环经济体系，提高资源综合利用效率和"三废"处理，同时把珍珠不同环节产业链结合起来，实现三次产业协调发展，积极打造精品园区、旅游园区和绿色园区。

6. 公共服务平台建设

平台建设是产业提质升级的抓手。目前，诸暨市珍珠产业集群已拥有国家科技创新服务中心1个、国家特色产业基地1个、科技"孵化器"1个、企业研发中心13家。此外，诸暨市与省内外科研力量联手建立淡水珍珠研究所，专门从事淡水珍珠养殖、加工技术、产业发展等方面研究，为当地企业提供共性技术服务。此外，企业也积极参与公共服务平台建设，由诸暨珍珠业省级科技创新服务中心牵头，联合当地大型企业共同出资3000万元共同组建了"浙江省诸暨珍珠产业技术创新服务平台"，面向当地珍珠加工企业提供研究开发、中试转化、检测测试等服务。

7. 创新融资方式

珍珠仓单质押贷款是诸暨珍珠产业融资创新之举。在国际金融危机发生之后，为了缓解企业资金困难，2009年9月，由浙江佳丽珍珠首饰有限公司、浙江星宝珍珠首饰有限公司和诸暨市山下湖集体资产经营有限公司共同出资1000万元成立了"诸暨市金桥仓储有限公司"，负责对质押珍珠的收取、鉴定、保管等工作，并及时向银行提供质押贷款的依据。珍珠仓单质押贷款，是指借款企业将其所拥有的珍珠存放在银行指定仓储公司，并以仓储方出具的仓单在银行进行质押，银行依据珍珠价值按一定比例向借款企业提供短期融资业务。珍珠仓单质押业务的开展，实现了货主企业、银行和仓储物流企业三方共赢的目标。利用仓单质押向银行贷款，可盘活企业暂时闲置的原材料和产成品的资金占用，争取更多流动资金周转；以仓储企业为担保人，以仓单所列货物作抵押，可以有效规避金融风险，克服以往信用贷款只重视资金而疏于实物管理的弊端，扩大了贷款规模，培育了新的经济增长点。对于仓储企业而言，可以利用能够为货主企业办理仓单质押贷款的优势，吸引更多的货主企业进驻，确保稳定的货物存储量，提高企业的经济效益。

（三）四川崇州市："1+4"模式推动农业转型

崇州市地处成都市西部，东距成都市区25千米，地域面积1090平方千米。2012年，全市常住人口112万人，下辖25个乡镇。全市境内兼具山、丘、坝、河的自然条件，素有"四山一水五分田"之称，是四川省传统的农业大省市和粮食主产区。近年来，崇州市政府利用成都市统筹城乡发展综合配套改革试验的机会，加快推进农村产权改革，探索出以土地股份合作为主的经营方式，以"文井源"综合性农产品公共品牌服务、农业"专家大院"科技服务、"农业服务超市"社会化服务、农村金融服务四大服务体系为支撑，形成"1+4"的现代农业发展模式。

1. 以土地股份合作为主的经营方式

第一，土地股份合作社促进生产要素集中。坚持农民入社自愿、退社自由、利益共享、风险共担的原则，采取将土地承包经营权折成股份，出资组建农村土地合作社的方式。入社农民按 0.01 亩折成 1 股，每股出资 1 元作为合作社生产启动金。股份合作社按照章程选举理事会、监事会。理事会负责合作社的生产经营，监事会负责对生产经营和财务收支执行情况进行监督。

第二，聘用"能人"负责经营管理。"能人"又称"生产经理"，就是具有专业技术特长的农业技术人员、种植能手等，他们是农业生产的先进要素，也是农业生产的"职业经理人"。他们由土地合作社理事会聘请，与合作社签订一份合同，主要涉及亩均的产量指标、生产成本、奖惩合同等内容。生产经理通过签订合同形式，把原来分散在农户手中的土地实现规模化经营，并利用自身积累的技术经验，获得增产部分的提成。

第三，招聘农业工人从事生产。参加土地实际生产由合作社和"农业服务超市"直接对接，签订农业生产劳务服务合同，由"农业服务超市"向合作社派出经过技能培训的人员和生产设备，全面实行机耕、机插、机防、机收等机械化生产，并按照"文井源"品牌规定的质量标准和订单要求组织标准化生产，实行种子、肥料、农药等生产资料"三统购销"和机耕、机防、机收、管理的"四统一"。

第四，建立共同利益统一机制。股份合作社收益分配采取年终经营纯收益按 9 ∶ 1 的比例分红，其中 90% 的纯收入按照土地入股分红，剩下的 10% 作为合作社的公积金、风险金和办公费用。生产经理的收入主要包括合同规定收入、增收奖励和生产环节服务（如农机具出租、生产资料批零差等）。

第五，引导土地合作社规范运行。土地合作社数量增多，各种利益纠纷也随之增多，土地合作社的组织和生产经营行为需要进一步规范。为此，崇州市委农业发展局积极引导各类农民专业合作社组建"崇州市农民专业合作社联合会"，扩大合作力量，进一步提高产前、产中和产后的服务专业化水平。目前，这个联合会设立了粮油、蔬菜、畜禽、茶叶、食用菌、水果、专业化服务和土地股份 8 个分会，由各分会成员共同选出理事会、监事会，同时内设综合部、发展与管理部、市场营销部、财务部、项目与产业部 5 个机构，通过构建这种跨界的服务平台，整合网络资源，能够对合作社提供行业指导、培训咨询、科技推广、品牌打造、产品销售、投融资、合作交流、财务代理等方面的服务。

2. 四大服务体系

建立以"文井源"为品牌的农业标准化体系。打造了"文井源"综合性农产品公共品牌是崇州市大力发展现代农业的起点，该品牌最初是由政府主导运作，是为了树立农产品质量信誉和占领高端产业而选择的战略。尔后，在2009年以700万元的拍卖价转让给门里集团，由该公司负责公共品牌的运作，采取统一品牌、合作专营、专卖销售、互利共赢的营销模式，形成"企业+合作社+农户"的利益共同体。"文井源"不仅仅是一个品牌，也是一个平台，这个平台可以为崇州当地的农业生产组织提供有准入标准的免费使用，也就是说，达到"文井源"规定的产品标准（达到或超过国家有机食品认证标准），并实行从田间到餐桌全程质量管控，每种农产品都有实名制、可追溯的身份证及每个生产环节的详细信息记录。

建立以专家大院为平台的科技服务体系。崇州市充分利用省内科技资源，依托四川农业大学、四川省农业科学院、成都市农林科学院等科技资源，于2008年组建了崇州市农业"专家大院"。"专家大院"下设了农业科技项目评审委员会、综合管理部、课题推进部、推广服务部以及粮油科技、畜禽科技、果蔬科技、农产品精深加工研发"四大中心"，并通过"大院+专家"、"专家+项目"、"专家+产业"、"专家+企业"等各种合作形式，从而构建了一个农业科技成果输出的发源地。

建立以农业服务超市为载体的专业化服务体系。"农业服务超市"主要是为农业专业合作社、土地合作社及家庭农场提供产前、产中和产后综合服务性服务。如表3-2所示。

表3-2 "农业服务超市"体系

服务类型	服务内容
农业技术咨询服务	主要为农业专业合作社制定技术方案，负责农业集成技术的推广和转化应用等
农业机械服务	主要为合作社和规模经营业主提供犁田、耕田、插秧、施肥、收割、运输、晾晒、加工包装、储存等全程机械化服务
农业劳务服务	主要为生产经理和合作社社员进行农业技能培训，为业主提供高素质、组织纪律性强的农业产业工人，进行管水、播种、种苗、移苗、施肥、插秧、搭架、运输、加工、晾晒等多层次的农业产前、产中、产后全程服务
农资配送服务	根据合同业主的需要，及时为其提供优质环保低价的农药、种子和肥料
农产品营销服务	对合作社的产品建立收购和供销订单式服务，同时也可以为业主提供病虫害专业化防治、生产管理、稻麦代育代管等服务

建立以产权抵押融资为重点的农村金融服务体系。崇州市通过完善政府农业投融资平台，探索农村产权抵押贷款，组建产业风险互助基金，为现代农业发展提供资金来源。一是建立了农业政策性投融资、担保平台。二是运用农村产权改革成果，探索发展土地家庭经营农户、土地股份合作社、土地适度规模经营公司或业主三种土地承包经营权抵押融资模式。三是建立农业风险互助基金，开展果蔬种植等风险互助保险。

三、经验与做法的启示

从国内外经验看，现代农业发展有自身发展的规律和重点，同时在业态选择方面又表现出高度的差异性，但这些经验或做法为萝北县推进现代农业转型发展提供一些有价值的启示：

第一，技术创新是现代农业发展之本。从国内外经验看，现代农业发展依赖于技术创新，既包括农作物种植技术创新，又包括加工、储藏、运输等，这些技术创新要依托相关科研机构和服务平台组织负责实施及应用推广。同时，加强对从业人员教育培训，也有利于技术创新惠及更多的农户。

第二，组织创新是现代农业发展之躯。企业是现代农业发展的微观主体，而企业家精神、企业采取的商业模式、企业对产业链的整合和配置等都将影响到现代农业发展层次和效益。此外，社会组织发育程度也一定程度影响了农业技术创新、地方品牌构建、特色产品市场拓展等。

第三，体制创新是现代农业发展之略。在我国，体制条件长期束缚了现代农业发展，涉及了土地、技术推广、企业生产、安全监管等方方面面。由于体制改革滞后，政府和市场关系没有理顺，增大了现代农业发展的交易成本。国内经验表明，如果能破除体制束缚，就能释放农业生产力，提高产业整体效率，进而改善企业或农户的经营效益。

第四节　萝北县现代农业转型升级发展的基本思路与建议

根据上述研究，作者提出萝北县现代农业转型升级发展的基本思路和建议。

一、基本思路

增强技术创新。根据萝北县实际情况，整合农业技术推广体系、农业科研服务平台、农业科技信息情报等相关机构，建立统一领导、统一规划和统一评估的协调机制，把技术引进和示范推广作为重点任务，加大现代农业种植、加工、保鲜、储运等先进技术引进和吸收，加快农业信息化步伐，推广智能化的生产、管理和监测技术。创新机制，让普通农户愿意接受、用得起和协助推广新技术。依托现有农业示范区的载体作用，积极实施"移植"技术的本地化试验，确实降低这类技术风险。坚持不求所有、但求所用的原则，主动和黑龙江乃至东北地区农业科研院所或高校建立创新战略联盟，采用课题委托、联合攻关、成果共享的方式，加强对本地优质水稻、优质玉米、林产品、冷水鱼类等方面研究，打造一个开放型的现代农业技术创新体系。

培育新型农民。农民是现代农业发展的最基本"细胞"，有计划将朴实、勤劳的农民改造成知识型、专家型、智慧型农民，利用培训、轮训、现场指导、外地参观等方式，改善农民的知识结构，提高他们的技能水平，拓宽他们的业务视野，使他们成为推动现代农业发展的复合型人才。积极发挥农业能人效应，要把他们树立成农民心中的"活榜样"，鼓励他们带动更多本地农民致富。大力实施"农二代"计划，采取"订单委培+配套服务+执业认证"方式，吸引本地农村青年到农业院校进修，学业完成之后回到本地农村创业。

壮大企业主体。发挥企业作为市场主体的作用，优化配置资源，增强本地企业活力，吸引外地企业落户。采取分类支持的办法，支持一批企业成为省级或市级农业龙头企业，扶持一批发展基础好、发展潜力大、企业家干劲足的中小企业发展，鼓励一批市场意识较强、技术经验丰富的农民创业。

完善配套服务。正确摆正政府的位置，处理好政府和市场关系，把政府工作的重点放在优化投资环境和提供优质公共服务，切实提高政府服务意识，转变政府职能，实施现代农业全产业链的政府服务体系，把政府有限财力集中投向公共服务平台建设，引导社会力量建平台和从事共性技术研发活动。同时，加强深入调查研究，完善相关配套政策，释放更多的政策红利。

二、政策建议

发展现代农业是萝北县推动农业产业转型升级的方向，也是进一步促进县域经济持续较快发展的突破口。在发挥后发赶超优势的条件下，要将旅游资源、农业资源和气候资源有机结合起来，寻找差异化优势，找准自身定位，使现代农业成为富民强县的支柱产业。在"十二五"期间，夯实基础，倡导创新，以构建高新技术型、集约化、市场化、标准化、生态化的现代农业为目标，全力打造"三区、四带、五基地"的产业布局，促进农业结构和区域布局更趋合理，资源配置不断优化，农业经济效益、社会效益、生态效益全面提高，绿色、高效、可持续发展的现代化农业基本形成。

（一）壮大发展优势特色产业

（1）稳步发展特色种植业。大力发展优质水稻、绿色玉米、蔬菜、水果、马铃薯、中药材等特色种植业。不断扩大以蔬菜种植为主的设施农业，着力提高产品品质。依托蔬菜棚室小区、粳稻催芽车间、水稻育秧大棚、工厂化养鱼等项目，建设功能先进的温室，对传统的塑料大棚进行改造，建立节能型日光温室。

（2）大力发展养殖业。重点发展以工厂化养殖基地和标准化养殖小区为主的规模养殖业。坚持优惠政策不变、支持力度不减，鼓励企业、合作社和个人建设标准化养殖小区或养殖场。畜牧业要加大品种改良力度，加快良种繁育体系建设，不断提高畜禽良种化率。渔业要充分利用黑龙江丰富的水域资源，发展鲟鱼、怀头鲶、泥鳅等特色水产养殖。

（3）加快发展休闲农业。依据萝北县资源和功能定位，实现特色种植业与旅游产业有机结合。名山镇凭借紧邻界江、交通便利的地缘优势，重点发展集人文景观、爱国教育、休闲娱乐为主的边陲特色观光农业；东明乡依托少数民族民俗风情发展民族特色观光农业；太平沟乡充分利用山区自然风光和历史底蕴发展融历史文化教育、农事体验、渔事捕捞、果蔬采摘、生态观光和休闲旅游于一体的休闲观光农业。

（4）拓展外向型农业。健全农产品市场流通体系，积极发展农产品批发市场和流通服务组织，构建集约化、系统化、市场化程度较高的农产品营销平台，重点建设对俄农产品出口市场、粮食仓储、蔬菜窖储设施等项目。

（二）优化现代农业空间布局

着力构建"三区、四带、五基地"产业布局。根据全县的行政区划、自然资源等特点发展三个以高新品种、技术、管理模式示范为重点的示范区，即现代农业示范区、生态农业示范区、观光农业示范区；建设四个以生态优势为基础，以市场为导向，实现种养加、产供销、贸工农一体化的产业带，即粮食深加工产业带、食品加工产业带、功能性饮品加工产业带、林木加工产业带；规划五个优质化、规模化、标准化的商品粮、果蔬、渔牧生产基地，即高产粮食作物和特色经济作物种植基地、绿色蔬菜生产基地、肉牛养殖基地、生猪养殖基地、名特优水产养殖基地。

（三）加快推进农业科技发展

（1）加强农业标准化建设。突出抓好农业生产、流通等各个环节，实现标准化全覆盖。注重从生产源头抓起，大力实施种子工程，建设农作物品种试验站，发展良种繁育基地，加快无公害、绿色、有机农产品认证，地理标志的申报认定。大力动员农业种植大户，扩大农作物无公害生产面积，认证一批"三品一标"产品。

（2）提升农业科技服务水平。实施基层农技推广体系改革，完成县有农业科技推广中心、乡镇有区域站（中心）、村有农民技术员的农业科技推广体系建设。鼓励发展病虫害综合防治等新型科技服务组织，不断壮大公益性服务和经营性服务相结合的农业科技社会化服务队伍。高标准建立各类农业科技示范点，积极推广测土配方施肥、优质高产栽培、日光温室提质增效、标准化养殖等实用技术，进一步提高农业科技贡献率。

（四）加强农业基础设施建设

（1）加快农田水利建设。用好用足国家、省、市支持政策，加大项目争取和建设力度，强化灌区建设、小型水库除险加固，促进旱涝保收高标准农田建设。积极争取实施松花江干流沿岸优质农业发展项目和农田水利项目，重点建设凤翔灌区和江萝灌区，并进行涝区治理。从长计议，沿江水利设施做到抵御百年一遇洪水，确保农业免受洪涝灾害。

（2）开展农机化建设。制定农机化配套发展规划，创新农机推广机制，大力发展农机大户和农机专业合作社，积极推进农机社会化服务体系建设。加大农机具购置补贴等项目争取力度，推广先进适用农机化新机具、新技术，提高农业机械化程度。支持一批服务信誉好、组织管理完善、实力雄厚的大型农机合作社发展，扩大千万元以上旱田农机合作社8个、500万元以上水田农机合作社15个，农机标准化作业水平达到98%以上。

（五）大力推进农业产业化

（1）打造优势领军企业。加大对农业产业化龙头企业的扶持力度，引进实力强的农产品加工企业，做强农产品加工企业集群，提高市场竞争力。积极推进粳稻等粮食作物产地初加工与精深加工相结合，加强农副产品综合利用，延长产业链。

（2）提升粮食精深加工水平。发展稻米、玉米、蔬菜、肉制品加工业，抓好龙头企业改扩建，加快大型项目引进，强化基地建设，注重品牌意识，打造全省乃至全国地方特色品牌，提高产品附加值，形成支柱产业。到2015年，实现产值45亿元，利税3000万元，水稻原粮加工率达到60%以上。

（六）推进农业规模化经营

（1）发展农民专业合作社。加大现有农民专业合作社规范管理力度，依托四大产业带积极引导新建农民专业合作社，切实发挥各类合作组织的作用并带动全县土地规模经营，进一步提高农民闯市场的组织化程度和抗风险能力。到2015年，全县规范、标准的农民专业合作社达到150个。

（2）大力发展劳务经济。整合农村劳动力技能培训、阳光工程等培训项目，完善县乡村三级培训体系，重点围绕地方产业发展和务工技能开展培训，培养促进萝北县经济发展的产业工人、生产能手和致富带头人。加快城乡统一的人力资源市场体系建设，壮大劳务中介组织和劳务经纪人队伍，引导劳务机构由县内走向县外，不断提高全县劳务输出的组织化程度和市场化水平。加大政策扶持力度，鼓励有实力的务工人员回乡创业，积极构建劳动力外出务工与回乡创业双向流动的劳务经济发展新格局。

（七）加强农业生态环境保护

（1）开展农业生态环境治理。以建设全国生态示范县为契机，加强生态环境保护和建设，积极促进经济建设与生态建设协调发展。大力争取实施天然林保护、退耕还林、三北防护林、湿地恢复与治理、防沙治沙等生态建设项目，加快道路、农田林网、乡村绿化步伐，不断提高区域水源涵养和生态承载能力。突出发展循环农业，实现资源循环、能源循环、产业循环。充分利用各种废弃物，最大限度地向能源转化，重点发展沼气、秸秆固化和生物质能燃料，到2015年建成1个年产5000吨的秸秆固化厂。

（2）积极推进农业节能减排。要以节地、节水、节肥、节药、节种、节能和资源的综合循环利用为重点，大力推广应用节约型农业技术，实现农业可持续发展。依托松花江干流沿岸优质农业发展项目，实施节水灌溉项目建设，推广应用喷灌、滴灌、渗灌等先进节水设施。到2015年，新建机电井410眼及配套滴灌系统，新增节水灌溉面积8.5万亩；引进节水新技术和品种，开展抗旱优质栽培管理技术的试验、示范和推广，发展优质、高产、抗旱作物品种；发展节肥型农业，重点开展缓释肥、液态肥等新型肥料的引进和配方施肥的推广。

第四章 资源型产业的拓展与提升

　　石墨是萝北最重要的经济资源，萝北县经济社会的发展具有典型的资源型特征，石墨产业的发展壮大和转型升级对萝北经济社会的可持续发展起到至关重要的作用。虽然具有显著的资源优势，但萝北石墨产业仍然面临巨大的资源节约、产业聚集、技术进步和市场建设的压力。在借鉴国内外矿产资源科学开发的经验基础上，萝北石墨产业发展和升级的重点是延伸石墨产业链、激励技术创新、实现产品升级、推进园区建设、坚持可持续发展和强化市场地位。

第一节　萝北石墨产业发展环境及现状

一、国内外石墨产业发展概况

（一）石墨资源分布概况

　　石墨具有优良的特性，是一种宝贵的不可再生资源。目前，全世界只有中国、印度、巴西等少数国家发现并可大规模开采石墨资源。根据美国地质勘探局资料，世界石墨储量为 7774 万吨，中国石墨储量为 5500 万吨，占到世界储量的77%。印度是世界上第二大天然石墨储量国，印度石墨矿主要分布在奥瑞萨邦和拉贾斯坦邦，根据《印度矿业年报》的数据，印度石墨含量为 1075 万吨，资源量为 15802.5 万吨。巴西石墨矿分布在米纳斯吉拉斯（Minas Gerais）、赛阿腊（Ceara）和巴伊亚（Bahia），探明矿石含量 2.5 亿吨。其中 Nacional de Grafite 有限公司是巴西乃至世界最为著名的石墨生产厂之一，每年可生产 7 万吨的天然石墨。加拿大石墨矿床分布在安大略省、不列颠哥伦比亚和魁北克省，比赛特克里克（Bissett Creek）石墨矿是北美洲最大的石墨矿床。加拿大在过去几年成立了许多石墨生产厂，以加拿大东部的 Timcal 集团最为著名。斯里兰卡脉状矿床世界闻名，是世界上唯一的高度石墨化的脉状石墨矿床，矿区位于斯里兰卡岛的西部和西南部。如表 4-1 所示。

表 4-1　世界石墨储量和储量基础

单位：万吨

国家或地区	储量	储量基础
中国	5500	14000
印度	1100	1100
朝鲜	94	94
墨西哥	310	310
巴西	36	100
美国	—	100
马达加斯加	94	96
其他	640	4400
世界总计	7774	20200

注：储量基础（Reserve Base）是美国矿业局和美国地质调查所 1980 年《矿产资源和储量分类原则》中查明资源的一部分，指能满足现行采矿和生产实践对品位、质量、厚度、深度等物理、化学指标要求，并能从中估算出储量的原地探明资源。除包括当前技术经济条件下可利用资源（储量）之外，还包括在一定计划范围内经济可用性具有潜力的资源（边际储量和部分次经济储量），如国家另行规定工业指标计算的在边际经济以上的查明资源。

资料来源：储量数据来源 USGS "Mineral Commodity Summaries 2013"；储量基础数据来源 USGS "Mineral Commodity Summaries 2008"。

中国的石墨矿产有晶质石墨和隐晶质石墨两种类型。根据国土资源部统计，截至 2012 年底，中国晶质石墨矿物资源量为 13054 万吨。近 20 年，我国晶质石墨含量呈增加态势，但是大鳞片优质石墨储量减少到不足 500 万吨。晶质石墨分布在黑龙江、山东和内蒙古等 20 个省、自治区，具体分布为黑龙江省萝北县云山石墨矿已查明资源储量 4200 万吨，居全国第一；山东省莱西县南墅石墨矿经过 80 多年开采，目前保有储量 270 万吨；山东省平度县有 5 个石墨矿区，晶质石墨保有储量 600 万吨；内蒙古兴和县有 6 个石墨矿区，保有储量 114 万吨；湖北省宜昌市有 3 个石墨矿区，查明资源储量 1754 万吨。隐晶质石墨矿石保有储量 1190 万吨，基础储量 2280 万吨，资源量 3590 万吨，平均品位 55%~80%。隐晶质石墨分布在湖南（储量933万吨）和吉林（储量111万吨）等9省。湖南省已发现隐晶质石墨矿区5处，桂阳县荷叶石墨矿区基础储量1240万吨，资源量1530万吨；郴州鲁塘石墨矿区基础储量353万吨，平均品位75%。吉林省磐石市已发现隐晶质石墨矿区有4处，基础储量130万吨，资源量220万吨，平均品位55%~67%。

（二）石墨矿开发概况

2012年，全球天然石墨产量为110万吨，中国是目前最大的石墨生产国（如表4-2所示）。为了更好地保护环境和实现资源的可持续利用，2010年中国石墨产量略有下降。中国、墨西哥、加拿大、巴西、马达加斯加的天然矿石总产量和出口总量分别占全世界总量的97%和90%。无定型石墨全部由墨西哥生产，斯里兰卡则生产所有的块状和碎屑品种，中国、加拿大、马达加斯加以及津巴布韦是主要的鳞片石墨和片尘石墨生产国。

表4-2 2010~2012年世界主要国家石墨产量

单位：万吨

年份 国家或地区	2010	2011	2012
中国	80.0	80.0	75.0
印度	13.0	15.0	15.0
巴西	7.6	7.3	7.5
朝鲜	3.0	3.0	3.0
加拿大	2.5	2.5	2.6
罗马尼亚	—	2.0	1.7
俄罗斯	—	1.4	1.4
土耳其	—	1.0	1.0
墨西哥	0.5	0.7	0.8
乌克兰	0.6	0.6	0.6
挪威	0.2	0.2	0.7
斯里兰卡	1.1	0.4	0.4
马达加斯加	0.5	0.4	0.5
其他国家	0.3	0.7	0.7
世界总量	109.3	115.2	110.9

资料来源：USGS "Mineral Commodity Summaries 2013"；USGS "Mineral Commodity Summaries 2010"。

中国是近 30 年来石墨产量最多的国家。其中，晶质石墨开发主要集中在内蒙古、黑龙江、山东、河北、河南、湖北、四川等 16 个省和自治区，重要产地有黑龙江的鸡西和萝北、山东的平度和莱西、内蒙古的兴和、河北的赤城、河南的内乡、湖北的宜昌和四川的南江。隐晶质石墨开发集中在湖南郴州地区和吉林磐石地区。

印度石墨产量列世界第二位，石墨产品主要以鳞片石墨、粉末石墨为主，国内生产主要面向铸造与坩埚消费。两大生产商是阿格拉瓦尔（Agrawal）石墨工业公司（拥有甘若达尔和泰姆里马尔两座石墨矿山）、TP 矿产公司（拥有富尔巴尼、马达古达尔夫和萨尔吉帕里等矿区），两公司生产鳞片石墨和粉末石墨产品。如表 4-3 所示。

表 4-3　世界主要国家石墨开发/加工厂商情况

国家	厂商名称	主要加工产品
印度	阿格拉瓦尔石墨工业公司（Agrawal）	鳞片石墨和粉末石墨产品
巴西	国家石墨有限公司（National de Grafite）	天然晶质石墨，用于电池、电刷和润滑剂
	萨尔托达迪维萨石墨加工厂（Salto de Divsa）	大鳞片石墨，用于耐火材料、坩埚、冶金铸模和高碳钢添加剂
	格拉费塔公司（Grafita MG Ltd.）	
加拿大	特密高集团（Timcal Group）	高纯合成石墨、天然鳞片石墨、碳黑，主要服务于电池、摩擦材料、碳刷、润滑、聚合特等工业领域
	鹰石墨公司（Eagle Graphite Corp.）	
	富通石墨公司（Fortune Graphite Inc.）	隐晶质石墨和鳞片石墨
乌克兰	扎瓦利夫斯基石墨公司（Zavaivsky Grafitovy Kombinat）	
斯里兰卡	伯拉格石墨公司（Bogala Graphite Sri Lanka）	
捷克	科伊努尔石墨公司（Koh-i-Noor Grafit Sro）	鳞片石墨
	泰恩石墨公司（Graphite Tyn Spolsro）	集中开发高纯石墨，尤其是电池用石墨产品
奥地利	凯瑟贝格公司（Grafitbergbau Kaiserberg）	供应微细石墨、大颗粒石墨、鳞片石墨和合成石墨

巴西石墨产量居世界第三位，近年来石墨生产稳定，2012 年石墨产量为 7.5 万吨。巴西国家石墨有限公司（National de Grafite）为该国主要石墨生产商，也是世界天然晶质石墨的最大生产商。派德拉亚朱尔（Pedra Azul）是巴西最大的石墨矿床，石墨生产能力为 4.58 万吨/年。如表 4-3 所示。

二、萝北石墨产业发展现状

萝北石墨产业起步于 20 世纪 80 年代末期，经过近 30 年的发展，已形成年采矿能力 400 万吨、选矿能力 35 万吨、石墨深加工能力 5 万吨的产业格局，年产石墨精粉 30 万吨左右，占全国产量的 1/3 以上。目前，已有 25 家石墨企业落户萝北，其中采矿企业 2 户、选矿企业 11 户、深加工企业 12 户。2012 年，园区共开采矿石 221 万吨，生产石墨精粉 21 万吨、深加工产品 1.65 万吨，完成产值 15 亿元，税费收入 2 亿元，占全县财政收入 30%，总用工超过 3000 人，用电量近 2 亿度，是县域经济的支柱产业。

萝北石墨产业是黑龙江"十大工程"之一、鹤岗市"758"发展战略的重要内容。2011 年，萝北石墨产业园区开始享受省级开发区政策，是全省仅有的两个省级特色园区之一。石墨产业园区还是全省县域经济重点园区、国家产业集聚区项目实施基地、国家科技支撑计划项目实施基地、省级火炬计划特色产业基地，被国家列入"十二五"建材产业发展规划。近年来，园区承载石墨产业发展的能力明显增强，已经初步形成集聚发展的条件，成为全国最规范的石墨矿石开采基地，是国内规模最大、行业最具影响力的精粉生产基地和重要的石墨精深加工基地。

（一）石墨资源得天独厚

萝北云山石墨矿区赋存着亚洲最大晶质石墨矿床，并具有四大特色：一是储量最大，矿区探明储量就有 6.36 亿吨，占全国储量的 35%，有"亚洲第一矿"的美誉。二是品位高，平均地质品位 10.2%，入选品位可达 16%~18%。三是易采选，矿体赋存条件好，露天开采，可选性强，用物理方法可一次性直接生产出含碳量 98% 以上的石墨精粉。四是应用领域广，萝北石墨产品可加工为多种高端产品，可用于航空航天、耐火、耐腐蚀材料、防辐射材料、润滑剂、粉末冶金等诸多领域，以小鳞片为主的特点更适于锂离子电池负极材料的生产。

（二）首创矿山开采管理模式

萝北石墨资源管理科学有序，在全行业首创了"集中开采，统一供矿"的管理模式。2011 年，县政府和园区内选矿企业共同出资组建了国内最大的石墨矿山开采企业，年采矿能力 300 万吨左右，承担园区内所有选矿企业的矿石供应。

每年，政府主管部门制定石墨加工企业的年度矿石供应方案，由采矿企业负责按额度进行开采供应，专业的运输企业负责运输，实行采、选、运分离的方式运营，这不仅有利于政府对资源型产业的宏观调控，而且有利于资源的集约、节约利用。因为这种资源管理模式的成功实施，萝北获得了 2012 年全国首届"国土资源节约集约模范县"荣誉称号。

专栏 4-1

鹤岗市萝北县获得"国土资源节约集约模范县"称号

为深入探索国土资源合理开发利用的新机制，推进全社会节约集约利用国土资源共识，提升国土资源管理水平，鹤岗市萝北县积极开展了国土资源节约集约模范县创建活动。通过资源的科学管理和利用方式的转变，取得了丰硕的成果，2011 年底被国土资源部授予"国土资源节约集约模范县"。

在创建节约集约模范县中，萝北县重点抓了以下工作：一是加强领导周密部署；二是制定方案明确任务；三是规范制度严格管理；四是强化监管严格执法；五是集约管理综合利用；六是资源整合规范开发；七是强化治理恢复环境。

通过节约集约模范县的创建，矿业经济发展建立了新机制和新模式，并取得新成效。主要体现在：一是坚持开采规范化，石墨资源实现合理有序开发；二是坚持选矿规模化，石墨初加工能力国内领先；三是坚持项目产业化，石墨精深加工实现破题；四是坚持研发高端化，主动抢占制高点；五是坚持发展可持续化，石墨产业获得良性发展。

目前，萝北县按照有关要求正在实施"五大战略"并实现"五大突破"。一是实施环境优化战略，在提高园区承载力上实现突破；二是实施项目牵动战略，在精深加工上实现突破；三是实施集团发展战略，在引进战略投资者上实现突破；四是实施科技兴业战略，在技术支撑上实现突破；五是实施可持续发展战略，在循环经济上实现突破。

资料来源：黑龙江省人民政府网站。

（三）园区规划科学合理

围绕建设"中国石墨之都"的总体定位，萝北县于 2012 年聘请国内权威部门高起点重新编制了石墨产业发展和园区建设规划，并通过了国家相关部委领导和业内专家参加的规划论证会评审。规划分为发展规划和建设规划，其中，石墨产业发展规划由规划背景及环境分析和石墨产业发展总体规划两大部分组成，分别从石墨产业发展的重要意义、规划依据、规划期限、石墨产业发展的内外部环境、SWOT 分析、发展思路、发展定位、发展目标、发展重点与主要任务、产业链及产业板块等方面对萝北的石墨发展进行了详细的规划；建设总体规划分为总则，产业园区定位、规模、功能和规划结构以及用地布局、观景规划、道路交通规划、基础设施规划、环境保护、规划建设技术经济指标、保障措施九部分。园区规划面积 409 公顷，远景可达 800 公顷，规划为石墨初加工区、深加工及制品区、新材料产业区、静脉产业区、辅助配套设施区和综合服务区、物流配送区 7 个分区，目前建成区有 122 公顷。

（四）可持续发展效果明显

在石墨采、选、加工等各环节，萝北县政府和矿产企业始终坚持环保理念，全面打造绿色矿山，不断增强石墨产业可持续发展的内动力。一是注重环境保护。2011~2012 年连续两年集中开展了石墨企业环境综合整治，县域内石墨企业自筹资金 2.3 亿元加强污染源控制和厂区环境建设，所有企业都按环保要求安装和改造了除尘、降噪设施，在国内石墨行业率先使用了防风抑尘网，实现了企业达标排放，生态建设取得重大突破。二是注重尾矿资源综合利用。萝北石墨产业致力于发展循环经济，从 2011 年开始与中国地质大学、黑龙江省科技学院联合研发尾矿砂做墙体砖、普通陶瓷砖、特种陶瓷和公路基层材料项目，与北京亿阳集团、苏非院洽谈尾矿资源开发利用项目。2013 年，晟鑫公司尾矿再提取硫、铁、石墨精粉项目将建成投产，标志着萝北石墨产业尾矿综合利用进入实际运行阶段。此外，萝北石墨企业还与相关大专院校谋划建立尾矿综合利用研发联盟，积极将尾矿资源开发培育成尾矿利用再制造产业，切实提高资源利用率，真正实现"吃干榨净"，促进萝北石墨产业健康、可持续发展。

（五）基础设施建设步伐加快

基础设施的完善是园区发展和产业升级的基本条件。近年来，萝北县政府、石墨产业园联合石墨企业和多方力量，不断改善基础设施。首先，立足于设施配套，政府先后投资近 5 亿元集中建设了园区道路、输变电、通信光缆和综合服务楼等基础工程。其次，立足于环境美观，出资1000多万元进行绿化的同时，通过规范厂区布局、统一围墙和厂房建设标准等措施，企业厂容厂貌整体改观。再次，萝北还编制了全省唯一的石墨产业供电专项规划，金融、警务、石油、医疗等服务设施已投入使用，石墨变电所、大型尾矿库、污水处理厂和鸭蛋河小型水库等工程正在有序推进。最后，开展了石墨整装勘查，摸清资源底数，萝北石墨实际储量将进一步扩大。

（六）石墨精深加工取得突破

近年来，萝北石墨产业发展的总体思路是"大力发展高端石墨，不断拓宽和延长产业链条"，按照这一思路，县委县政府和园区管委会通过提高行业准入门槛，出台鼓励石墨产业发展优惠政策，"攀高结贵"引央企等方式着力引进拥有规模优势、技术水平高、管理现代、市场影响力强的大型企业集团，大力促进石墨深加工的发展，拓宽和延长产业链条。南海、云山碳业、奥宇、春晖等一批有技术、有实力、有市场的大型企业相继落户园区，与北汽集团、亿阳集团和中国核工业总公司的合作正在洽谈中。2012年，全国500强企业中铁资源集团的引进，使萝北的石墨产业层次和规模得到了大幅提升。中铁一期规划总投资30亿元，建设采矿、选矿、石墨深加工、制品等项目。目前，已完成在萝北和鹤岗的公司注册、石墨资源勘查工作，正在进行项目调研和初步设计，以及选矿试验工作。

专栏 4-2

萝北石墨深加工项目

目前，已有鑫隆源、恒达、黑金、溢祥新能源4个石墨深加工项目建成投产。云山碳业、奥星等9个深加工项目正在建设，另有一批深加工项目在做前期准备工作。2013年底前锂离子电池、微粉石墨、高纯石墨、柔性石墨、石墨散热板、石墨纸等终端产品将面世，新产品的上市将进一步拓宽和延长萝北石墨产业链条，丰富石墨产品品种。

随着产业链条不断拓宽和延长，萝北石墨产业深加工项目单一的球形石墨格局将被改变，以石墨精粉—球形石墨—锂电池负极材料—锂电池项目产业链为主，以膨胀石墨、密封材料、高纯石墨、大功率电极、阻燃材料、散热材料等项目为辅的系列链条和产品系列已经初步形成。

（七）石墨产业科技支撑能力不断增强

萝北县石墨产业坚持立足石墨资源优势，以高纯度、高密度、高强度"三高"石墨为攻坚方向，依靠科技进步，延长产业链条，做强石墨产业。一是积极开展技术攻关。结合"龙江院士行"活动，萝北石墨产业深入推动院县、院企合作，与黑龙江科技学院合作建成国内唯一的省级石墨科技创新服务平台，共同攻克了石墨低温成型、尾矿处理技术，完成了石墨提纯99%~99.9%技术攻关及小试，填补了国内同行业技术空白。目前，有5项成果获得国家发明专利，申报了石墨散热板、锂电池两个国家科技支撑计划项目，科技研发和成果转化水平全面提高。成功承办了国家工信部在萝北召开的全国石墨行业准入标准会议，扩大了其在国内外石墨产业的影响力。二是促进了科技成果转化。园区已经成为科技服务平台和部分院校科研院所的孵化基地，中铁、春晖、鑫顺等多家企业分别与清华大学、北大、哈工大、湖南大学、中国地质大学等高校就提高浮选工艺、提纯和石墨配套产品技术等进行了合作，实现了科研成果的转化应用。2012年，园区成为省级火炬计划石墨新材料特色产业基地。三是积极开展人才培养。鼓励支持企业高薪聘请行业技术和管理人才，企业现有高技术、高管人才50人，形成了人才团队效应，引带其他从业人员提高技能水平，推动萝北石墨产业向高科技、高附加值方向发展。全国首家石墨专业技术学校筹建进展顺利，这将成为服务于全行业的石墨技工培训和教育基地，有助于推动萝北石墨产业的高端化发展。

（八）服务管理水平不断提升

2003年，萝北组建了石墨产业园区管理委员会，作为石墨园区专门的管理、服务机构，管委会在组建后，确保了为企业服务的人员随时到位、机构入驻园区，有效落实了"三强化"服务机制，即强化项目全程领办、代办制；强化县级领导包企包项目责任制；强化金融、医疗、警务、石油等后勤保障制。通过建基础、抓管理、重服务，切实提高了园区承载力、聚合力和服务水平。管委会在全行业首创"集中开采，统一供矿"的管理模式，从2011年开始，在资源配置的基础上又采取了两个创新举措：一是打破以往敞口供应的方式，采取按发改委核定的企业产能配置矿石，避免了产能的无序扩大，促进资源的合理利用；二是用调配矿石供应额度来鼓励现有企业发展深加工，对没有深加工项目的企业实行矿石配额削减制度，这种资源管理模式极大程度地调动了企业实施深加工项目的积极性。

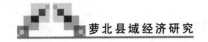

三、国内石墨产业转型趋势

石墨加工品具有非常好的应用前景，电子信息、生物化学、航空航天等产业的加速发展都将增大对高端石墨加工品的需求。但是从总体上看，我国石墨产业长期处于低水平、初加工的状况，多依靠开采原矿单一初加工模式，石墨产业低效益、低水平特征非常明显。

目前，中国正处于工业大国向工业强国转型的攻关期，包括石墨产业在内的基础工业部门的转型升级不仅决定了行业自身的远期发展，也对整个工业的转型升级起到至关重要的作用。按照国家产业政策的调整方向，以及石墨产品需求结构的变化和石墨产业自身素质的改变，国内石墨产业转型升级将表现出三大趋势：

（一）从资源开采、初加工向精深加工的转型

石墨矿石被开采出来后，可加工成石墨精粉，石墨精粉也是我国石墨产业最普遍、最常见的产品。按照石墨精粉的纯度不同，其价格也有所差别，目前国内市场一吨石墨精粉的价格在每吨 5000~7000 元。如果石墨矿经过深加工制成石墨球，每吨的价格则超过 3 万元。进一步加工制造出高端的锂离子电池负极材料，其每吨价格超过 30 万元。与其他矿产品加工业一样，加工程度越深，产品附加值越高。

中国虽然是全球石墨资源储量最大的国家，但石墨产业的发展必须摆脱资源经济的束缚，走精深加工的道路。在坚持自主创新的基础上，中国石墨产业将加大先进技术和工艺的引进力度，依靠技术进步不断提高石墨产品的附加值，使石墨产业从依靠资源优势以出口低价初加工产品的发展模式，向借助资源优势以制造和出口高附加值精深加工产品的发展模式转型。

（二）从粗放式开发向可持续发展的转型

天然石墨矿是宝贵的不可再生资源，短期内，在国防、航天、电子信息等领域的应用还无法被替代，由于其特殊性质，石墨的应用范围还在不断扩大，石墨资源的战略意义正在逐步显现。与石墨资源蕴藏丰富的发达国家比较，我国对石墨资源保护的力度、可持续开发的水平还不够高、不够强，一些地区一些领域对石墨资源保护的意识还很薄弱，行业管理和规制的措施还比较落后。

石墨产业要健康发展，就必须对石墨资源有清醒的认识。根据统计，按照已

经探明的储量和目前开采水平，我国鳞片石墨还有一百年以上的开采期，但是，因为前些年盲目开采，微晶石墨只能维持 10~20 年，这已经对石墨产业在不久的将来的发展形成严重的制约。从"十二五"开始，各级政府部门都加大了对石墨资源的控制，鼓励科学开采，反对盲目开采，中国石墨产业必定将实现从粗放式开发到可持续发展的转型，这对石墨企业的技术水平、可持续发展意识，以及石墨资源丰富地区的政府行为提出了更高的要求。

（三）从单兵作战向产业聚集、产业链整合的转型

中国石墨产业发展的一个显著问题是，企业间鲜有合作和联盟，企业的竞争力只体现在自身素质上，而与行业发展情况、供应链水平、合作企业的发展状况关系不大。与之相比较而言，很多发达国家企业间的联系更加充分，无论是大型跨国公司还是小微企业都能够在一个产业生态体系中找到自己的位置，企业与企业之间，特别是具有供应链关系的纵向企业之间更多地体现为双赢合作而非激烈的竞争关系。

中国石墨产业要彻底融入国际市场，必将面临更加严峻的国际竞争压力，中国石墨企业也必须改变以前"单兵作战"的竞争模式，加强企业间的有机联合。在组建跨地区、跨行业大型石墨企业集团的同时，更要通过产业聚集和产业链整合，实现多个企业间的协同效应。只有这样，中国石墨产业的整体竞争力才能够上一个新台阶，才能够实现依靠单个企业竞争向产业链竞争的转型。

第二节　石墨产业链构建与提升

无论是从国家的角度还是从萝北县域经济的角度，石墨产业转型与升级的关键都是构建和提升石墨产业链。具体讲，就是要实现石墨产业的"四集"发展：资源的集约开发、产业的集聚发展、科技的集合利用和市场的集中开拓。

一、石墨资源的集约开发

从资源总量看，我国石墨储量在全球遥遥领先，但同时存在较为严重的资源保护意识淡薄、管理手段落后和市场准入制度缺失的问题。一段时期内，石墨资

源被大规模无序开采，矿产品没有经过深加工而是低价出口，使得宝贵资源大量流失，造成巨大的经济损失。相比较，美国、俄罗斯、英国等国家严格控制本国石墨资源的开采，将石墨矿作为重要的、长期的战略储备加以保护，这些国家的战略和措施非常值得我们反思和借鉴。

作为发展中国家，中国实现对发达国家的赶超尚需时日。因此，在国际贸易中，资源型产品、初加工产品占出口的比重还会保持较大的比重，这是由国家间发展阶段和技术水平造成的。因此，在石墨资源的开发利用上，中国不能像部分发达国家那样"一刀切"，完全或几乎不开采本国资源而完全依靠进口。当然，对资源的开发必须满足可持续发展的要求，实现资源的集约开发和利用，让宝贵的、有限的石墨资源发挥最大的经济价值。

要实现石墨产业的集约开发，就必须严格执行行业准入制度。一般来说，对于资源型行业和以资源为基础的行业而言，行业集中度越高，资源集约使用度就越高。2012年，我国工业和信息化部制定了《石墨行业准入条件》，并自2013年1月1日起实施，这是我国第一次从国家层面对石墨行业设置准入门槛，这将对我国石墨产业的健康发展、石墨资源的集约使用起到促进作用。

专栏 4-3

石墨行业准入门槛

为引导石墨行业健康发展，优化产业结构，遏制低水平重复建设，保护生态环境，提升安全水平，依据《中华人民共和国安全生产法》、《中华人民共和国环境保护法》和《中华人民共和国清洁生产促进法》等有关法律法规及产业政策，工业和信息化部于2012年11月制定和颁布《石墨行业准入条件》，从投资规模、国土供应、环境评价、安全生产监管、节能评估、信贷融资以及施工建设和生产经营等多个方面规定了石墨行业准入门槛。

● 建设条件和生产布局

新建和改扩建石墨项目必须符合国家产业政策和当地产业发展规划、土地利用总体规划等规定，统筹资源、能源、环境、安全和市场等因素合理布局。

严禁在风景名胜区、生态保护区、自然和文化遗产保护区、饮用水源保护区、城市建成区和城市非工业规划区等区域内，城市规划区边界外1千米以内，以及国家和地方规定的环保、安全防护距离以内新建和扩建石墨项目。

● 生产规模、工艺与装备

新建和改扩建鳞片石墨选矿项目，设计规模不低于2万吨/年，单线规模不低于5000吨/年。

选矿回收率按原矿平均品位分别符合以下指标：

原矿平均品位（%）	选矿回收率（%）
5.0	≥80.0
8.0	≥85.0
10.0	≥90.0

新建和改扩建微晶石墨选矿项目，设计规模不低于15万吨/年，单线规模不低于3万吨/年，选矿回收率不低于85%。

新建和改扩建高纯石墨项目，采用节能环保的先进工艺路线，规模不低于5000吨/年，成品率不低于85%。

新建和改扩建可膨胀石墨项目，采用电解氧化工艺或强酸浸渍工艺路线，规模不低于5000吨/年，成品率不低于95%。

新建和改扩建柔性石墨项目，采用连续膨胀、压延成型工艺和装备，设备幅宽不低于1000毫米，规模不低于1000吨/年，成品率不低于90%。

● 产品质量

鳞片石墨、高纯石墨达到GB/T3518《鳞片石墨》要求，微晶石墨达到GB/T3519《微晶石墨》要求，可膨胀石墨达到GB/T10698《可膨胀石墨》要求，柔性石墨达到JB/T7758.2《柔性石墨板技术条件》要求。

● 能源、水资源消耗和综合利用

鳞片石墨：按原矿平均品位分别符合以下指标：

原矿平均品位（%）	每吨鳞片石墨综合能耗（千克标煤）
5	≤400
8	≤320
10	≤280

微晶石墨：不高于100千克标煤/吨；高纯石墨：不高于400千克标煤/吨；

可膨胀石墨：不高于500千克标煤/吨；柔性石墨：不高于700千克标煤/吨。

鳞片石墨选矿工艺水循环利用率不低于90%。高纯石墨、可膨胀石墨工艺水循环利用率不低于80%。

● 环境保护

原料转运、破碎、干燥等重点烟、粉尘产生工序，配备抑尘和除尘设施。烟气、含尘气体经处理后，符合GB 9078《工业窑炉大气污染物排放标准》、GB16297《大气污染物综合排放标准》或项目所在地环境标准要求。

采用低噪音设备，设置隔声屏障等进行噪声治理，噪声符合GB12348《工业企业厂界环境噪声排放标准》。

用化学法生产高纯石墨的，配套建设相应的废水治理设施，废水排放达到GB 8978《污水综合排放标准》。

● 安全生产、职业卫生和社会责任

新建石墨项目尾矿库应符合环保要求，一次性筑坝，配套在线监测装置。改扩建石墨项目应按规定整治原有尾矿库，制定尾矿污染防治计划。

资料来源：摘选自工业和信息化部《石墨行业准入标准》。

二、石墨产业的集聚发展

在石墨资源节约利用的基础上，国家和地区石墨产业竞争力将主要由产业链的竞争力所决定，而产业链的形成和优化将必须以产业的集聚发展为基础和条件。应充分发挥比较优势，优化产业布局，在石墨资源富集地、石墨制品消费地集聚发展石墨产业，创建新型工业化产业示范基地，形成集聚效应，带动区域特色产业发展。

目前，国内多个地区都在计划和建设石墨产业专业园区。这些园区可以分为两类：一类是资源型园区，主要是利用当地丰富的石墨矿资源发展初加工石墨产业，主要分布于东北地区，如鹤岗（萝北）云山石墨产业园、鸡西恒山石墨产业园和麻山石墨产业园、锦州国测石墨科技产业园。另一类是技术型园区，这些园区靠近主要的石墨产品消费地，主要集中于经济发达和技术资源密集地区，如东部沿海的宁波和无锡高科技产业对石墨产品的需求较大，借助在技术研发上的优势，两地都在加快高技术石墨产业的聚集。从园区竞争力看，鹤岗、鸡西、锦州等地区产业园的优势在于石墨精粉等需要大量石墨矿投入，技术含量偏低的产品；宁波、无锡等地区产业园的优势在于需要大量技术和资本投入，石墨矿资源依赖较小，技术含量较高的石墨烯等产品。

近年来，资源型园区正在加速转型，在继续保持资源优势的基础上，产业链不断向高端深加工方向发展。以鹤岗（萝北）石墨产业园为例，2013年，在政策扶持和支持下，云山石墨产业园到年底能够基本实现石墨加工企业户户都有深加工、新落户企业无一不是深加工的格局。在高端产品开发上，年底将有终端产品面市，石墨深加工产品品种要达到7个以上，基本建成比较完整的石墨产业链条。到2015年，云山石墨深加工产品品种要达到10个以上，石墨精粉就地深加工转化率达到70%以上，基本建成全国重要的现代化石墨深加工及制品制造基地。

专栏 4-4

部分地区石墨产业聚集发展情况

● 鸡西

鸡西市正在全力打造"中国石墨产业之都"，目前有两个石墨产业园，分别位于恒山和麻山。在麻山石墨产业园，只有鸡西市贝特瑞石墨产业园有限公司建成，目前一期工程已经投产，正在建设三期工程。恒山石墨产业园围绕着柳毛石墨矿兴建，位于恒山区西部鸡图公路约30千米处，总面积508万平方米。

尽管两大石墨产业园都有石墨企业开工，但两者的规划各有侧重。以恒山石墨产业园为例，该产业园分A、B、C三区，其中A区建设高纯石墨、球形石墨、金刚石粉、石墨纸、石墨密封件、锂电池负极材料；B区为高科技石墨精深产品加工区；C区建设石墨板材、炭块、核石墨等新产品研发。到"十二五"末，预计固定资产总投资可达40亿元，可实现产值100亿元、税收15亿元。

● 宁波

继全球首条石墨烯生产线启建后，宁波推进石墨烯产业化再度发力。中国科学院网站显示，2013年8月20日，宁波市科技局、发改委、经信委和财政局在中科院宁波材料技术与工程研究所组织召开了宁波市重大科技专项"石墨烯产业化应用开发"专家论证会。会上专家认为，该专项的设立对我国新材料产业发展具有重要意义。

石墨烯专项的设立，对于宁波市产业的创新升级乃至我国新材料产业的发展都具有重要意义，前景广阔。该专项定位科学、目标明确，与宁波地方优势产业结合紧密，研发项目设置合理，技术方案可行性强，技术指标先进。同时，该专项采取以石墨烯应用企业为主体的创新研发模式，可大幅加速石墨烯产业化进程。相关部门表示，将大力支持该项目，并将在会后进行全方位对接，尽快出台具体的实施细则，确保石墨烯重大科技专项按计划顺利实施。

宁波市重大科技专项"石墨烯产业化应用开发"专家论证会的成功举行，标志着该专项已正式进入实施阶段。

● 锦州

锦州国测石墨科技产业园项目（以下简称"石墨产业园"），位于辽宁省锦州市北镇杜屯地区，项目规划建设用地为 10 平方千米，投资规模为 100 亿元，首期投资规模为 40 亿元。

2012 年 10 月，锦州市政府、东北煤田地质局和国测集团在北京签订的《锦州国测石墨科技产业园战略合作框架协议》，规定由锦州国测石墨科技产业园有限公司负责投资、建设和运营此项目。

项目建设方式为合作方式，以政府为主导，以投资企业为主体，以入园企业为依托，以金融、服务等第三产业为支撑，整体规划，分步实施，共同推进国测石墨科技产业园的建设、运营和发展。

项目内容包括：以推进石墨资源采、选、冶一体化为基础，以延伸产业链、提升产品附加值为导向，打造"四大基地一大平台"，即石墨资源采选冶一体化生产基地、石墨材料研发与深加工基地、国家级石墨高新技术产业化基地、国际石墨及相关产品集散基地和国家石墨产品的交易与公共服务平台。项目目标是打造世界一流的全产业链石墨科技产业园。

项目建成后，园区将吸纳 100 家以上国际国内一流石墨深加工企业，最终形成年产值近千亿元、利税百亿元、就业人数超 10 万人的国家级石墨产业集群。

● 无锡

2013年8月7日，由中国石墨烯产业技术创新战略联盟与惠山经济开发区合作共建的无锡石墨烯产业园正式签约落户惠山。据了解，这是中国石墨烯产业技术创新战略联盟在国内设立的首个石墨烯技术研发及产业应用创新示范基地。

成立于2013年7月的中国石墨烯产业技术创新战略联盟，致力于联合国内外石墨烯领域的高校、研究院所、生产企业开展技术研发及产业应用。此次签约共建无锡石墨烯产业园，双方将在优势互补的原则下，启动编制无锡石墨烯技术研发及产业应用发展战略，共建石墨烯产业技术创新平台、石墨烯工艺和产品检测技术中心，并根据无锡市产业结构特征，规划绿色、无污染、低能耗、高附加值的石墨烯产业链发展方向。

资料来源：根据新闻资料整理。

三、石墨科技的集合利用

我国具有丰富的天然石墨资源，特别是晶质的鳞片石墨，储量、产量及国际贸易量均居世界首位，堪称石墨大国，这是石墨产业发展的基础和优势。然而，我国主要出口天然石墨原料和低附加值的初级石墨产品，而高技术含量的石墨产品还需进口，这决定了目前我国还不能被称为石墨强国。

我国工业整体技术水平与发达国家的差距还非常大，石墨产业技术的情况同样如此。并且，由于石墨产业技术的涉及面较广，中国在短期内要依靠自主创新真正实现对发达国家的技术赶超难度较大。因此，就近期而言，中国石墨产业链构建与完善、石墨产业转型升级还是要建立在技术引进的基础上，同时切实提高自主创新和技术改造能力，着力改造提升存量，延伸完善产业链，开发深加工产品和技术，增强核心竞争力。

根据美国地质调查组织（USGS）的报告，目前热技术和酸浸出技术的进步使得更高纯度的石墨粉生产成为可能，而这极可能将大力推进石墨在高新领域的应用。这些创新型精炼技术已经使高质量石墨应用于碳石墨复合材料、电子产品、箔、摩擦材料及特殊润滑剂中。柔性石墨制品系列将可能成为增长最快的市场。美国、欧洲是石墨产业技术最发达的国家，中国石墨产业的转型升级、萝北石墨产业链的构建和完善都需要充分利用来自发达国家的最新技术研发成果，借助资源优势，依靠自主创新能力的提升，逐步融入全球石墨产业研发体系当中。

专栏 4-5

国外最新石墨科技研究进展

● 美国

由美国阿贡国家实验室科学家 Anirudha Sumant 和 Ali Erdemir 领导的研究小组发现，在钢材的接触表面吸附上一层石墨烯将大幅减少其摩擦系数和磨损率，并能有效防止其生锈，堪称神奇。这一工序成本很低、操作简单，只需把含有少量石墨烯的溶液滴到两个接触面之间即可。随着接触面之间的相对运动，石墨烯会均匀并且牢牢地附着在整个接触表面。

长期以来，工业上使用的润滑剂主要有两种：油质润滑剂和固体润滑剂。它们都有成本高、使用条件较苛刻、更换麻烦、产生废物污染环境等问题。石墨烯润滑剂将一举解决这些问题。研究小组估计，如石墨烯润滑剂得到广泛应用，仅节能一项就能每年为美国挽回 24.6 亿度电能的损失。

● 英国

2012 年 12 月 27 日，英国皇家学会主席、前诺贝尔奖得主保罗·纳斯（Paul Nurse）爵士做客英国 BBC 广播电台采访英国财政大臣乔治·奥斯本（George Osborne）时，奥斯本宣布英国将追加投资 2150 万英镑资助石墨烯研究项目。

英国帝国理工大学、剑桥大学、杜伦大学、埃克塞特大学、曼彻斯特大学和皇家霍洛威学院将共同加入该研究项目，所获资助将用于研究和实验设备投资。这些大学的工业合作伙伴包括诺基亚、全球最大军火商英国 BAE 系统公司、宝洁、英国国防科技集团、罗罗、Dyson 公司、夏普和飞利浦等。

英国大学与科学国务大臣 David Willetts 评论道，曼彻斯特大学的科学家因为发现了石墨烯而获得诺贝尔奖。现在到了我们利用世界级院校优秀的科研活动对该神奇的材料进行商业化探索的紧迫时刻。这笔意义重大的投资将支持尖端研究项目以发现石墨烯的日常用途。该笔投资将孕育创新，驱动经济增长，帮助英国在全球竞争中崭露头角。

在该笔投资中，剑桥大学获得了 1200 多万英镑的资助，用于研究石墨烯灵活的电子和光电子应用，包括触摸屏等。帝国理工大学获得了 450 多万英镑的资助，用于设备和工程研究，石墨烯的这些性质可用于多功能涂层、纤维复合材料和三维网络等。剑桥大学的 Clare Gray 教授和曼彻斯特大学的 Robert Dryfe 教授正在探索石墨烯在能源存储应用方面的潜在用途：超级电容器和电池。宝洁和 Dyson 公司将和杜伦大学的 Karl Coleman 教授合作，探索石墨烯复合材料，特别是最细、最强材料的潜在应用领域。

● 韩国

韩国基础科学研究院（IBS）纳米结构物理研究小组宣称，开发出最多可拉长 20% 的透明电子元件，能用于像穿戴衣服一样套在电脑或贴在皮肤上的传感器中。

报道指出，研发可拉伸的电子元件，绝缘膜一直都是一大难题。因为控制电子的移动主要使用的硅材料很容易折断，类似于塑胶的高分子虽可拉伸但存在漏电问题。

研究小组披露，他们是在铜制基板上镀上一层高铝（陶瓷的一种），然后涂抹高分子材料，随即溶解铜，让高铝变成褶皱型薄膜。即利用铜和高铝的膨胀程度不同这一特点，通过石墨烯和碳纳米管在该褶皱型薄膜上添加电极和电路。石墨烯和碳纳米管是透明的、具有伸缩性的物质，因此能够制造出拉长也能正常工作的电子元件。

研究小组表示："研发出该电子元件——晶体管（电极、电路、绝缘膜）可变形的透明材料尚属首次。"

● 德国

德国卡尔斯鲁尔技术研究院（KIT）和美国莱斯大学的科学家合作，利用镍原子在石墨材料中成功"开凿"出直径为纳米级别的"隧道"，有望为制备锂离子电池高性能多孔石墨电极等提供新的技术手段。研究人员首先将金属镍纳米颗粒引入石墨材料表面，然后在充满氢气的环境中进行快速加热，金属镍纳米颗粒的表面将起到催化作用，使石墨中的碳原子脱离晶体栅格，与氢原子结合成气态的甲烷。在此过程中，金属镍纳米颗粒在毛细管效应作用下，将被"吸入"在石墨材料表面形成的微小"孔穴"中，并继续催化化学反应，从而逐渐深入石墨材料内部。这种纳米"隧道"结构具有广泛的应用前景，如通过这种工艺制备的多孔石墨材料作为锂离子电池的电极材料，可大大缩短充电所需时间；在医药领域，可将这种多孔石墨材料作为可长时间定向释放药品的载体。而如果用这种技术对与石墨具有相似的晶体结构但不具有导电性能的材料（如氮化硼）进行加工，所形成的"隧道"结构将可作为纳米电子元件的支架材料，如新型的传感器和太阳能电池单元等。

● 挪威

挪威科技大学的研究人员近日成功开发出一种新型半导体工业复合材料"砷化镓纳米线"，并申请了技术专利，该复合材料基于石墨烯，具有优异的光电性能，在未来半导体产品市场上将极具竞争性，这种新材料被认为是有望改变半导体工业新型设备系统的基础。该项技术成果刊登在美国科学杂志《纳米快报》上。

以 Helge Weman 教授为首的挪威科技大学电子与电信系的研究团队和 CrayoNano AS 公司共同研制，并联合申请了专利。该产品采用自动分子束外延生长法，在原子级薄石墨烯上生成半导体纳米线，新电极透明、韧性佳且价格低廉。Weman 教授认为这种纳米线虽然不是一个全新产品，但它是半导体装置生产方法的一个新模板，该技术专利可应用于未来太阳能电池和发光二极管的生产。

石墨烯在半导体工业的应用引起了世界范围的广泛注目，目前 IBM 公司和三星公司都在致力于开发石墨烯，希望其替代硅在电子产品如触屏手机等方面的使用。该项技术的优势是，使得消费类电子产品更加便于升级，而设计不会受到任何限制，为电子产品和光电子器件提供了新的平台。未来潜在最大的市场是基于石墨烯和半导体纳米线的纳米太阳能电池、自供电纳米机器和先进的 3D 集成电路，其应用前景包括服装、笔记本、传统手机、平板电脑和运动配件的生产，未来的电子产品将更加微型而高效。引用石墨烯将是未来众多应用的优选基板，它将是新型电子设备系统的基础。

从 2007 年起，挪威研究理事会就开始立项支持此研究，挪威科技大学纳米实验室、国家纳米光子实验室和 MBE 实验室共同参与了该项科研，为支持该项成果的商业化，还专门成立了 CrayoNano AS 公司。目前，挪威科技大学技术转让中心和 CrayoNano AS 公司共同拥有该项技术专利。

● 波兰

据波兰通讯社报道，目前，波兰国家科学和高等教育部支持下的一个工业石墨的生产新技术研究项目在波兰电子材料技术研究所取得实质性突破，将在全球范围内申请专利保护。

石墨是用化学方法生产的，其机械和光学特性远远比电子传输更重要，可以用来生产复合材料、太阳能电池、超级电容器和氢电池的透明电极。

欧盟的一个旗舰项目将从 2012 年开始连续十年每年投入 1 亿欧元研究石墨。波兰科学家取得的研究成果将大大提高波兰参与此项目的竞争力和强有力地位。

波兰的新技术本质上是美国亚特兰大乔治技术研究院在 2004 年提出的一个专利技术的改进版。美国的技术要求有专用设备，是在硅碳化物表面构成一个碳层，作为高温退火后的结果，硅从表面挥发，形成了石墨。

资料来源：科技部网站。

四、石墨市场的集中开拓

要在全球石墨产业竞争中占领制高点，除了以丰富的天然石墨矿资源为基础、以产业集聚为路径，以技术进步为动力，还需要掌握覆盖全球的销售网络，实现对主要市场的集中开拓。在全球工业价值链发生变化，渠道在价值链中的重要性越来越大的趋势下，对市场的控制意味着对产品定价权的控制，而对定价权的控制则意味着对行业主导地位的确立。

对全球石墨市场集中开拓有三个层次：

第一个层次是对石墨矿资源和主要加工产品的控制。天然石墨矿资源是萝北得天独厚的发展条件，在这个方面，萝北具有国际一流的竞争优势。但是，由于萝北石墨产业链较短，深加工程度不足，并没有形成完备的石墨产品体系。因

此，对主要石墨加工品的控制还不足，与国内一些石墨产业较发达的地区还存在差距，与国际先进的差距则更大。

第二个层次是构建覆盖主要消费市场的渠道网络。目前，虽然萝北石墨矿和加工品出口已经形成一定规模，比重也并不低，但客观上讲，无论是石墨产业园还是石墨企业都没有成体系的国际销售渠道。即使从国内市场销售看，有相当大比重的产品还是通过外地交易所、交易平台和外地销售公司实现销售。萝北要构建覆盖主要消费市场的石墨产品渠道网络需要突破的问题还比较多，短期内应主要聚焦于完善国内渠道，中长期内则注重国际渠道网络的建设。

第三个层次是建设具有国际影响力的交易中心。这是最高的层次，难度也最大。在充分掌握产品和市场两种资源的基础上，建设实体的石墨产品交易所和基于互联网的虚拟交易平台，联合国内其主要石墨矿和石墨产品产地，发布中国主导的被绝大多数石墨消费国认可的国际石墨牌价，实现由石墨大国向石墨强国的转型。

从总体上看，根据萝北石墨产业的现状，萝北短期内应致力于石墨产业链的完善和产业技术水平的提升；中长期则应逐步建立国内外石墨产品销售渠道；而建设具有国际影响力的石墨交易中心应作为萝北远期努力的目标。

第三节　矿产资源科学开发的经验与启示

一、资源可持续开发

按联合国世界环境与发展委员会（WCED）的概括，"可持续发展"（Sustainable Development）是指一种"既满足当代人的需要，又不对后代人满足其需要的能力构成危害的发展"。"可持续发展"被提出以来，其理念从最初的生态领域迅速被经济和社会发展各个领域所认可和借鉴，并成为当前指导绝大多数国家和地区经济社会发展的基本原则。

从矿产资源的角度，可持续发展的思想主要体现在矿产资源的可持续利用上，在满足现阶段人类生活和经济发展的同时，确保矿产资源的储量和开发利用能够在一个较长时间内保障人类的发展需求。既满足当代人对矿产资源的需求，又不对子孙后代的需求造成损害，从而使人类对矿产资源的开发利用不会断裂。

关于如何实现可持续发展的要求、达到可持续发展的效果，已经有很多研究和实践，可以总结为两个"控制"：从方式上看，通过法规控制经济生活方式对资源环境的影响；从手段上看，通过技术进步控制人类文明对生态环境的破坏。

（一）法规控制

为了矿产资源的可持续利用、矿物产业的可持续发展，必须对政府、企业的矿产品开采和矿产品生产进行规制。随着中国政府加大对环境保护和生态建设的重视，中国环保法规不断完善，而目前最主要的问题是加大法规的执行力度。从事矿产资源的勘查或开发，必须向相关政府部门申请，取得勘查或开发许可证。矿业公司的生产条件必须符合相关要求，不能对当地的生态环境造成负面影响，不能采取野蛮的粗开采模式。对于不符合条件的公司，要坚决关停转。对于制造类企业，在严格控制污染物排放的同时，通过行业性法规和产业政策提高矿产加工环节对矿产品的利用率，特别重视矿产的综合利用和尾矿的处理、利用。

专栏 4-6

澳大利亚矿产资源的管理特点

● 开采管理

在澳从事矿产资源的勘查和开发，需要根据资源的产权归属，向联邦或州、领地政府部门申请勘查或开发许可执照。最基本的许可执照有三种：

1. 勘查许可

联邦和州资源管理部门根据出资人申请，准予矿业公司在一定的区域、一定的年限内进行勘查。联邦和各州、领地政府对此规定有所不同，一般在三年左右，勘查许可的期限可以延长。在勘查期间，矿业公司必须按照向政府提交的计划方案进行勘查投入，年底要向政府提交报告。达不到最低投入的，政府要对公司的投资实力进行考察，并做出相应的处理决定。矿业公司在规定地域内发现可供商业开发的矿产资源，要及时将情况报告给政府有关部门，并提供相应的资料。

2. 在探明矿产资源后，对原勘查区域的保留许可

在许可期限内，执照持有人可作进一步勘查。如资源勘查没有必要再进行，商业开发尚不可行，持有人可在许可期限内保有资源勘查的权利，待日后商业可靠时再进行勘查或申请开采许可。申请人申请保留许可，须提前指明发现矿床的区域。矿业公司在宣布发现矿床的两年内进行申请，并提供对该矿床商业开发前景评估的情况。如所发现的矿产资源最终被认为进行商业开发不可行，执照持有人可申请变更甚至取消勘查区域。保留许可一般为五年，并可延长，每次延长时都必须证明目前进行项目开发仍是商业不可行。许可期间矿业公司要支付少量的费用。

3. 生产许可或采矿许可

如探明的资源商业开发可行，开发商可申请生产许可或采矿许可，进行采矿及相关活动。矿业公司在宣布发现矿床的两年内进行申请，并提供该地区的详细开发计划。许可期限根据矿床的含量以及矿山的服务年限而定。

● 环境准入与矿山环境治理

申请人在办理勘查许可或采矿许可前，还必须向政府有关部门申请获得环境许可。澳大利亚环境的保护力度很大，从许可阶段直到采矿活动终结矿山闭坑，均有严格的法律限制。

在办理勘查许可或采矿许可执照前，要向政府有关部门提交经过认证的评估报告（包括环境治理的设计方案），在公告期间（勘查一般为2个月，采矿要几个月）要定期接受公众的质询等。在完成了规定的程序后，还要缴纳环境恢复保证金才能获得环境准入的许可。值得一提的是，环境恢复保证金缴纳额度占项目总投资的25%~100%，区间具体比例数字主要依据矿业公司以往对矿山环境保护和治理的成效而决定。

矿业公司在进行勘查或采矿活动时，必须严格执行环保规定（如经过使用的水必须循环使用，不能向自然界排放；工业废油、垃圾，必须交由具备资质的环保回收公司处理等），而且要随时接受地方政府环保部门和当地居民的监督。违反环保规定的行为要受到严厉处罚。采矿活动终止、矿山闭坑后，要将环境恢复到与开采前一样的水平。有些废弃的矿山，经过投资修复，不仅恢复了环境，而且还能为当地带来可观的旅游收入。其中一个有名的例子是位于维多利亚州中部地区的君主山金矿（Sovereign Hill），治理后经过政府的批准，在此处建立了一个内容丰富多彩的矿山博物馆，馆旁小镇的一部分还恢复到100年前的面貌，当地居民身着旧式的服装，按照百年前小镇的生活方式扮演当时居民角色，成为当地著名的旅游景点。

资料来源：谭文兵.澳大利亚矿产资源开发管理及其对我国的启示［J］.矿山机械，2008（2）.

（二）技术控制

矿产资源总是有限的，随着经济的持续，人类对包括矿产品等不可再生资源的需求越来越大，因此通过技术手段提高矿产资源的利用率显得尤为重要。通过技术手段对矿产资源的开发利用而造成环境生态影响的控制表现为两个方面：

第一，提高矿产资源的利用率水平。这主要表现为：在矿产的开发过程中减少损耗，充分利用伴生矿资源，重视尾矿的开发利用。对于萝北而言，石墨矿本身品质较高、开采难度较低，主要的工作应聚焦于尾矿的利用和处理上，不仅要利用好尾矿余下的资源，更要利用技术手段对矿区进行生态恢复。

第二，减少矿产开发对生态环境的不利影响。矿产资源的开采会破坏矿区植被和生态系统，矿产的加工过程会产生各种污染。装备技术、加工工艺、环保设备技术的进步，可以大幅度降低矿产在开采和加工环节对生态环境的影响。对于萝北而言，开采环节的环境保护是重点，应不断改善矿山的作业装备和环保设备，降低对环境的影响。同时，在转型升级石墨加工业的同时，依靠先进装备、先进工艺的引进，实现产业发展与生态保护之间的和谐。

二、资源深加工发展

与矿产品开采和初加工比较，矿产深加工产品具有更高的附加值。从全球矿产业的发展情况看，产业强国并非都是资源大国，日本、韩国等国资源非常贫瘠，但却是矿产品加工的先进国家。中国正在促进矿产品的精深加工发展，《建筑材料工业"十二五"发展指导意见》指出，要大力发展以石墨、高岭土、膨润土、滑石、硅灰石、石英、萤石、珍珠岩等为重点的非金属矿物材料深加工产品。由于我国的非金属矿产资源极为丰富，很多矿种的质量和储量均居世界前列，因此，持续、稳定地发展非金属矿超细深加工技术将会前景无限。

由于技术开发投入力度不够，目前，我国的石墨产业产品仍以原料生产及加工鳞片石墨和中低纯度石墨精粉为主，与先进国家相比，我国在柔性石墨、锂离子电池用石墨等领域还有较大的差距。萝北在石墨资源方面具有先天的优势，但在石墨深加工方面却落后于宁波、无锡等地区。根据石墨市场的发展趋势以及萝北现有资源优势，萝北石墨产业在未来应重点发展柔性石墨、膨胀石墨等深加工产品。

专栏 4-7

石墨矿深加工产品

● 膨胀石墨

松散的多孔结构材料，具有优良的隔绝密封性能。目前，膨胀石墨的加工方法，除了高温加热外，又有一些新的进展，如激光膨化法、微波膨化法及等离子膨化法等。膨胀石墨在工业废水处理中的应用有着广阔前景，尤其是对油脂类有机大分子污染的水处理。它不但具有稳定的化学性质，而且治污后的再生复用也相对容易。膨胀石墨具有对有机、生物大分子的吸附特性，可用在生物医学材料上。我国已开发了膨胀石墨制作医用敷料代替医用纱布，并取得了发明专利，经动物试验，证明无毒、无副作用，对创面无刺激，有抑菌、消炎作用，可代替50%~80%的纱布。据报道，国外将膨胀石墨夹在高档建筑、客轮的墙壁材料中，起保温、隔音作用，还将膨胀石墨粉碎成微粉，利用其对红外波有很好的散射吸收的特性，用作红外屏蔽（隐身）材料。美、日、德、法等国在膨胀石墨的生产及产业方面居领先地位。

● 柔性石墨

以膨胀石墨为原料，经压制或轧制成型的材料，它克服了天然鳞片石墨硬而脆的缺点，具有新的柔韧性，化学成分与鳞片石墨基本相同，仍保留了天然石墨原有的一些特性。目前，日、美、德、法的柔性石墨产业居领先地位。柔性石墨的气固两相结构使其具有良好的密封性能，是一种优良的密封材料，特别是对传统密封材料石棉的禁用或限用，给柔性石墨提供了发展机会。柔性石墨密封材料发展的另一方向，就是发展低指标的柔性石墨。国外柔性石墨密封材料大部分应用在汽车发动机的缸垫、进排气口垫等密封件，也用于石化、化

工、发电等部门的密封件。国内由于对石棉的限用存在争议，制约了柔性石墨在内燃机密封件上的应用，主要市场仍为化工、石化、发电等工业。目前，国内外有许多柔性石墨的新应用实例，如制成画框式电暖气、用于电磁屏蔽、用作集流板材料、制作高温设备的热屏蔽（保温）元件等。

● 胶体石墨（石墨乳）

一类以超微细鳞片石墨为固体分散相，以水或油、有机溶剂及树脂溶液为介质的固—液相体系材料。目前，胶体石墨主要开发的品种有彩色显像管石墨乳、玻纤石墨乳、锻造石墨乳和拉丝石墨乳等。锻造石墨乳和拉丝石墨乳在我国已基本实现国产化，部分产品还用于出口。

● 其他石墨深加工产品

石墨用于负极材料，在美国、日本已形成产业。碳（石墨）纤维作为高性能增强材料被广泛应用于宇航工业。目前，世界上生产碳纤维的公司主要集中在日本、美国和西欧。日本的碳纤维无论是制造技术还是生产能力都居世界之首。目前仅德、美、俄等国生产浸硅石墨，国内浸硅石墨制品尚属空白。

资料来源：王文利. 石墨深加工技术发展现状及市场分析［J］. 中国建材，2012（2）.

专栏 4-8
加拿大特密高集团（Timcal Graphite & Carbon）

特密高石墨和炭有限公司在碳材料制造领域拥有悠久的传统和历史。它的第一项制造业务开创于 1908 年。今天，特密高机构生产和销售各种各样的合成和天然石墨粉、导电炭黑和石墨乳，并一贯保持优异的质量。特密高公司的目标是通过提供特制的炭材料和相关应用方面的技术支持为客户解决富有挑战性的问题，从而成为全世界公认的该领域的领先者。

特密高石墨和炭有限公司生产各种各样的合成和天然石墨粉、导电炭黑、煅烧石油焦炭、水基石墨乳和碳化硅，这些产品具有一个共同的特性——稳定性。从原材料阶段直到最终产品，它们始终在严格控制的工艺条件下进行生产。

特密高公司致力于生产和销售高度专业化的、环境友好的炭基材料，用于各种各样的工业领域，例如：

便携式能源：主要包括碱性电池、锂锌电池、燃料电池、超级电容器和电池外壳用工业润滑用粉末。

聚合物添加剂：包括导电涂料、导电和导热塑料、导电橡胶、电力电缆、自润滑聚合物、填充聚四氯乙烯、阻燃材料。

润滑剂：用于金属热成型、锻造、除鳞剂。

耐火材料和冶金：包括熔融金属覆盖层、增碳剂和坩埚。

产品品牌名称	TIMREX® 石墨和焦炭	天然石墨粉 人工合成石墨粉 膨胀石墨	可膨胀石墨 焦炭 水基石墨乳
	ENSACO® 导电碳黑	用于聚合物的特种碳黑	
	SUPER P® 导电碳黑	用于电池应用的特种碳黑	
	ROLLIT® 热金属成型	润滑剂和除磷剂	
	TIMROC® 碳化硅	碳化硅	

资料来源：http://www.timcal.com.

三、资源型城市转型

资源型城市是特殊的功能性城市，以资源开采和加工为主的资源产业占据主导地位，资源经济在城市发展中发挥重要作用。资源型城市的最基本特征就是城市经济社会的资源依赖性。在这类城市中，可耗竭资源的开采是城市的主导产业和支柱产业，人口就业主要集中于资源产业。但是自然资源产出不必然带来城市经济的繁荣，因为稳定和繁荣不仅取决于主导产业产出的多寡，还要受到价格、政策等多种其他因素的影响。此外，如果资源产出衰竭或衰落，那么城市经济一定垮台或崩溃。

我国资源型城市已经出现一些突出的问题。首先，城市经济高度依赖资源产业，城市产业结构高度单一造成城市社会就业结构相同，所从事产业趋同，形成就业人员与产业高度依赖的局面。其次，资源型企业负担沉重，很多"因资源而生的城市"随着资源型产业的不断壮大，城市不能提供足够的公共产品来满足资源开采与加工企业的发展需要，因而促使企业自身形成了庞大的自我服务体系。再次，社会结构固化、要素流动困难。资源型城市在发展过程中，资源开采与加工业成为城市经济的主导产业，整个经济社会都与资源的开采和加工发生千丝万缕的联系，形成了以资源开采加工为核心的社会经济结构。最后，社会保障体系落后。城市保障体系社会化改革将国企员工的社会保障推向市场，这导致部分矿区职工在医疗、住房、养老等方面面临严峻问题，成为被社会遗忘的群体。

发达国家和一些国内城市在资源型城市的转型方面已经取得了成效，这些经验值得萝北学习和借鉴。萝北经济社会的健康发展，必须实现资源型城市经济特征的转型，实现三个转变：一是，转变支柱产业的类型，大力发展金融业、现代服务业等第三产业，使支柱产业发展摆脱自然资源的束缚；二是，延伸原有的自然资源产业链条，运用产业深化的办法延缓城市衰退；三是，支柱产业多元化，此战略兼有前两种战略之优势。

专栏 4-9

德国鲁尔区的转型经验

鲁尔区的工业已有近 200 年的历史，鲁尔区从 19 世纪上半叶就开始了大规模的煤矿开采和钢铁生产，逐步发展成为世界上最著名的重工业区之一，也是德国最大的工业区。20 世纪 50~60 年代所爆发的煤业和钢铁危机，使这个一度庞大的工业体遭受了经济发展的巨大打击。面对经济日渐衰退、社会状况逐渐恶化，鲁尔区主动出击，积极研究适合自身特点的转型战略，努力探索转型出路。从 20 世纪 60 年代至今，鲁尔区的转型工作已取得了累累硕果，为其他资源型城市发展接续产业和经济转型树立了学习的榜样。

①成立区域发展领导机构，制定区域发展总体规划。经 1966 年和 1969 年调整的《鲁尔区域整治规划》重点提出了改善核心区域和发展新兴工业，其中包括对交通运输网的扩建性布局、对工业区的重新划归、对人口数量的控制；在产业布局上，新增的服务性部门设立在中心区，对日渐兴起的商业及其他第三产业重点扶持。②积极筹措资金支持区域结构调整。主要形式包括资金援助、降低投资税、低息贷款和就业赠款等。③加强传统支柱产业改造升级。鲁

尔区在经济转型中没有简单地放弃煤和钢两个传统产业，而是通过技术必备改造、工艺产品创新实现煤钢产业升级，使鲁尔区由单一的"煤钢中心"转变成煤钢产业与信息产业、汽车制造业等相结合的经济新区。④依托技术人才优势，吸引新企业进入，实现产业结构多元化。除了第二产业蓬勃发展，鲁尔区也为发展第三产业创造了良好的外部条件，城市完善的服务系统和对城市环境的美化，都为旅游业的发展奠定了基础。⑤科研与实践紧密结合，将科技转为生产力。加强科研界与经济界的联系合作，在重视技术研发的同时，也注重怎样将研发成果与区内生产相结合，实现研发和经济的一体化发展。⑥开发工业传统资源，拓展区域产业新功能。1989年，鲁尔区提出了"IBA计划"，该计划旨在通过对区域传统资源以博览会、旅游区等形式实现重新利用，以此支持区域的再度繁荣。⑦集中整治保护区域环境。州政府成立环境保护机构，颁布环境保护法规，统一规划。同时加强环境硬件设施建设，制定了"绿色空间"计划，实施大面积的植树造林。

经过40余年的改造，鲁尔区已经发生了很大变化，取得了巨大的成就。1989年，联邦德国慕尼黑经济发展研究调查结果表明，在产业区位方面，鲁尔区是欧洲产业区位最佳的地区之一。1990年，美国华盛顿人口危机委员会通过对世界100个特大城市进行研究，结果显示，对综合特大城市的产业和人口密集区的生活质量进行评估，鲁尔区位列第二名。

资料来源：尹牧.资源型城市经济转型问题研究 [D].长春：吉林大学博士论文，2012.

专栏 4-10

法国洛林地区的转型经验

洛林地区位于法国的东北部，是法国最重要的钢铁工业基地，有丰富的铁矿，储量达77亿吨，铁矿品位约为30%，采矿历史长达130多年。洛林铁矿面对世界铁矿石生产的剧烈竞争，虽然在技术改造和提高劳动生产率方面做了极大努力，铁矿年产量也曾经有了很大提高，但20世纪60年代以来，由于廉价进口高品位富矿的冲击，产量不得不逐年下降，使洛林这个老钢铁工业基地的发展呈现萎缩趋势。

为了提高国际竞争力，实现可持续发展，洛林地区实现了工业转型战略。①进行产业结构和产品结构调整，以适应国际市场竞争。主要包括应用高新技术改造传统产业，对钢铁、机械、化工、电厂等行业进行技术改造，使其生产过程实现自动化，产品向高附加值发展；坚决放弃成本高、在市场上没有竞争力的产业和产品，发展新兴产业，计算机、激光、电子、生物制药、核电等新技术产业已占该区经济总量的15%，汽车工业占30%，成为支柱产业。②工业转型与体制转轨紧密结合，用转轨带动转型，以转轨保证转型。如洛林钢铁公司原来是国有企业，在转型过程中转变为股份制企业，国家只保留了9%的股份。③建立企业园圃，扶持下岗职工创办小企业。企业园圃的主要工作任务是帮助公司制订起步计划，帮助新公司成立，并在初期为之提供各种服务。④加强职业技术培训，促进劳动力转岗再就业。根据再就业和产业发展的需要，组成若干不同类型、不同专业、不同所有制、不同层次的培训中心。培训中心根据培训者的文化、技术基础，对要从事的工作和国家将要发展的新产业，进行有针对性的分门别类的培训。⑤把工业转型作为一项复杂的社会系统工程，动员全社会参与。一是宣传工业转型的必然性；二是采取具体措施，切实解决工人转业中遇到的实际困难，处理好工人的转业再就业，使转业工人逐渐认识和体会到眼前利益与长远利益的关系，积极参与和支持工业转型。⑥制定优惠政策，扩大对外开放，使工业转型与国际接轨。为了吸引外资投入，政府在建厂地皮价格、厂房建设、设备购买等方面制定了一系列优惠政策。

通过几十年艰苦努力的调整和转型，洛林地区老工业基地形象已经消亡了。尽管其转型成本巨大，但成效显著，使得原来让人很难睁开眼睛的工业污染地，变成了蓝天绿地、环境优美的工业新区，整个地区由衰退走向了新生，今日的洛林已成为法国吸引外资最主要的地区。

资料来源：刘剑平. 我国资源型城市转型与可持续发展研究 [D]. 长沙：中南大学博士论文，2007.

第四节　萝北石墨产业发展和升级的基本思路与政策建议

石墨是萝北最重要的经济资源，石墨产业也是萝北增长最快、比重最大的支柱产业，萝北经济社会发展必然以石墨产业的发展、壮大和升级为前提。从近20年萝北的发展历史看，石墨产业也确实在推动地方经济与社会发展方面起到了关键的作用，萝北石墨产业本身也从一个传统的、小规模的、低技术含量的挖掘业逐步向现代化的、大规模的、高技术含量的制造业转型。

但是，制约萝北石墨产业发展和升级的外部约束和"瓶颈"长期存在，萝北石墨产业自身发展的问题和短板也始终没有得到突破，这都影响了作为县域经济支柱产业的进一步发展壮大和下一步的转型升级。这些约束和问题主要表现在以下四个方面：首先，石墨深加工产品，特别是高端、高纯度石墨产品的应用范围不断扩大，需求持续旺盛，是国际市场比较短缺的产品。但是，石墨资源本身并不稀缺，虽然萝北在石墨储量上具有显著的优势，但这一优势并不能直接转换为明显的经济利益。其次，技术是萝北石墨产业最薄弱的环节，在本地缺乏人才培养机制和技术研发环境的同时，萝北石墨产业人才引进、技术引进也明显滞后于产业的发展。随着石墨产业被广泛应用于电子信息、航空航天等高新产业领域，对产业技术和工艺的要求越来越高，技术能力薄弱直接制约了萝北石墨产业的转型与升级。再次，在国家不断加强环境和生态保护力度的大势下，萝北石墨产业的发展成本将提高，发展的空间也可能受到限制。一方面，石墨采掘后的尾矿处理、封山育林需要大量的资金投入，这将大幅提高石墨资源开采成本；另一方面，一些存在污染问题的深加工项目（如石墨烯）将面临更加严格的环保评估，有些项目直接被限制开工或禁止开工，这对萝北石墨产业链的完善造成不利影响。最后，世界产业竞争方式正在发生变化，这对萝北石墨产业的发展提出新的挑战。一方面，竞争的参与者由企业与企业间的竞争转变为集群与集群间的竞争，随着产业发展条件和环境的复杂化，单个企业已经很难掌握支撑产业发展的全部资源，形成产业集群将成为企业发展壮大的基本前提。另一方面，竞争的主要形式由某一产品的竞争、某一环节的竞争转变为整个产业链的竞争，产业链已经成为一种区域合作的载体，在上下游紧密相连的企业群体将表现出更加强大的竞争力。

从萝北石墨资源禀赋和石墨产业发展现状出发，结合国内外主要资源型城市发展经验和石墨产业发展趋势，针对当前存在的主要问题和制约，萝北县石墨产业发展和转型升级的基本思路是实现四个"转变"：

第一，以产业链延伸为抓手，实现由资源优势向产业优势的转变。

第二，以技术创新为引领，实现由资源型产业向技术型产业的转变。

第三，坚持环境保护和生态修复，实现由环境破坏型产业向环境友好型产业的转变。

第四，依靠产业集聚和市场建设，实现由资源优势、企业优势、产品优势向集群优势、区域优势的转变。

一、产业链延伸

石墨产业链的构建和完善是萝北石墨产业发展的关键所在，也是产业转型升级的方向和标志。目前，萝北石墨产业主要集中于石墨矿采掘和初加工石墨精粉，更具经济价值的深加工环节还非常缺失，应从调整已有石墨产业结构和引进石墨深加工环节企业两个方面不断完善萝北石墨产业链。

鼓励现有企业发展石墨深加工。制定萝北石墨产业链框架，明确重点突破的产业链环节，作为企业发展和转型升级的指导。通过政策、税收、矿石配给量倾斜等方法，引导现有企业发展石墨深加工产业。组建一支由先进企业技术员、管理者组成的专家队伍，指导中小加工企业的转型升级。聘用国内外石墨方面的技术专家和市场专家定期到萝北开办讲座。在采取奖励措施的同时，限制和逐步淘汰落后石墨加工产能，出台执行对没有上马深加工项目的企业逐年减少矿石供应额度的调控政策，督促企业延长产业链，生产深加工石墨加工产品。

加大招商引资力度，积极引进大项目投资。积极与国内外矿产品加工领域大型企业集团洽谈合作，重点引进对萝北石墨产业链构建和完善、石墨产业转型与升级能够起到带动和引领作用的重大战略投资者，通过这些项目的引入带动产业链上下环节的发展，也带动相关生产性服务业的发展。重点引进规模大、市场占有率高的石墨产品销售企业，不断扩大萝北石墨产品的销量、出口量。积极利用引进企业技术、管理资源，加强本地企业与引进企业间的合作交流，通过引进企

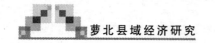

业的人才、管理、技术输出带动萝北石墨产业整体素质的提高。

二、技术创新

技术水平落后是萝北石墨产业转型升级面临的最大障碍，为了突破这一障碍，需要从三个方面优化技术创新环境，促进创新成果的产业化和商业化：一是积极发挥石墨科技创新服务平台的作用；二是鼓励萝北本地自主创新活动；三是加强技术引进和对外技术合作。

发挥省级石墨科技创新服务平台集聚创新资源的作用。利用黑龙江石墨科技创新服务平台建设契机，加大省内石墨科技资源、产业资源和人才资源的聚集。瞄准石墨技术发展前沿和市场变化方向，重点突破酸碱法提纯、细鳞片膨胀和尾矿综合利用等领域短板技术。提高技术集成能力，加快技术成果的产业化和商业化，重点推进"三高"石墨提纯技术成果转化和新产品的开发。

加大对本地创新的支持力度。鼓励和协助本地企业开展技术研发中心建设，缩短与国内外先进企业的技术差距。筹建石墨专业技术学校，针对普通工人开设中短期培训课程，提高一线工人技能水平，为石墨产业发展提供人才保障。充分利用国家实施科技支撑计划的有利契机，鼓励萝北本地企业进入计划范围，组织相关企业积极申报省级高新技术企业和高新技术产品。

加强先进技术合作和引进。巩固、升级与苏州非金属矿工业设计研究院、武汉理工大学、黑龙江科学院等国内知名石墨相关技术研发机构的战略合作关系，通过利润分享、专利共享等机制创新激励这些单位技术人员积极投到萝北石墨产业技术的研究开发活动中。积极与石墨深加工技术方面领先的国家进行学术交流，力争引进国外先进的生产技术和人才，在国内进行转化和推广，推动萝北石墨产业向高科技、高附加值方向发展。

三、产品升级

紧紧围绕"产品的高端和高端的产品"发展方向，促进萝北石墨产品的升级。"产品的高端"指传统优势石墨精粉产品向高纯度化的方向发展；"高端的产品"指加大力度引入石墨烯等新兴的、具有广泛应用前景和良好经济效益的高端石墨产品项目。

通过产品升级巩固传统优势产品。石墨精粉是目前萝北石墨产业的主打产品，2013 年全县共生产石墨精粉 203360 吨，收入近 6.3 亿元，占到全国市场的 33%左右。但是，萝北出产石墨精粉的品质较差，纯度较低，虽然产量较大，但经济效益远远低于日本、韩国等发达国家出产的高纯度精粉。未来，萝北应重点发展高纯度石墨精粉制造业，逐步淘汰低端产品，优化产品结构，实现石墨精粉主导产品纯度提升，不断强化萝北作为全国乃至全球石墨精粉生产基地的地位。

　　加快石墨烯等高端石墨产品布局。石墨烯可被广泛应用于特殊材料、电子信息等新兴产业。未来，石墨烯有可能会成为硅的替代品，制造超微型晶体管，用来生产未来超级计算机，碳元素更高电子迁移率可以使未来的计算机获得更快的速度。为了掌握石墨产业未来发展方向和占领产业高端，萝北应依托石墨资源优势，发挥产业政策的引导作用，积极利用各种优惠政策，吸引石墨烯研发机构和生产企业落户萝北。

专栏 4-11

电子科技"石墨烯时代"来临

　　2004 年，英国曼彻斯特大学两位科学家安德烈·杰姆和克斯特亚·诺沃消洛夫发现他们能用一种非常简单的方法得到越来越薄的石墨薄片。他们从石墨中剥离石墨片，然后将薄片两面粘在一种特殊的胶带上，撕开胶带，就能把石墨片一分为二。不断地进行这样的操作，于是薄片越来越薄，最后，他们得到了仅由一层碳原子构成的薄片，这就是石墨烯。这以后，制备石墨烯新方法层出不穷，石墨烯的应用也越来越广泛，从某种意义上说，石墨烯是从实验室到产业化、商业化用时最短的发明之一。于 2010 年，两位科学家获得诺贝尔物理学奖，石墨烯的产业化研究和商业应用也进入新的阶段。

　　2009 年 11 月，日本东北大学与会津大学通过合作研究发现，石墨烯可产生太赫兹光的电磁波。研究人员在硅衬底制作了石墨烯薄膜，将红外线照射到石墨烯薄膜上，只需很短时间就能放射出太赫兹光。如果今后能够继续改进技术，使光源强度进一步增大，将开发出高性能的激光器。

　　2009 年 12 月 1 日在美国召开的材料科学国际会议上，日本富士通研究所宣布，他们用石墨烯制作出了几千个晶体管。富士通研究所的研究人员将原料气体吹向事先涂有用作催化剂的铁的衬底，在这种衬底上制成大面积石墨烯薄膜。如果改进技术，则有望进一步扩大石墨烯面积，这样能够制作出更多的晶体管和石墨烯集成电路，为生产高档电子产品创造了条件。

2010 年，美国莱斯大学利用该石墨烯量子点，制作单分子传感器。莱斯大学将石墨烯薄片与单层氢键合，形成石墨烷。石墨烷是绝缘体。氢使石墨烯由导体变换成为绝缘体。研究人员移除石墨烯薄片两面的氢原子岛，就形成了被石墨烷绝缘体包围的、微小的导电的石墨烯阱。该导电的石墨烯阱就可作为量子阱。量子点的半导体特性要优于硅体材料器件。这一技术可用来制作化学传感器、太阳能电池、医疗成像装置或是纳米级电路等。

2011 年 4 月 7 日，IBM 向媒体展示了其最快的石墨烯晶体管，该产品每秒能执行 1550 亿个循环操作，比之前的试验用晶体管快 50%。

2012 年 1 月 8 日，江南石墨烯研究院对外发布，全球首款手机用石墨烯电容触摸屏在常州研制成功。该成果经上海科学技术情报研究所和厦门大学查实，显示为国内首创。

2012 年 8 月，诺基亚的研发部门已经着手研究石墨烯光电传感器，并且已经在美国专利和商标局注册了一项专利。

2013 年 3 月，浙江大学高分子系高超教授的课题组制备出了一种超轻气凝胶——它刷新了目前世界上最轻材料的纪录，弹性和吸油能力令人惊喜。

2013 年 4 月 2 日，贵州新碳高科有限责任公司宣布成功研制出中国首个纯石墨烯粉末产品——柔性石墨烯散热薄膜。

2013 年 5 月 18 日，中国首条年产 3 万平方米的石墨烯薄膜生产线在常州正式投产，常州企业率先成功地将石墨烯薄膜应用于手机电容式触摸屏，全球第一款石墨烯触摸屏手机诞生，石墨烯在中国的发展进入大规模产业化和商业应用阶段。

资料来源：根据互联网新闻报告整理。

四、园区建设

石墨产业园是实现萝北石墨产业聚集的载体。为加强石墨产业园在石墨资源集约开发、石墨产业集聚发展、石墨科技集合利用和石墨市场集中开拓中的平台作用，要从硬件、软件建设两个方面优化园区发展环境，不断完善园区的服务功能。

不断完善园区基础设施，实现石墨产业园提档升级。推进园区变电所、大型尾矿库、污水处理厂等各项工程建设，近期完成省级重点石墨产业园区的申报和建设。同时，积极申报国家石墨产业基地、国家外贸出口转型基地和石墨产品交易平台的建设项目，为打造"中国石墨之都"创造条件。

创建更加优良的软环境。围绕发展壮大石墨产业，对投资兴建石墨精深加工项目的企业和客商，实行"三优先"政策，即优先供地、供电、供矿，优先办理审批手续，优先提供贷款担保，促进石墨产业项目尽快落地开工、建成投产，切实推动石墨产业快速发展。

进一步完善园区功能。按照园区总体规划的要求，借鉴东部沿海地区工业园区发展经验，加快服务性设施建设，建立起专业的投融资平台、技术转化平台、检测平台和技术、市场咨询服务平台、生活服务平台等产业公共服务平台，进一步完善服务功能，成为产业集聚的重要载体。

专栏 4-12

苏州高新区提供的公共服务

1. 便民查询服务项目

社保查询、养老金、公积金、导医服务、社会捐助、旅行社、火车时刻、汽车时刻、市内交通、苏州地图、交通违章、天气预报、环境质量、价格查询、水电煤费

2. 便民服务项目

市政公用（供水、供电、供气、电信、移动、联通）

教育类（幼儿园、小学、初中、高中、大专院校）

医疗卫生类（医院、卫生站）

交通出行（住宿、餐饮服务、旅游景点）

3. 企业办事项目

城市规划、物价、医疗、清算注销、证照资质、开办设立、外贸交流、安

全防护、建设管理、教育培训、档案、商务投资、环境保护、工商管理、年检年审

4. 个人办事项目

生儿育女、证照申领、户籍管理、民间组织

5. 绿色通道服务

流动人口、外国人、老幼病残、农民、投资者、港澳台人士

6. 场景式服务项目

户籍办理、养老保险、医疗保险、缴税纳税

五、可持续发展

环境保护和生态平衡是萝北石墨产业健康发展的前提，石墨产业规模的扩大、转型与升级都必须满足环境保护的要求。在国家对资源型产业环保要求越来越高的情况下，萝北也应该充分考虑子孙后代的生活和发展，实现石墨产业的可持续发展。

积极创新资源管理模式。积极发挥现有管理模式的优势，进一步探讨能够更好监控企业环保行为和资源集约使用程度的矿山管理模式。坚持严格的矿山开采管理，确保石墨和其他矿产资源的集约利用。加强地质勘探，进一步查清石墨资源赋存状态，为今后矿山开采提供保障。

推进尾矿的管理和利用开发。一是抓好大型尾矿库建设。逐步淘汰各企业原有小型尾矿库，建成共用大型尾矿库。二是在尾矿资源利用方面下工夫。加强尾矿资源的综合利用，积极培育尾矿资源再制造产业。近期内建成尾矿中碳、金红石、硫铁矿等有用矿物的回收利用项目，加快利用再提取后的尾矿砂做墙体砖、普通陶瓷砖、特种陶瓷和公路基层材料项目的开工。三是结合尾矿资源的开发利用和大型尾矿库建设，提早谋划现有100多公顷尾矿用地在大型尾矿库建成后的再利用，发展静脉产业。同时，要强化环境综合整治，早日建成低碳、节能、环保的现代石墨产业园区。

六、市场建设

从总体上看，萝北石墨产业的市场开拓手段还比较单一，营销方式还比较传统。除南海石墨有限公司等几家规模较大的企业，其他企业几乎没有自己的销售渠道，网上交易平台等现代化的营销方式基本没起到作用。萝北要建设"中国石墨之都"，除了要引领全国石墨产业发展，更重要的是要掌握国内主要石墨客户资源。

以石墨矿资源为依托，借助萝北石墨产业的发展壮大，分三个阶段逐步建立萝北在国内石墨产品交易市场的主导地位。第一阶段，以引进大型石墨销售企业为主，实现萝北石墨产品销售的本地化；第二阶段，培育和完善萝北本地石墨销售体系，逐步提高对国内石墨市场和主要出口市场的控制；第三阶段，借鉴铁矿石交易平台建设经验，以萝北为核心，联合石墨产业相关协会、国内主要石墨产地、主要石墨进出口企业，建设自主独立的石墨交易平台。

专栏 4-13

中国自建铁矿石交易平台

2012 年 1 月 16 日，北京国际矿业权交易所、中国钢铁工业协会和中国五矿化工进出口商会共同发起设立中国铁矿石现货交易平台。平台的启动标志着中国在探索更加公正、透明的铁矿石定价机制方面取得重要突破。

尽管铁矿石价格长期由供求关系决定，但目前，垄断和炒作，特别是人为恶意炒作，对铁矿石价格形成了很大的影响，对铁矿石进口国家和这些国家的钢铁企业造成了实质性损害。中国是全球最大的铁矿石现货市场，现行铁矿石指数定价模式基于中国到岸价为参考标准。中国铁矿石现货交易平台将为中外企业提供更丰富、便捷的交易渠道，减少因人为恶意炒作引发的铁矿石价格大幅波动，推动形成公平、公正、合理、透明的国际铁矿石定价机制，促进铁矿石市场健康、有序、稳定发展。

第五章　商贸流通业

第一节　萝北商贸流通业发展新阶段

商贸流通产业发展对县域经济发展具有重要的推动作用。萝北县具有发展商贸流通的良好基础，同时，萝北县传统商贸流通业发展速度较快，现代商贸流通发展相对滞后。在新型城镇化建设过程中，现代商贸流通业可以促进贸易繁荣、带动本地消费升级，以及减少流通成本，可以极大地促进县域经济的发展。本节主要总结萝北县商贸流通产业发展的现状、特征和优势，分析未来商贸流通业发展面临的困难和挑战，以期正确判断萝北县商贸流通业发展的阶段性特征。

一、萝北商贸流通业发展现状和特征

目前，萝北县商贸流通业发展已经进入新的阶段。2010年以来，萝北县委、县政府确立了"商贸活县"的战略，将商贸流通业作为重点发展的六大产业之一，全县商贸流通业整体发展水平快速提升。商贸流通业是现代服务业的重要组成部分，商贸流通业发展水平不仅是县域经济发展水平的重要标志，也对改造传统工业、转变经济发展方式、培育新的经济增长点和扩大就业具有重要意义。经过多年努力，萝北县积极发挥自身优势，对县域经济贡献率不断提升。从总体来看，萝北县商贸流通业发展具有以下几个方面的特征。

（一）商贸流通业对县域经济贡献率不断提高

随着萝北县经济发展水平的提高，居民收入持续增长，带动地区消费升级，

促进商贸流通业的大发展。商贸流通产业发展能扩大城镇就业、提高居民收入，进一步促进县域经济增长。同时，繁荣发展的商贸流通业可以促进当地消费结构升级，并扩大消费增长的规模。2011 年，萝北县在黑龙江省农民纯收入超过万元的 24 个县市中排名第 9 位，处于中上游水平，如表 5-1 所示。城乡居民收入的稳步增长，消费需求不断扩大，很好地促进县域经济繁荣发展。

表 5-1　2011 年黑龙江省农民人均纯收入超万元县市分布

序　号	县　市	人均纯收入（元）
1	东宁县	14702
2	绥芬河市	14163
3	富锦市	12588
4	虎林市	11776
5	抚远县	11554
6	海林市	11536
7	宁安市	11536
8	漠河县	11652
9	萝北县	11420
10	穆棱市	11398
11	宝清县	11358
12	尚志市	11011
13	依兰县	10965
14	鸡东县	10738
15	嘉荫县	10430
16	阿城区	10348
17	密山市	10199
18	五常市	10195
19	林口县	10154
20	集贤县	10153
21	通河县	10127
22	双城市	10025
23	安达市	10050
24	肇东市	10050

资料来源：《中国县（市）社会经济统计年鉴》（2012）。

近年来，萝北县商贸流通产业不断发展壮大。2012 年，萝北县各类商贸流通企业发展到 5459 户，其中，年销售额 1000 万元以上的 10 户，实现社会消费品零售总额 9.5 亿元，同比增长 15%。2012 年，萝北县第三产业实现税收收入 20439 万元，占总收入的 30%。商贸类固定资产投资三年累计完成 2.4 亿元，实际利用外资三年累计完成 2365 万美元。商贸流通产业发展吸纳了大量的就业人员。商贸流通行业从业人员目前已经达到 16763 人，占城镇应从业人数的 56%，极大地促进县域经济的发展。

（二）初步形成较为完善的商贸流通产业体系

萝北县政府按照"提升城镇市场消费层次，改善农村市场消费环境"的思路，出台政策规划，鼓励商贸流通产业发展。目前，萝北县已经初步形成以综合购物平台、大型配送中心为主要支撑，特色街道、专业市场、物流中心以及各类新型业态竞相发展的产业体系，不断扩大对外贸易规模和水平。

凤翔国际购物广场。近年来，萝北县在凤翔镇改建、扩建、新建了一批商贸流通企业，其中凤翔国际购物广场占地面积 7000 平方米，建筑面积 42000 平方米，投资额为 1.6 亿元，是周边市县中最大的综合购物平台。该项目于 2012 年 4 月底投入使用，到 2012 年底营业额达到 5600 万元。随着居民收入提高、消费升级的需要，如何加快商贸流通领域建设、改善居民消费环境、提升消费层次、扩大消费规模，成为萝北县委、县政府面临的重要问题。为了实现上述目标，凤翔国际购物广场应运而生，一方面，凤翔国际购物广场为居民提供购物休闲的方便；另一方面，高档次的综合购物平台也全面提升萝北县流通业规模、档次和水平，是萝北县建成现代化、舒适优雅的综合购物平台的典型代表。凤翔国际购物广场还填补了萝北县尚没有对俄罗斯建立购物平台的空白。萝北县地处中国对俄罗斯开放的最前沿，具有良好的地理位置。大型综合购物平台对于提高对外合作水平、实现对俄外贸合作战略升级具有重要的意义。根据萝北县"十二五"规划，凤翔大街商业区将于 2015 年形成功能完备、繁荣兴旺的购物、消费、服务中心，成为全县现代商贸流通的中心和标志性区域。

同时，以四星级界江国际大酒店为中心的景观路商业区（新商业区）已经成为萝北县计划建设的集住宅、商服于一体，综合多种商业业态的现代化商业中心。

大型配送中心。萝北县依托国家"万村千乡市场工程"，投资 600 多万元建设嘉盛农资配送中心和大兴商厦日用品配送中心，在全县建成 70 家农资农家店和 60 家日用品农家店，经营触角延伸到了周边农场，形成了较为完整的农资、日用品销售网络，有效地改善了农村和城镇社区市场消费环境。目前，萝北县农资统一配送 14000 吨，配送率在 70% 以上；在日用品配送方面，萝北县联合其他 11 家批发企业与大兴商厦实行信息资源共享，使日用品统一配送率达到了 30%。

特色商业街区。萝北县根据自身特点、合理布局，在现有城市规划的基础上，大力培育特色商业街区，凝聚商业资源，逐步发展成为街道商贸服务中心。目前，畜牧局楼门市、乡企局楼门市农机配件交易已经初具规模，并将逐步规划成为农机配件集中的商业区。育红路和迎宾路已经聚集大量电脑科技产品专卖店，未来将成为电脑科技商业区。依托凤翔广场的有利位置，其周边将建成集歌厅、酒吧、茶楼、烧烤店、迪吧、咖啡馆、足疗按摩等休闲娱乐和旅游于一体的旅游娱乐商业区。此外，萝北还将发展以黎明路东侧农资大市场为中心形成的农资商业区，以及以建材、家居装饰装潢材料为主的家居建材商业区。

仓储物流基地（中心）。按照《物流企业分类与评估指标》（GB/T19680-2005）的有关规定，萝北县"十二五"期间规划建设对俄国际物流中心和工业园区仓储物流中心，积极发展大中型企业和重点乡镇物流节点，形成与仓储物流配套的设施体系，逐步建成立足县内、联结国外、辐射鹤岗周边及省外的现代物流基地。其中，计划将名山国际物流中心建成仓储型 AAA 级、占地面积 6.2 万平方米、交易大厅及商服楼共计 2 万平方米的商贸物流中心，主要经营以对俄产品为主的仓储、配送、加工、贸易业务，配套其他服务。此外，"十二五"期间，萝北县计划建成占地面积 5 万平方米，仓储建筑面积约 2 万平方米的工业园区仓储物流配送中心，积极促进生产性服务业的发展。

各类专业市场。萝北县围绕搞活农产品流通、保障居民生活、改善城镇秩序、促进社会就业，规范发展功能齐备、设施完善的城乡农贸市场，逐步发展完善县城农贸市场、农村乡镇农贸市场等，并计划于 2015 年前消除全县 7 个乡镇（不包括凤翔镇）农贸市场空白，尽快改变有市无场、以街为场等落后状况。按照统筹城乡发展和建设社会主义新农村要求，以完善配套政策、培育实施龙头企业、细化统筹促进措施为基础，坚持农民受益、市场导向、因地制宜、规范发展等原则，以萝北县嘉盛农资有限责任公司、萝北县大兴有限责任公司为龙头，大力实施"万村千乡市场工程"，积极推进萝北县新农村市场建设，加速构建以承办企业为龙头、乡镇店为骨干、村级店为基础、消费品下乡进村和农产品出村进城的新型现代农村流通网络，切实改善农村流通消费环境。"十二五"期间，萝北县计划在现有的基础上，促进农业生产资料批发市场、装饰材料批发市场、农机具配件批发市场、废旧再生物资回收市场以及物流配送市场等提档升级，与社会经济的发展相适应。重点发展培育服装鞋帽、副食品、农产品批发、日用消费品、家居建材、机电、五金、车辆、化建物资、废旧再生物品回收10类重点专业市场。

社区商贸服务网点建设。萝北县以"便民、利民、为民"为出发点，以明确（组建）业主为基础，以完善设施、优化布局、定向招商、配置功能为重点，鼓励连锁经营企业向社区规范扩展经营服务网点，逐步形成设施配套、功能齐备、管理到位的综合服务体系，推进社区商业产业化和社会化。"十二五"期间，萝北县将重点发展5个社区商业服务中心，各重点街道可根据需要参照设立1~2个社区商业服务中心。实现各社区商业服务中心配置便利店、餐饮、美容美发、洗染、维修、家庭服务、中介咨询、书刊音像店及再生资源回收等经营服务网点。

（三）落实商务惠民工程，不断扩大内需

随着居民收入水平不断提高，萝北县不断出台和完善相关政策，鼓励和刺激地区消费增长，使国家政策惠及全县百姓。自萝北县开展家电下乡以来，共销售下乡家电38618台，销售金额8858万元，补贴金额1077万元。家电以旧换新共销售新家电2492台，销售金额861万元，补贴金额79.5万元，回收旧家电2499台，回收金额41355元。争取家电下乡网点建设资金25万元。萝北县还和上海伊索电器合作，把对贫困地区家电产品再补贴活动延伸至萝北县，消费者因此获益60万元。在万村千乡市场工程中，130个农家店平均获扶持资金6000元。不断加大对外贸企业的扶持力度，三年来，为外贸企业争取各类资金735万元（出口退税除外），其中，外贸发展金350万元，进口环节税补贴167万元，中小企业国际市场开拓资金180万元，地产品补贴38万元。

（四）发展口岸经济、对外贸易增长速度不断加快

随着萝北口岸发展壮大，对俄合作不断升级。近年来，萝北县加大招商引资力度，利用外资规模逐年扩大，进出口额度大幅提升，口岸外向型经济对萝北县域经济的推动作用日益增强。截至2012年底，萝北县进出口贸易额达到9208万美元，同比增长20%，占鹤岗市外贸总额的70%以上，成为鹤岗市对外贸易的重要窗口。在贸易总量增长的同时，萝北县对外贸易商品种类已经由石墨等资源产品扩大到农产品、实木家具等多个品种。2012年，萝北口岸首次进口大豆，共1200多吨；首次同俄客商签订地产马铃薯出口合同，共计1000吨。萝北房地产行业也进入哈巴，共开工建设20000平方米建筑。

除了与俄罗斯等国家的合作之外，萝北县还开始积极开发国内外多个市场，并初见成效。2012年，萝北祥鹤木业生产的实木家具已出口到欧洲的多个国家，仅2012年出口额就达600万美元，在黑龙江全省同行业中处于领先地位；北方贸易公司将地产的红小豆、绿豆等杂粮出口到了中国台湾、也门、伊朗等。在国内外市场销售不旺的形势下，通过积极探索国际市场，石墨出口也实现出口额200万美元，同比增长60%。除国际市场以外，萝北也积极开展国内市场，发挥口岸优势。2013年初以来，萝北县通过努力引进了嘉荫、同江客户在萝北口岸进口木材、大豆，到2013年6月底，完成贸易额共3200万美元，同比增长25%。进出口货物6183吨，比2012年同期增长13%。截至2013年6月，萝北口岸进出境人数26577人次，比2012年同期有大幅增长。

萝北口岸的发展也带动了当前跨境旅游的繁荣，开展对俄旅游购物业务，较好地拉动了萝北县商贸、交通、餐饮、服务等第三产业的发展。2012年，通过萝北口岸到萝北县旅游购物的俄罗斯旅客达2万多人次，消费金额多达2000万元以上，萝北县"口岸型"城镇特色已经逐步展现。

二、萝北县商贸流通业发展存在的主要问题

对萝北县商贸流通领域发展现状分析，可以看出萝北商贸流通对县域经济贡献程度在不断提高，较好地促进就业和消费，并且商贸流通业本身也形成较为完善的体系。但是，与国内或者黑龙江省内经济较为发达的县域相比，萝北县商贸流通业依然呈现发展层次较低、结构较为不合理等问题，特别是口岸经济发展滞后，制约了萝北"贸易强县"的发展目标。

第一，商业网点布局疏密不均，存在重复建设情况。从萝北县商贸流通企业布局来看，大型综合购物广场较为集中，但布局散乱、业态简单，仍然以简单的批发、零售、餐饮住宿等为主。与城市中心综合商贸网点集中相比，社区和农村地区商贸流通行业发展较为滞后，商贸服务功能薄弱，农村商业设施滞后的现象

普遍存在。

第二，业态结构不合理，发展不均衡。现有的和计划在建的商业网点大多是普通零售类网点，缺乏明确的经营定位。现代化的商品流通市场、大型专业卖场等骨干市场缺乏，农村、社区中商业服务网点较少，不利于居民生活水平的提高。除传统业态以外，新兴业态发展滞后，零售连锁、品牌店和专业店等发展滞后。同时，现有商业网点的聚合辐射功能明显不足，生产资料市场和仓储物流业发展滞后，不能适应全县经济发展战略和建设社会主义新农村的要求。

第三，商贸流通业整体发展水平不高，基础设施建设不健全。除大型综合购物广场之外，萝北县商贸流通企业大部分为商住不分、空间狭窄、临街卷帘门式的小商铺，多数结构简陋、功能不齐全。大多数中小商贸流通企业经营环境有待改善，商铺周边缺少必要的基础设施，如停车、环卫、排污、仓储等必备配套条件。由于商住界限并不明显，也影响周边住宅环境的改善。与城镇相比，农村乡镇的商业网点建设更为零散、简陋，也没有形成商业中心街区，这一方面制约商贸流通企业对县域经济的贡献，另一方面也不利于启动农村消费、扩大内需。

第四，现代服务业比重较低，服务业对工业和城镇化拉动作用有限。萝北县商贸服务企业发展较为滞后，这与当地工业发展水平不高有直接关系。萝北商贸服务业特点表现为生活性服务业比重大、生产性服务业比重小；传统服务业多、现代服务业少；现有商业流通企业的市场化程度低，国际化程度不高、新兴商贸产业发展速度缓慢，特别是商业新型业态和新型社会服务业发展严重滞后。目前，萝北县商贸服务业仍然停留在数量扩张的阶段，尚未形成质量提升。随着工业化、城镇化的提速，商贸服务业发展滞后，特别是现代服务业发展滞后将严重影响萝北县域经济的进程。

第五，商贸经济发展的制度环境有待进一步完善和加强。除萝北县产业结构特点之外，机制体制原因也成为制约商贸流通企业发展的原因之一。一是规划和管理制度亟待改善，目前全国已有许多大中城市先后颁布社会商业管理、商业网点建设管理等地方性法规和管理办法，但是包括萝北在内的县域在这方面明显落后。管理法规建设落后将导致商贸流通企业布局散乱、技术落后、发展缓慢。二是资金支持尚需加强。目前，萝北县已经实现商品交易市场的管办分离，这些举措在一定程度上调动了各类企业投资经营商业网点的积极性，形成了投资以社会资金为主、经营以个体私营为主的发展格局。但是，在商品交易市场建设中，尚存在政策性投入极少、金融机构贷款支持力度不高、房地产商开发占主导，缺乏骨干商贸企业投资开发和同步培育，商业网点的经营培育受到较大限制。三是促进企业联合的行业协会组织不发达，导致现有商贸流通企业各自为政、组织松散，不利于形成具有核心竞争力的龙头企业。

第六，口岸经济对县域经济提升作用尚需加强。目前，萝北口岸虽然已经稳步建设和开发，但是与口岸地理位置等优势相比，口岸对县域经济拉动作用并没有完全发挥。口岸经济发展滞后主要表现在，除俄罗斯外，口岸对其他国家和地区贸易额度较小，这导致萝北口岸整体对外贸易总体规模较小，贸易总额在全省市县中排名 20 位，与口岸县的地位不相称。此外，萝北口岸在制度创新方面尚待突破，在通关制度、整合口岸资源等多个方面尚需进一步深化改革。此外，萝北外贸企业少而小，缺乏支柱企业；没有形成全县抓外贸、搞外贸的氛围；严重缺乏外贸专业人才等也制约口岸经济的整体发展。

三、萝北商贸流通业发展的机遇和有利条件

当前，萝北县的经济发展已进入新一轮上升期，城镇化、工业化速度加快，积极发展商贸流通业具有多方面的有利条件与优势。

（一）巨大的消费潜力促进商贸流通业发展

长期以来，国家把扩大内需作为拉动经济增长的立足点，出台多项政策以鼓励消费。十七届五中全会提出，要坚持扩大内需战略，建立扩大消费需求的长效机制。扩大内需特别是消费需求，已成为"十二五"期间的一项重大战略任务。为落实国家关于扩大消费的政策，黑龙江省人民政府出台《关于进一步搞活流通扩大消费的意见》，鼓励各地方积极发挥优势，促进消费增长。消费需求增长将成为推动商贸流通领域发展的重要因素。国家商务部《商贸物流发展专项规划》统计，随着我国扩大内需长效机制的确立，以及经济增长向消费、投资、出口协调拉动转变，将进一步释放城乡居民消费潜力，国内市场总体规模将进一步扩大。预计到 2015 年，我国消费品零售总额和生产资料销售总额分别达到 30 万亿元、76 万亿元。商贸物流将迎来一个快速发展的新局面。近年来，萝北居民人均收入增长速度较快，萝北县"十二五"规划统计，2010 年萝北城镇居民人均

可支配收入完成 12422 元，年均增长 17.5%。农村居民人均纯收入完成 9931 元，年均增长 18.5%，[①] 超过 GDP 增长速度。预计到 2015 年，萝北县城镇居民人均可支配收入和农村居民人均纯收入将分别达到 2.5 万元和 2 万元，年均增长均为 15%。居民收入快速增长将极大促进商贸流通业的发展。

（二）国内外经济发展形势为商贸流通业提供良好的外部环境

从国内来看，区域经济加快发展和区域间合作不断加强，新一轮产业结构战略性调整加快推进，区域间产业梯次转移步伐加快，有利于萝北县充分发挥资源比较优势，谋求区域合作、承接发达地区产业转移，推动经济加快发展。此外，黑龙江省"八大经济区、十大工程"发展战略的深入实施，对萝北县建设矿产资源精深加工示范基地、安全优质农副产品精深加工基地，壮大北国风光特色旅游业、对俄经贸产业，发展小兴安岭生态功能区提供了非常有利的政策条件。这些有利因素极大促进萝北县工业化水平，从而带动生产性服务业、现代物流业的大发展。

从国际形势来看，俄罗斯是萝北县对外贸易最重要的合作国。根据《世界贸易组织发展报告（2012）》（简称《报告》）研究，在加入世贸组织后，俄罗斯国内商业环境、市场准入以及相关法律法规明显改善，这将给中俄经贸合作带来新机遇。《报告》认为，俄罗斯"入世"带来的关税降低以及非关税措施的减少等将有利于中国扩大对俄出口、增加对俄直接投资以及劳务输出。长期以来，"灰色清关"严重阻碍了中俄贸易的发展。加入 WTO 以后，俄罗斯必须严格按照国际惯例和市场机制组织经贸活动，简化海关程序，提高货物通关效率。这无疑极大促进萝北县和俄罗斯之间对外贸易的发展。

（三）萝北口岸区位优势等将促进商贸流通业发展

萝北口岸具有得天独厚的区位优势，长年与俄罗斯、日本和韩国贸易，合作潜力巨大。萝北口岸在黑龙江省内边境口岸城市中，公路条件最为良好，且位于黑龙江中下游黄金水道的有利位置，水深流稳，江面开阔，5000 吨级船舶可自由出入名山港。经过萝北县委、县政府长年出台各项优惠改革措施，萝北口岸软硬件建设均有所提高，未来将极大促进现代物流等商贸流通行业发展。

---

① 年均增长是指 2005~2010 年年均增长率。

专栏 5-1

萝北口岸基本情况和优势

萝北口岸是经国务院国函〔1989〕25 号文同意对外开放的国家一类贸易口岸，1993 年 5 月正式开通使用。在全省 25 个已开放口岸中，萝北口岸开放时间不是很早，规模不是很大，但因独特的地理位置和地方政府的高度重视，萝北口岸呈现出强大的发展潜力。

从地理位置来看，萝北口岸拥有五大优势：一是得天独厚的区位优势。萝北口岸与阿穆尔捷特口岸相距约 1000 米，是省内沿黑龙江边境口岸距离最近的一对口岸城镇。哈萝公路通达萝北口岸，全部为高等级路面，在省内各边境口岸中距省城最近，公路条件最好。萝北口岸位于黑龙江中下游黄金水道的有利位置，水深流稳，江面开阔，5000 吨级船舶可自由出入名山港，沿黑龙江出海，经鞑靼海峡可开展对韩、日等国的国际货物运输，是江海联运的最佳起始点。二是全省领先的资源优势。萝北县自然资源丰富，有肥沃的土地、优质的水草、茂密的森林和优良的生态，还有 29 种矿产资源，其中，石墨已探明储量为 6.36 亿吨，为亚洲第一；菱镁、石灰石、硅石、镍、铁、黄金、白云岩等储量也相当丰富。三是中俄经贸合作潜力巨大。萝北县与俄罗斯犹太自治州有着悠久的传统友谊和共同的合作愿望，双方已在林木采伐、矿石开采、土地种植、畜牧养殖、房地产开发等项目方面有着广泛的合作，经济互补性和合作潜力十分巨大。四是边境贸易的政策优势。为了加快外向型经济发展，县委、县政府采取了许多措施，出台优惠政策、减免各项收费，努力构筑洼地效应，使萝北口岸成为全省水运口岸中收费最低、环境最优的边境口岸之一。五是独具特色的人缘优势。鹤岗市与犹太自治州交往密切，政府间建立了定期会谈机制，确立了鹤岗—犹太州—比罗比詹友好州市关系，每年互办旅游节，积极开展形式多样、内容丰富的文化、体育交流，民间往来日趋活跃，为中俄经贸合作持续健康发展奠定了良好的人缘基础。

从地方政府投入来看，20 年来，萝北县始终将口岸作为战略产业常抓不懈，经过不断建设，萝北口岸现基础设施基本齐全，已建成占地面积 2 万多平方米的"一站式"服务、检验检疫、旅客通关、货物集散多功能服务区，旅客联检大楼建筑面积 2200 平方米，4 条旅检通道为中外旅客提供快捷顺畅的通关服务；萝北口岸名山港现有煤炭、木材和轮渡码头三座，吞吐能力 45 万吨，其中煤炭码头每小时可装运原煤 400 吨，是黑龙江沿岸最大的煤炭输出港之一；近 10000 平方米的货场作业区设备先进，可同时进行两艘千吨轮的装卸业务；载货 270 吨、载客 100 人的摆渡船，使明水期公路运输双向延伸实现了常态化；通关环境和基础设施的不断完善，带动了萝北口岸客货运量的大幅提高，已累计进出口货物 145 万吨，出入境人员 45 万人次，实现进出贸易额 3.5 亿美元，曾连续三年被评为"全省文明高效口岸"。新引进总投资 1.24 亿元的浮箱固冰通道项目，通道建成通车后，冬季冰上安全运输期将由现在的 1 个月延长到 5 个月，萝北口岸的通道能力将极大增强，真正成为全天候四季通关口岸。

（四）地方财政实力的增长有助于商贸流通产业发展

"十一五"期间，萝北县地区生产总值累计完成 75.3 亿元，其中，2010 年完成 19.7 亿元，是 2005 年的 2.15 倍，年均增长 16.5%，人均 GDP 实现 2.3 万元。财政收入累计完成 10.6 亿元，其中，2010 年完成 3.4 亿元，是 2005 年的 3 倍，年均增长 24.8%，根据萝北县"十二五"规划，预计到 2015 年，萝北县地区生产总值达到 40 亿元，年均增长 15%。人均 GDP 达到 4.6 万元。固定资产投资达到 40 亿元，年均增长 35%。财政收入达到 7 亿元，年均增长 15.5%。社会消费品零售总额达到 11 亿元，年均增长 15%。在此基础上，力争实现"717"目标，即地区生产总值达到 70 亿元，年均增长 28.9%；财政收入达到 10 亿元，年均增长 24.1%；固定资产投资达到 70 亿元，年均增长 51%。萝北县地区经济增长速度的加快，将非常有助于城市化进程中基础设施、配套措施的建设，这将有助于包括商贸流通业在内的各个产业的发展。

四、萝北县发展商贸流通业的挑战

虽然萝北县经过多年经济建设，已经取得很多重要的成就，但是与黑龙江以及国内其他县市相比，萝北还面临诸多挑战和困难。

（1）萝北县经济基础较为薄弱，工业化程度不高，制约商贸流通业发展。萝北县经济社会发展的基础仍较薄弱，经济总量较小，自我发展能力不足。目前，增长方式粗放，资源深加工利用项目相对较少，产业产品附加值低，转变经济增长方式的压力大。第二产业停留在初级加工业和低附加值产业上，使得萝北现代物流业和生产性服务业比重较低。未来产业结构升级是否顺利，成为关系商贸流通领域发展的重要挑战和困难。表 5-2 为 2011 年黑龙江省各县市第二产业增加值对比。

表 5-2　2011 年黑龙江省各县市第二产业增加值对比

单位：亿元

地　区	第二产业增加值
依兰县	28.65
方正县	11.90
宾　县	71.93
巴彦县	18.12
木兰县	9.69
通河县	9.76
延寿县	11.27
阿城市	74.40
双城市	71.52
尚志市	74.15
五常市	62.14
龙江县	18.64
依安县	18.63
泰来县	11.05
甘南县	13.24
富裕县	20.56
克山县	12.96
克东县	11.30
拜泉县	15.43
讷河市	30.54
鸡东县	39.98
虎林市	10.96
密山市	25.08
萝北县	7.27
绥滨县	1.71
集贤县	47.36

续表

地　区	第二产业增加值
友谊县	3.63
宝清县	42.18
饶河县	1.37
肇州县	72.57
肇源县	61.60
林甸县	27.24
杜尔伯特蒙古族自治县	37.56
嘉荫县	3.23
铁力市	15.31
桦南县	21.11
桦川县	6.07
汤原县	17.19
抚远县	2.88
同江市	6.09
富锦市	28.87
勃利县	32.32
东宁县	32.12
林口县	21.72
绥芬河市	15.39
海林市	67.00
宁安市	45.95
穆棱市	75.37
嫩江县	17.52
逊克县	2.64
孙吴县	1.17
北安市	10.77
五大连池市	4.40
望奎县	12.53
兰西县	6.48
青冈县	12.04
庆安县	13.79
明水县	12.28
绥棱县	7.05
安达市	115.12
肇东市	149.05
海伦市	17.55
呼玛县	2.20
塔河县	3.76
漠河县	10.33

资料来源：中国统计数据应用支持系统。

（2）基础设施建设不健全，缺乏区域竞争力。在发展要素流动更加频繁、区域市场竞争更趋激烈的情况下，与周边县相比，萝北县在基础设施、投资环境建设等方面处于不利地位。萝北县基础设施建设不健全，尚未形成强大的交通网络，这对于发展现代物流业以及生产性服务业较为不利。

（3）本地产业资源和优势并不明显，制约商贸流通业发展。与东宁、绥芬河等口岸经济较为发达的县市相比，萝北县优势产业和资源并不丰富，制约地区竞争力，不利于促进商贸流通发展。萝北本地资源主要是石墨等资源型产品及大米等农产品，构成对外贸易的重要商品。黑龙江其他沿江、沿边口岸资源相对丰富，可贸易商品较多，更加具有竞争力。如东宁口岸，已探明矿产就包括煤炭、石灰石、石英、大理石、黏土、叶腊石、沸石、石墨、铁、锌、黄金、铜等20多种，许多矿种储量大、品位高。东宁县内山多林密，森林覆盖率达87.1%，有红松、赤松、水曲柳、柞桦木等70余种木材，林木蓄积量为3500万立方米，盛产黑木耳、松茸、元蘑、蕨菜、薇菜等名贵山珍食品和黄芪、元术、刺五加、桔梗等200余种中草药，八宝山珍、优质苹果梨、优质大豆、精制免洗米、纯粮酿制的系列白酒等名特优产品享誉国内外。① 丰富的本地资源使得东宁县对外贸易规模不断扩大，对县域经济贡献不断提高。

（4）周边国家经济发展前景不稳定，制约对外贸易发展。俄罗斯及周边国家和地区是萝北县主要的贸易合作对象。虽然在世界贸易组织和上合组织的促进下，中俄贸易正在向着新的阶段发展，但是也应该看到，对俄贸易存在诸多不确定性。一是萝北对俄罗斯贸易的主要产品属于资源加工品和初级产品，这些产品贸易受经济发展阶段、价格和地缘政治影响，容易出现价格剧烈波动和供求结构不稳定；二是中俄贸易在交易成本、制度规范等方面存在诸多需要引起关注的问题，诸如政策不稳定、灰色清关等问题，制约国际贸易发展；三是除俄罗斯以外，萝北其他贸易伙伴国家和地区均处于市场开发阶段，尚不能支撑萝北口岸对县域经济的贡献。

（5）城镇化进程中面临诸多矛盾，商贸流通产业发展面临不确定性。现阶段是萝北推进城镇化、工业化的攻坚阶段，随着城镇化进程，社会经济发展水平将

---

① 东宁概况 [J]. 新农村（黑龙江），2010（4）.

不断提高，居民就业、收入将出现明显改善，但是也应该看到，城镇化进程也可以由于土地问题、补偿问题及社会经济利益再调整等问题，导致社会利益矛盾更趋复杂，各种新旧矛盾交织，统筹协调各方利益的难度和保持社会和谐稳定的压力进一步加大。在这种条件下，萝北各相关产业发展将可能受到影响，从而制约商贸流通领域的大发展。

第二节　商贸流通业发展对县域经济促进作用的理论思考

消费、投资和进出口被誉为经济增长的三大拉动力，而我国长年依靠投资和进出口带动经济增长。2008 年世界金融危机之后，投资和进出口对经济的贡献动力正在减弱，消费成为拉动经济增长的关键力量。促进消费增长已经成为中国各项经济发展战略和政策的着眼点和立足点。

制约消费增长的因素有很多，诸如收入分配制度不完善、社会保障制度不健全等。但从目前中国消费中既存在"卖难"，也存在"买难"来看，商贸流通领域的发展本身也成为制约消费增长的关键因素。从这点来看，发达、完善的商贸流通产业发展是促进消费、提升县域经济发展水平的关键因素。

一、商贸流通业在经济发展中的作用途径

商贸流通对经济贡献作用不断增强。多年以来，中国积极致力于提高第三产业比重，发展现代服务业。虽然与欧美等发达国家相比，中国服务业发展水平不高，但对经济的贡献率正在不断提升。在所有现代服务业中，商贸流通产业是发展水平最高、发展速度最快的行业。2010 年，全年国内生产总值比上年增长8.7%，其中，全年社会消费品零售总额比 2009 年增长 15.5%，批发和零售业销售额增长 15.6%。2012 年，受世界金融危机影响，中国经济增长速度有所回落，但是，消费增长趋势依然明显。2012 年，全年社会消费品零售总额 207167 亿元，比 2011 年增长 14.3%，其中，限额以上企业（单位）消费品零售额 101129亿元，增长 14.6%。按经营单位所在地划分，城镇消费品零售额 179318 亿元，比上年增长 14.3%；乡村消费品零售额 27849 亿元，增长 14.5%。按消费形态分，

餐饮收入 23283 亿元，比上年增长 13.6%；商品零售 183884 亿元，增长 14.4%。

商贸流通行业正在成为"挤压成本"和"扩大利润"的关键。当前市场产品生产环节正在不断地缩小，而运输、销售等过程正在不断地扩大。随着分工的深化和产品流程的延长，产品生产状态占用的时间在整个时间流程中的比重已经平均下降至 10%，其余 90% 处于流通状态。因此，缩短流通时间、加快经济节奏、消灭耽搁迟滞和断档脱销，已成为新时期提高竞争力的最重要战略问题。[①]

二、商贸型县域经济发展模式的特征

张洪力（2006）曾将我国县域经济的发展模式归结为以下四个类型：以服务中心城市为主的城郊服务型县域经济发展模式、以农业产业化为主的专业化基地型县域经济发展模式、以招商引资为主的外向商贸型县域经济发展模式以及以自然资源开发为主的资源型县域经济发展模式，并总结各自的发展特征和趋势。[②]见表 5-3。

表 5-3　中国县域经济发展类型和特点

序号	类型	特点和代表地区
1	城郊服务型县域经济发展模式	以服务中心城市为主 劳动力总体素质高，融资条件好 城镇密集且呈放射状分布 水陆交通条件便利 对城市经济有明显的依附性 如以北京、天津、唐山等城市为中心的京、津、唐县市
2	专业化基地型县域经济发展模式	以农业产业化为主 较好的农业自然资源基础 农业规模化、产业化 骨干农产品加工企业为龙头 农村工业化、农村城市化 如广东佛山、南海、中山等市，河南巩义、偃师、济源等
3	外向商贸型县域经济发展模式	以招商引资为主 县域内便利的经济发展优势及地处沿海、沿江、沿边沿重要交通干线的对外交通运输条件 利用侨民或者境外优势发展工业 利用本地资源发展名、优、珍、奇、特等农副产品 用于重要区位优势和口岸，发展生产、加工、物流、餐饮等多种相关产业

① 宋则，王雪峰. 商贸流通业增进消费的政策研究 [J]. 财贸经济，2010（11）.
② 张洪力. 县域经济发展模式的理性思考 [J]. 中州学刊，2006（4）.

续表

序号	类型	特点和代表地区
4	资源型县域经济发展模式	以自然资源开发为主 对本县域自然资源和区域外市场的依赖性很强 当县域经济发展到一定阶段以后，受资源的约束，县域经济要想继续获得发展，就必须寻找新的发展模式

从中国县域经济发展模式看，外向商贸型县域经济发展的重要特征：一是便利的区位优势，如沿海、沿江、沿边等；二是具有较为完善的对外交通运输网络；三是本地具有较为独特的农副产品资源；四是具有侨民、境外资源等，有助于发展工业；五是具有重要区位优势和条件良好的口岸经济。

具备上述条件仅仅是较好发展商贸型县域经济的基础条件，在具备基本条件的基础上，还需要县市突破资源能源、土地、人才等资源禀赋"瓶颈"，探索创新与现代县域经济发展相适应的机制体制，以及制定经济发展长效机制，保障县域经济可持续健康发展。

萝北口岸虽然区域优势明显，但是交通网络等基础设施建设落后；本地资源不丰富、贸易规模较小；本地产业发展层次较低，现代物流等生产性服务业发展滞后，同时也缺乏有效利用的境外资源，工业发展较为滞后。在这种条件下，如何寻找突破口，积极发挥商贸流通业对县域经济的贡献，需要政策、制度和体制机制创新。

三、不发达县市发展商贸流通产业的制约和突破口

从上述分析可以看出，萝北等经济不发达县市商贸流通产业发展滞后的主要原因集中在经济发展水平较低、交通等基础设施建设不健全、产业发展水平低以及地区资源缺乏等方面。这些发展"瓶颈"将从以下几个方面制约商贸流通业发展：

第一，货源不足、交通不便、物流成本高。经济不发达县市优势资源不足、贸易规模较小、交通不发达，导致物流产业难以正常运营。由于这些因素制约，很多企业不得不采取"绕道而行"等方式贸易，增加物流成本。由于贸易规模较小，难以形成双向物流，进一步制约本地商贸流通企业的发展。

第二，经济发展水平不高，产业结构不合理。由于不发达县市多以第一产业

为主，现代工业发展水平不高，制约商贸流通产业发展。由于现代物流、现代商贸服务等产业高度依附于现代工业和城市化进程的发展，缺乏现代工业的有效支撑，商贸流通业发展水平受到制约；反过来，现代商贸流通产业发展滞后，也进一步制约现代工业、现代农业及城镇化进程的发展，形成恶性循环。

第三，制度缺失，重复建设和低效率发展问题严重。由于机制体制创新不足，目前不发达县市土地政策、资源政策和人口政策严重制约商贸流通等领域发展。不发达县市普遍存在土地、户籍、金融、财政等政策不符合现代县域经济发展趋势。由于各部分协调成本较高、财政收入不足、金融制度创新不够，政府很难建立健全县市交通基础设施网络，制约商贸流通产业发展。此外，由于规划不足等原因，商贸流通大部分存在网店布局不合理、重复建设严重等问题，制约商贸流通行业发展。

为了突破不发达县市商贸流通领域发展"瓶颈"，提高发展水平，包括萝北在内的不发达县市发展商贸流通业的突破口在于打破传统观念，积极推动机制体制创新，建立支柱产业，并积极发展符合本地资源优势的新兴业态。

第三节　国内相关口岸经济发展经验和借鉴

从上文分析可以看出，萝北口岸地理位置较好，发展速度也较快，但是其对县域经济的贡献程度不高，发展水平尚不足。为了进一步提高萝北口岸的发展水平，完善口岸经济的建设，本节主要介绍与萝北口岸经济发展阶段及地理位置等有相似之处的国内县市口岸发展经验，以期为萝北口岸经济发展提供借鉴。

一、国内口岸经济分类、基本特征和典型代表

从表5-4可以看出，国内口岸经济可以大致分为三种类型：

第一，以上海、天津等为代表的沿海口岸的中心城市和经济腹地。这些沿海口岸经济发展水平较高、基础设施健全，具备完善的口岸经济软硬件条件，机制体制灵活，享受国家和地方政府的优惠条件较多，对中心城市的经济带动效应明显。以天津港为例，天津港是中国北方最大的综合性港口，现有水域面积336平

方千米，陆域面积 131 平方千米，拥有各类泊位总数 159 个，其中万吨级以上泊位 102 个。2012 年，天津港完成货物吞吐量 4.77 亿吨，世界排名第 4 位；完成集装箱吞吐量 1230 万标准箱，世界排名第 11 位。作为天津港的主体，天津港（集团）有限公司目前总资产超过 1000 亿元，拥有员工近 4 万人，旗下拥有二级公司 70 余家，包括上海和香港两家上市公司，连续 11 年入选中国 500 强企业，2012 年居第 403 位，在全国港口行业排名第一。[①] 对地区经济贡献程度不断提高，是天津经济乃至北方地区经济发展的重要带动力量。

第二，以郑州、义乌等为代表的内陆口岸的中心城市和经济腹地。这些内陆口岸经济的发展将有助于降低物流成本，促进内陆地区产业结构优化和承接产业转移，增强对外的经济竞争力。以郑州国际空港为例，国务院出台了《国务院关于支持河南省加快建设中原经济区的指导意见》（国发〔2011〕32 号），中原经济区正式上升为国家战略，明确了河南作为"全国工业化、城镇化和农业现代化协调发展示范区"及"重要的现代综合交通枢纽"的战略定位。中原经济区的科学发展任务十分艰巨，需要选择一个战略突破口。研究表明，全方位对外开放是建设中原经济区的活力所在，《中原经济区规划》明确提出发展内陆开放型经济，

表 5-4　国内口岸经济分类、基本特征和典型代表

序号	类型	积极作用	典型口岸
1	沿海口岸的中心城市和经济腹地	口岸的建设和管理有效地促进了港口城市的发展 口岸经济是外向型经济发展的重要保证 口岸经济的发展促进了金融服务的发展完善 沿海口岸具有经济腹地辐射效应和中心城市功能	上海 天津 广州等
2	内陆口岸的中心城市和经济腹地	降低了物流成本，凸显内陆口岸的物流和港口功能 促进了内陆地区外向型经济的发展和经济结构的优化 有利于保证进出口物流、商流、信息流的有效衔接，增强内陆省份对外经济的竞争力 发挥着中心城市和经济腹地功能，具有明显的联动效应	郑州 义乌 无锡等
3	边境口岸的中心城市和经济腹地	边境口岸发挥了对外开放的"窗口"作用，推动了资源的优化配置和产业结构的合理化 边境口岸推动了沿边地区经济的振兴，加快了边民脱贫致富的步伐 边境口岸推动了沿边地区的城市化进程	二连浩特 霍尔果斯 满洲里 绥芬河 瑞丽等

资料来源：李光辉. 发挥口岸作用，促进口岸经济发展〔J〕. 商务部研究院亚非所，2011.

---

① 天津港官方网站，http://www.ptacn.com/about.asp? id=109.

郑州航空港经济综合实验区正是这样一个"战略突破口"。

第三，以霍尔果斯、绥芬河、满洲里等为代表的边境口岸的中心城市和经济腹地。这些沿江、沿边口岸经济的发展主要集中在经济发展水平不高、产业发展层次较低的不发达地区，其目的主要是以口岸经济带动地区经济发展，促进地区脱贫致富。从经济发展阶段、口岸特点来看，萝北口岸属于这种类型的口岸经济，与天津港、郑州国际空港差距较大，不具有可比性。基于此，本节主要介绍绥芬河等东北沿边口岸，以及霍尔果斯、广西龙州县等口岸，以期为萝北口岸发展提供相关政策建议。

二、东北地区各口岸经济发展特点和经验

王晓芳（2008）[①]根据东北地区各个口岸的基础设施、贸易类型和产业结构等特点，将东北地区的口岸分为三大类型，见表5–5。

表5–5　东北地区口岸型县域经济发展模式和经验

序号	类型	特点	典型地区
1	国际交通枢纽型	有铁路、公路与周边国家及国内经济核心区相通 基础设施较为完善，配套功能齐全，长期作为通往欧洲、中亚及东北亚地区的国际贸易中转交通枢纽 县域经济较活跃，以转口贸易发展起来的口岸经济辐射力强，完成了一定的初期原始资本积累，口岸过货量逐年增长 县域经济关联性增强，加工园区蓬勃发展，产业链条逐渐延长，经济发展潜力较大 近年来城市化趋势明显，城镇面积及城市人口呈快速增长态势，服务业较发达，外来人口占县域人口比重逐年增长，剩余劳动力少	满洲里绥芬河等
2	区域市场型	口岸开放历史较短，基础设施不完备，初期多依赖天然通道往来，近年来交通条件得到明显改善 边境小额贸易发展较快，区域经济发展对外依赖性强，市场、原材料多依赖国外，资金、技术等则依赖我国南方各发达省区 县域本身有一定农牧业基础，形成较强的农副产品的生产、加工、出口能力 作为边境县域的发展节点，目前正大力拓宽口岸通道功能，发挥区位与资源优势，积极扩大招商引资，发展外向型企业，使经济保持快速上升态势	珲春市图们市东宁县等

---

① 王晓芳.东北地区县域经济发展的地域类型与演进机理演进［D］.长春：东北师范大学博士论文，2008.

序号	类型	特点	典型地区
3	双边通道型	口岸开放时间短，贸易方式以边民互市贸易为主，第二、第三产业基础薄弱，发展速度缓慢，口岸经济只表现为客货通道 受自然条件、基础设施条件等方面的制约，口岸均为季节性开、关，客货流量少，主要作用是为地方经济发展搭建"外引内联"的平台，提高县域知名度，进而发展特色农业、旅游业等项目以带动当地经济发展 边境贸易作为主导产业的地位不明显，与县域经济关联度弱	逊克、同江、抚远、饶河、萝北

以绥芬河、满洲里等口岸为例，国际交通枢纽型口岸具有较为完善的铁路、公路等网络，基础设施建设较为健全；并且贸易规模较大，贸易与县域经济产业关联度较强，口岸贸易不仅推动地区经济发展，也推动当地城市化、工业化进程。

绥芬河口岸是国际交通枢纽型口岸的典型代表，作为东北地区经济发展速度最快、规模最大，综合性最强的口岸经济，绥芬河既拥有国家一级、黑龙江省委给予的优惠条件和环境，也具有其他口岸不可比拟的自身优势。绥芬河口岸经济发展在制度创新、功能定位及自身基础设施建设等方面的优势值得萝北口岸学习和借鉴。

第一，绥芬河口岸在制度创新方面做出表率。国家和黑龙江省委省政府在绥芬河综合保税区建设方面给予大量优惠政策。1992 年，我国就先后开放包括黑河市、绥芬河市等在内的边境城市，并给予政策优惠。2009 年 4 月，国务院批准设立绥芬河综合保税区。综合保税区建立后，国家和省委先后在海关监管、检验检疫、税收管理、外汇管理、员工出入境管理、市场准入等方面予以政策支持和机制体制创新。在税收政策方面：区内企业进口自用设备、办公用品、生产用原材料、零部件等可以免关税、免进口环节增值税；进入综合保税区的贸易企业，货物在区内储存、展示，转口销售免收关税；区内企业之间进行的货物交易和进行加工生产不征增值税和消费税；区内货物复出口免征关税；国内货物进入综合保税区实行退税；区内企业在生产加工产品时，所耗用的水、电、气也予以退税。在贸易政策方面：境外货物进出综合保税区免许可证和进出口配额管理。在外汇政策方面：区内企业同境外进行货币收入和支出，无须办理进出口外汇核销；外商投资者的利润、股息、红利可汇出境外。区内重点发展国际贸易、现代物流和进出口加工产业三大产业。① 在检验检疫方面，对综合保税区内下列货物免于检验：未经加工的进境复出境应检物；入区时已办理检验检疫手续且符合有关规定的应检物；国内入区后复出区的应检物；区内企业之间销售、转移的应检物；境外进入区内自用办公用品。简化综合保税区中转或转口应检物的检验检疫程序。简化综合保税区中转或转口应检物的检验检疫程序。

专栏 5-2

绥芬河吸引俄罗斯人的主要原因

长期以来，俄罗斯国内的轻工业发展速度远远落后于其居民生活必需品的需求。而质优价廉的中国商品则正好填补俄罗斯经济在这一方面的空缺。在俄罗斯尤其是远东地区，我国的轻工产品和蔬菜、水果等生活必需品一直占据其市场，并形成持久较强的竞争力。经济的互补也是促使两地每年都形成近百万人次进出境的主要原因。俄方进境者的购物、旅游休闲，也对绥芬河市的经济起到良好的促进作用。

此外，绥芬河市对俄罗斯游客具有极高吸引力的另一个因素是全省唯独绥芬河市对面的俄罗斯波格拉尼奇内口岸具有凡俄罗斯游客在中国购物均享有通过此口岸回国时免税 50 公斤自用商品的优惠政策。正是基于这一优惠政策，很多俄罗斯人频繁往返于中俄绥芬河边境，专门从事旅游购物行业，逐渐成为"职业倒爷"（仅 2009 年，俄罗斯"职业倒爷"通过"手拎包"的形式，就从绥芬河将超过 150 亿元的商品带到俄罗斯）。在进出境的俄罗斯游客中，旅游购物商人已占 90%以上，他们携带俄方商品从绥芬河口岸进境，销售给绥芬河专门收取俄方货物的公司，获取资金，然后选择出游度假。通过绥芬河中转到哈尔滨、大连、北京、三亚等地。在从绥芬河进境的俄罗斯游客中，每 5 人就有 1 人选择经牡丹江或哈尔滨乘飞机到国内其他城市旅游。据不完全统计，仅 2009 年，就有超过 15 万俄罗斯游客到国内其他城市旅游，而这其中超过 98%是选择乘飞机出游，由于绥芬河未建有民用机场，所以俄罗斯游客只能就近选

---

① 绥芬河综合保税区官网，http://www.sfhftz.cn/channels/49.html。

择国内其他建有机场的城市进行中转，这在无形中是对旅游质量的打折以及对绥芬河市旅游经济的负面影响。

在休闲度假之后，俄方游客又会返回绥芬河，鉴于两国贸易的悠久历史和绥芬河市良好的购物环境，俄方游客重新购买满 50 公斤（商品价值约 4 万~5 万元人民币）的物品，再从绥芬河市出境，回国之后，高价卖出。往返一次携带物品的两次利润可达 2 万元人民币，其中 1 万元人民币用于在中国旅游度假消费，另 1 万元人民币则用于购物消费。俄罗斯人入境前后过程中的消费、购物、获利互不耽误，为此，长期以来俄罗斯人一直对这种购物游乐此不疲。

资料来源：绥芬河市发展和改革委员会，2010 年 7 月 30 日。

第二，绥芬河口岸具有先天的区位优势，交通网络发达，基础设施健全。绥芬河处于东北亚经济圈的中心地带，绥芬河作为国际贸易口岸已有近百年的历史。自 1903 年中东铁路通车之后，绥芬河就是中国通往日本等海外的重要贸易口岸。黑龙江绥芬河综合保税区内拥有铁路宽轨和标轨两条专用线，北依滨绥铁路，南靠 301 高速公路，距俄远东最大城市海参崴港口和机场仅 230 千米，距俄远东自由经济区纳霍德卡 369 千米，黑龙江省境内物资和产品经绥芬河口岸，可辐射日、韩和中国南方沿海各省及太平洋周边国家。同时，可通过绥芬河口岸经西伯利亚大铁路直达俄罗斯和欧洲腹地。[1]绥芬河口岸具有良好的公路、铁路等交通资源，基础设施健全，经营环境良好，对外贸易水平不断提高。

专栏 5-3

绥芬河市交通网络建设基本情况

绥芬河市是中俄边境重要的口岸城市，辖区面积 460 平方千米，下辖 2 个镇，常住人口 15 万。绥芬河作为国际通商口岸已有百年历史，1903 年中东铁路开通后，俄、美、英、日等多国商人在此经商办厂，时称"国境商都"。1975 年，经国务院批准建市；1988 年，被黑龙江省政府批准为通贸兴边试验

---

① 绥芬河综合保税区官网，http://www.sfhftz.cn/channels/49.html.

区；1992 年，被国务院批准为首批沿边开放城市；1992 年 3 月，经国务院批准，设立国家级绥芬河边境经济合作区；1999 年 6 月，经中俄两国政府外交换文批准设立绥芬河中俄互市贸易区（又称贸易综合体）。

绥芬河处于东北亚经济圈的中心，是我国滨绥铁路和 301 国道的东端起点，西距牡丹江市 156 千米、哈尔滨市 460 千米，东距俄罗斯对应口岸波格拉尼奇内 26 千米、滨海边疆区首府符拉迪沃斯托克（海参崴）230 千米、远东最大的自由经济区纳霍德卡 369 千米。通过绥芬河口岸，经俄罗斯远东港口群，连接日本、韩国、美国等国家和地区，被誉为东北亚和亚太地区的"黄金通道"。绥芬河拥有现代化的铁路口岸、公路口岸，过货量居全国边境陆路口岸的第 3 位，进出口贸易额居全国边境陆路口岸的第 1 位。经过多年的建设和发展，绥芬河初步成为一个以国际区域物流为重点，以铁路运输为主体，以陆海联运为链条的区域性物流中心城市。2012 年 APEC 会议在俄罗斯远东地区的海参崴举办，而俄罗斯也为了扭转与中国接壤远东地区经济和社会发展缓慢的状况，包括海参崴机场在内的远东地区各大机场已纷纷进行全面改建，更新设备和机场跑道，除此以外，远东地区的海参崴跨海大桥、宾馆、旅游等基础设施已开始进行全面的新建和扩建。

资料来源：绥芬河市发展和改革委员会，2010 年 7 月 30 日。

第三，绥芬河口岸具有科学的功能定位。绥芬河综合保税区具有国际中转、国际配送、国际采购、转口贸易、商品展销、进出口加工等功能，是目前中国开放层次最高、政策最优惠、功能最齐全的海关特殊监管区域。目前，绥芬河综合保税区已经打通国际贸易通道，具有货物中转能力。同时，综合保税区中具有行业领先的物流企业，具有良好的配送能力。

第四，绥芬河口岸经济发展与本地县域经济发展关联度高，极大地推动县域经济发展。目前，绥芬河综合保税区进出口主要商品包括能源资源、轻工产品、文化旅游、环保科技等，与俄罗斯、日本和韩国等周边国家经济互补性较强，并且与本地资源优势、产业升级结合较为密切。这既极大地促进了县域经济的发展，也有利于地区产业结构升级和城镇化的推进。

第五，具有良好的贸易环境，注重软件环境建设。由于长期发展，绥芬河综合保税区已经形成经济聚集效应，聚集大批人才、资源和企业在此发展，形成良好的社会效应、经济效益。为了解决经济发展规模不断扩大带来的资源约束，绥芬河综合保税区积极出台人口户籍管理制度改革、企业经济管理制度改革，土地资源利用制度创新，有效地缓解了前进过程中的劳动力、资源、土地约束，进一步促进综合保税区发展。

三、霍尔果斯口岸经济发展现状和经验

与绥芬河口岸有相似之处，霍尔果斯口岸也具有较为悠久的历史，是中国古代丝绸之路的重要驿站。由于其特殊的地理位置，霍尔果斯口岸是新中国成立以来中苏贸易的重要窗口。近年来，随着中国与哈萨克斯坦等国家贸易的繁荣，霍尔果斯口岸发展速度较快，成为带动地区经济发展的重要窗口。

（一）地理位置优势

霍尔果斯口岸位于新疆伊犁河谷口，是国道 312 线（上海—霍尔果斯口岸）的最西端，以及陇海—兰新铁路国际新通道的最西端。距离乌鲁木齐约 660 千米。与其他口岸城市相比，霍尔果斯口岸内陆运输距离较短，有利于物流成本的降低，增加货物集散的能力是其重要的竞争优势。

霍尔果斯口岸主要贸易对象包括哈萨克斯坦的阿拉木图、吉尔吉斯的比什凯克及乌兹别克的塔什干，这些地区是中亚国家和地区中人口密度较大、经济发展速度较快和贸易较为发达的地区。这为霍尔果斯口岸积极开展对外贸易、繁荣本地经济提供良好的基础。

（二）交通网络发达，基础设施健全

霍尔果斯口岸交通分为城市干道和交通网络两部分。从城市干道来看，霍尔果斯口岸已经建成 22 千米城镇街道和环城路，有 90 千米二级公路直通伊宁市。口岸设有环城公交车、大型客运车站，并设有较为完善的停车场。从铁路、高速公路等交通网络来看，中哈"双西"高速公路对接点通过高位推动已达成协议，中哈双方高速公路对接点的坐标已勘测完毕。同时，霍尔果斯口岸铁路线将成为继新亚欧大陆桥中哈阿拉山口铁路线后，中国第二条向西开放的国际铁路通道。新疆精伊霍铁路（精河—伊宁—霍尔果斯口岸）是新疆第一条电气化铁路，东起兰新铁路西段的精河站，西至中哈边境口岸霍尔果斯站，全长 286 千米。"十二

五"期间，霍尔果斯口岸将新建一条青岛路，从新联检厅至连霍高速道路，作为出入境的主要公路，总长1966米；新建一条西环路，从中哈高速公路对接点至合作中心，总长5880米；根据批准霍尔果斯口岸为经济特区，重新规划国际一级客运站，按照长远规划土地面积80~100亩、建筑面积10000平方米，设计日发送能力8000人，主要服务口岸核心区、合作中心，同时大力发展国际客运、开展国际旅游和购物服务，满足境外出行对乘车环境的需求。[1]

（三）本地资源丰富，工业发展速度较快

目前，霍尔果斯口岸从事仓储物流企业13家，物流仓储面积63万平方米，其中，已批准启用海关监管的、有一定规模的三家物流公司：竞天物流（国际客服）占地210.63亩，国际物流占地976.45亩，恒信物流占地240亩。开通了中国伊宁—哈萨克斯坦潘菲洛夫、乌鲁木齐—霍尔果斯—阿拉目图国际客运线路，每日有10余个国际旅客班车经由口岸，高峰时进出口岸旅客达3000余人。2009年，口岸全年通关货物量63万吨，进出境人员55万人次，进出境车辆8.8万辆次。合作中心配套区下方规划保税物流发展用地1.44平方千米，是承载未来铁路和公路物流业发展的重点区域。"十二五"期间，在合作中心配套区下方规划保税物流发展用地1.44平方千米中新建一个物流集散地，规划面积400~500亩，吞吐能力240万~300万吨/年。主要功能包括进出口货物集散、海关监管库、装卸、仓储、分拣、包装、信息配载、零担等服务，实现公铁联运，发展国际运输，提供现代物流服务，满足城市需求。[2]

（四）科学合理的机制体制创新

在口岸经济发展辐射下，霍尔果斯探索建立经济开发区，进一步提升口岸经济发展水平。经过研究和部署，霍尔果斯经济开发区将在税收、土地等多方面进行体制和机制创新。根据《关于支持新疆经济社会发展若干政策和重大项目的意见》，霍尔果斯经济开发区将享受国家级经济技术开发区各项政策。中央财政对霍尔果斯经济开发区建设给予资金补助，重点用于经济开发区的"五通一平"基础设施建设。同时，2011~2020年，对在霍尔果斯特殊经济开发区新办的、属于

---

[1] 霍尔果斯政务网，http://www.xjhegs.gov.cn/plus/view.php? aid=10027.
[2] 同上。

重点鼓励发展产业目录范围内的企业，给予自取得第一笔生产经营收入所纳税年度起企业所得税"两免三减半"优惠，以及其他贴息、税收政策优惠。

四、现有口岸发展经验和进一步完善口岸型县域经济发展的政策思路

从上述分析可以看出，无论是东北地区口岸还是霍尔果斯口岸，其对县域经济贡献率不断提高的主要原因可以归结为自身优势和政策支持两个方面。其中，在自身优势方面，最主要的是交通网络等基础设施硬件建设、地区资源禀赋优势，以及良好的经济发展基础；就政策支持而言，一方面是指国家财政扶植、税收制度改革、通关检验检疫等制度改革，另一方面也指鼓励创新土地流转制度、户籍制度等。

当然，目前国内发达口岸经济也存在诸多的问题，需要进一步深入研究和探讨，作者认为，进一步完善口岸型县域经济发展的政策思路包括如下几个方面：

（一）现有政策的落实和细化

从目前国家对口岸经济发展的政策文件中看，现有支持口岸经济、促进县域经济发展的政策并不在少数，但是如何更好地落实现有政策，是促进口岸型县域经济发展的关键。需要进一步落实的政策主要是指融资政策、土地政策和口岸管理政策等。其中，口岸建设融资政策创新是指在口岸基础设施建设环境方面，应进一步加大国家和地方财政支持力度；在口岸运行阶段，应创新税收制度，完善国家与地方税收增收和分成制度，加强口岸基础设施的完善程度。土地政策创新主要是指根据地区经济发展现状，实现新型土地流转制度，配合土地流转制度改革实施户籍制度改革等其他配套措施。

（二）探索实施新政策

要按照加快口岸经济建设，使之能成为拉动县域经济社会发展的引擎的要求，根据口岸实际情况，研究制定一些新的、能够取得实效的国家支持政策，如国家金融制度创新，建立专项发展基金。在口岸支持开展人民币跨境流通和结算体系建设试点，扩大跨境贸易人民币结算企业试点范围，打造人民币跨境金融产品创新中心等。此外，对于通过制度、检验检疫制度应进一步深入改革，使之适应新型口岸经济发展。

同时，运用产业政策创新，鼓励口岸按照自身资源禀赋来确立主导产业和支柱产业，延长产业链，促进产业升级，使贸易出口与县域经济发展优势相一致，提高口岸贸易对县域经济的贡献度。

（三）完善口岸开发开放的政策体系，充分发挥各项政策的综合效应

为有效推进口岸经济的发展，国家、省市和县市政府应综合运用经济、法律乃至必要的行政手段，加强投资、土地、财政、税收、金融、外资外贸、产业政策的相互协调和衔接，充分发挥各项政策的综合效应。根据实际需要完善口岸开放的政策体系，加大开放政策支持力度，并通过相应的制度、机构安排保障开放政策执行的稳定与连续。

第四节　萝北建设现代商贸流通的基本思路和政策建议

一、积极发展现代物流业产业

依托区位优势和产业特色，坚持"顶层规划、重点突出、扩大开放"的原则，重点发展生产性物流业和商贸物流业，积极发展物流配送、电子商务连锁经营、代理经营、专卖经营等新型业态，努力将萝北县建设成为东北地区大型特色物流基地和重要口岸经济，使现代物流业成为萝北县的新兴重要支柱产业。

（一）大力发展生产性物流产业

积极发展培育现代物流产业。鼓励石墨、建材等支柱生产企业将原材料采购、运输、仓储和产成品加工等业务逐渐从核心生产业务中分离出来，加快建立优质高效的社会化、专业化的生产性物流服务网络体系。积极推广现代物流管理技术，促进企业内部物流社会化。给予相应的政策和资金扶持，健全市场经济发展机制，为企业创造良好的经营环境。积极探索以努力转变政府职能，改革现有的、不合理的行政审批制度，为生产性物流服务与企业生产之间顺畅合作交流的平台创造良好的法制和社会环境，以改善生产性物流服务企业与生产企业之间的共生环境。

（二）努力提升商贸物流业

通过引进国内外龙头企业和战略投资者，有效整合地区商贸物流企业，形成合理网点布局。积极发展物流配送、特许经营、代理制、电子商务等新型业态。重点发展商贸流通市场和专业市场，促进萝北县石墨产业、特色农副产品、建材等产品销售，为地区制造业销售提供平台。

（三）加快基础设施建设，推进现代物流产业发展

加快建设交通运输、站场和仓储等物流基础设施，重点抓好鹤名铁路、名山第二港区、港区内仓库、货运站等建设项目。抓住铁路建设的重大机遇，重新规划布局物流产业，形成铁路物流中心。壮大县内现有物流企业，引进国内知名物流企业在萝北县设立分支机构，开展现代物流业务。力争到2015年，萝北县的商贸物流业能形成网点布局合理、市场体系完善、经营业态先进、竞争规范有序、辐射功能强劲和拉动地方经济快速发展的先导产业，实现商贸物流产业收入达到5亿元。

应充分利用国家和黑龙江省促进县域经济加快发展的优惠措施，全力推进鹤名铁路、名山港港区扩建、国际物流园区等大项目的建设，实现口岸提档升级；充分利用中俄深化战略合作伙伴关系的有利时机，加强两国之间互访与沟通，早日解决阿穆尔捷特口岸基础设施薄弱、配套设施落后等问题，加快浮箱固冰通道俄方手续办理，尽早实现架成通车；以名山旅游名镇建设为契机，重点开展出口商品基地和物流园区建设，完善功能配套，加大对路、水、电等基础设施建设的力度，超前发展信息通信，着力改善外商投资的硬环境。

（四）推进综合性口岸经济发展

萝北口岸良好的区位优势和自然条件是促进萝北县域经济发展的重要手段。口岸经济的发展不仅促进地区产业结构升级、扩大对外贸易，而且口岸经济本身的发展就是庞大的经济增长点。目前，萝北口岸尚没有发挥与自身优势相适应的作用，既有机制体制约束的原因，也有自身建设滞后的原因。进一步发挥萝北口岸的优势既需要机制体制创新，也需要加强口岸自身建设。

规划先行。尽快完善萝北口岸建设的规划工作，争取国家和黑龙江省对萝北口岸经济的支持。规划内容应详尽研究土地政策、基础设施建设、交通网络建设、资金筹措等内容，并从财政、税收、信贷等各个方面建立口岸经济发展的政策体系。同时，建立萝北口岸委与其他部分联合工作机制，负责并及时解决口岸建设过程中的问题。

加大政策支持力度。口岸经济发展需要大量资金支持，需要政府给予补贴。补贴的具体方式应一方面要符合口岸经济发展规律、不增加财政负担；另一方面应鼓励口岸经济自身能逐步实现滚动发展，依靠口岸经济巨大潜力，不断扩大经营规模。例如，应借鉴国内先进口岸、保税区等做法，采取税收减免的办法，并尝试创新金融、财政制度，扶植口岸发展。

提升萝北口岸发展层次。从萝北口岸现有发展状况来看，基本停留在边境开放县市阶段，没有发挥口岸经济应用的积极作用。表 5-6 是我国口岸经济合作的主要形式，从其代表地区和特征来看，积极探索建立边境自由贸易区或综合保税

表 5-6　口岸经济合作的主要形式

序号	主要形式	代表地区或特点
1	沿边城市的开放	1992 年，我国开放了黑龙江省黑河市、绥芬河市，吉林省珲春市，内蒙古自治区满洲里市、二连浩特市，云南省瑞丽市、畹町市、河口市，广西壮族自治区凭祥市和东兴镇，新疆维吾尔自治区宁市、塔城市、博乐市 13 个边境城市
2	边境经济合作区	1992~1993 年，国家批准了珲春、满洲里、黑河、绥芬河、丹东、河口、畹町、凭祥、东兴、瑞丽、伊宁、博乐、塔城、二连浩特 14 个边境经济合作区，总面积约 78 平方千米，并给予了相应的优惠政策
3	边境自由贸易区	姐告边境贸易区
4	边境综合保税区	2008 年 12 月和 2009 年 4 月，国务院分别批准设立广西凭祥综合保税区和绥芬河综合保税区
5	跨境经济合作区	2003 年 6 月，中哈两国元首就建立"合作中心"达成一致。2006 年 3 月，国务院下发了《关于中国一哈萨克斯坦霍尔果斯边境合作中心有关问题的批复》，对合作中心功能定位、相关政策进行了明确批复
6	国家重点开放开发实验区	2010 年 4 月，国务院发布了《关于 2009 年西部大开发进展情况和 2010 年工作安排》，该文件明确于 2010 年将广西东兴、云南瑞丽、新疆喀什、内蒙古满洲里 4 个沿边口岸列为重点开发开放试验区，将能够获得较多的国家政策支持
7	出口加工区	出口加工区是海关监管的特殊封闭区域，其功能仅限于产品外销的加工贸易，区内可设置出口加工企业及其相关仓储、运输企业
8	保税港区	如上海洋山保税港区、天津东疆保税港区、大连大窑湾保税港区、海南洋浦保税港区、宁波梅山保税港区、广西钦州保税港区、厦门海沧保税港区、张家港保税港区、福州保税港区等
9	保税物流园区	在原先批准的保税区或港口范围内，建立一个在保税区和港区之间开辟直接相连的通道，专门用于发展现代物流产业的独立封闭区域

资料来源：李光辉. 发挥口岸作用，促进口岸经济发展 [J]. 商务部研究院亚非所，2011.

区符合萝北口岸未来发展方向。综合保税区是目前国内制度最为完善、优惠政策最多和功能最为齐全的对外开放合作形式。建立自由贸易区或者综合保税区不仅要求口岸县市具有完备的制度和规章，也对基础设施建设、交通网络建设提出重要的要求。

为了能顺利升级口岸经济发展层次，萝北口岸需要在如下方面进行深入改革：

第一，建立完善、高效、科学的口岸行政管理制度。建立各相关政府部门、企业和口岸管理部门之间顺畅的沟通制度，确保各部门及时了解和掌握最新政策和法规，遇有政策调整或运行情况波动，及时协调有关部门给企业以指导和帮助。积极探索在海关监管、检验检疫、税收管理、外汇管理、员工出入境管理、市场准入等方面的制度创新，确保口岸发展的良好外部环境。

第二，加强口岸交通网络等硬件设施建设。对于口岸经济发展而言，基础设施建设不仅仅体现在仓储设施、联检大楼、查验设备等口岸基础设施的建设，更重要的是口岸周边公路、铁路等交通基础设施，以及口岸功能的体现。萝北口岸与绥芬河综合保税区等相比，其硬件设施不健全、口岸功能和定位不明确是制约其发展的重要原因。

第三，优化口岸经济发展的软环境。软环境包括口岸经济人才制度建设；管理水平提高；打击走私、保护企业的能力等方面。萝北口岸应建立口岸经济人才引进、培训和再教育制度，不断提高口岸工作人员的业务水平和能力。为口岸工作人员提供良好的生活、工作环境。建立与口岸企业之间定期沟通制度，保护企业应有的利益，加大打击走私力度等。

第四，积极整合口岸资源，形成较为完善的产业体系。强大的口岸产业体系是提升口岸发展层次的关键。目前，萝北口岸进出口贸易的种类偏少、规模不大，不能发挥口岸"大进大出"的优势特点。积极整合口岸周边企业资源、生产资源和人才资源，形成聚集效应，做大口岸周边产业体系，是发挥口岸经济优势的重要突破口和关键。

二、繁荣商贸服务业

以中心城区商业中心为发展重点，同时以县乡镇商业区为节点，对中心商业圈、城区商业中心、社区商业街及专业特色街进行科学规划，合理定位，初步形成功能明确、分工合理的多层次的网状商业格局，着力发展大型商贸中心，积极延伸商贸服务网点，建设和改造各类专业市场，完善农产品流通体系，鼓励新兴业态发展，力争把萝北地区发展成为满足当地居民消费需求、商务、旅游需求的综合性现代商贸县市。

（一）着力发展大型商贸中心

在凤翔大街等中心地区建立中心商业圈。积极引进国内外知名的商贸企业进驻萝北地区，在合理规划的基础上发展集大型购物中心、餐饮、批发零售、娱乐等于一体的商贸中心区。重点引进国内著名百货专营企业，不断扩大商贸流通规模，发挥综合购物平台对消费的带动和引领作用。

（二）积极延伸商贸服务网点

重点在居民住宅区内加快发展食杂店、便利店、折扣店和中小型超市，满足本地居民生活消费需求。同时完善商业服务功能，增强辐射能力，带动农村商贸流通业发展。积极发展面向农村市场的小城镇商业网点，引导和鼓励城区大店名店、专卖店和有实力的连锁企业到乡镇布点。通过继续实施"万村千乡市场"工程，不断完善农村商业网点建设。

（三）建设和改造各类专业市场

根据交通区位和产业特色，整合现有专业市场，统一规划，合理布局，积极推进区域性、专业化经营的大型批发市场建设。有重点地培育壮大一批具有地方特色和区域影响较大的资源产品、工业品、原材料批发市场和农产品批发市场。围绕工业园区布局，着力发展农特产品商贸大市场、农畜产品商贸大市场、建材产品商贸大市场，为地区制造业销售提供平台。

（四）完善农产品流通体系

尽快改变农产品流通环节多、流通成本高、市场秩序混乱的状况，建立畅顺高效、便捷安全的农产品流通体系。积极鼓励和引导农产品批发市场和农产品加工企业直接向综合超市、食品超市、社区菜市场、便利店配送产品。[1]鼓励有条件的大型超市、食品超市和便利店的经营企业直接从产地采购，与农产品生产基地建立长期的产、供、销联盟。

---

① 王星闽. 我国农村居民消费问题的经济学分析［J］. 探求，2006（1）.

（五）鼓励新兴业态发展

目前，新兴的商贸业态已经在萝北地区有所发展。但是，这些新兴业态还主要集中在中心城区，次中心地区和县、乡镇发展还比较落后。根据地区统一的商贸网点规划，建立县级商业街，通过税收等政策手段，鼓励和引导新兴业态，如大型超市、仓储式会员店、家居建材店、百货店等商贸企业进驻县级商业街。

参考文献

1. 徐凌云. 我国县域商业网点布局存在的问题及对策 [J]. 经济纵横，2005（9）.

2. 蔡伟毅. 商品流通与县域经济发展比较研究 [J]. 经贸纵横，2004（12）.

3. 任侃. 发挥口岸优势积极探索创新推动县域经济不断发展壮大 [N]. 中国县域经济报，2009-12-28.

4. 王晓芳. 东北地区县域经济发展的地域类型与演进机理研究 [D]. 长春：东北师范大学博士论文，2008.

5. 张成立. 省直管后绥芬河经济社会加快发展的几点思考 [J]. 对外经贸，2012（1）.

6. 丛志颖，于天福. 东北东部边境口岸经济发展探析 [J]. 经济地理，2010（12）.

7. 程艳. 商贸流通理论的发展及评述 [J]. 浙江学刊，2007（5）.

8. 石河子大学大学生研究训练计划（SRP）项目 [R]. 新时期霍尔果斯口岸经济发展的调查研究，2011（12）.

第六章　旅游业

第一节　萝北县旅游业发展现状

　　萝北县位于黑龙江省东北部，生态旅游资源十分丰富。萝北县属中温带大陆性季风气候，四季分明，气候宜人，春夏秋冬景色各有特色。2007 年，在首届界江旅游论坛上，萝北县被诸多专家授予"界江之都"的美誉，形成景色独特、风景唯美的"龙江三峡"景观。萝北县整体旅游景观以界江为主体，辽阔水域和广袤森林，以及富有文化底蕴的文明气息，使得界江之都成为生态旅游、文化旅游、低碳旅游的重要选择。除了自身具备丰富的旅游资源以外，萝北县委县政府和旅游局等部门积极采取各项政策措施，科学规划、积极建设，不断完善萝北旅游整体资源的开发，取得了重要的成就。

一、萝北旅游业发展现状和成就

（一）优越的地理位置和自然景观丰富

　　宽阔水域是萝北旅游业发展最重要的自然资源，黑龙江是世界上最长的界江，流经萝北的江段全长 146.5 千米，江流自北向南在萝北折而向东，形成拐点，使萝北成为沿江市县中距省城最近、交通最为便捷的边境县。位于流域内的名山岛是萝北旅游业发展的明珠，名山岛自然景观唯美，岛内原始植物植被保存得非常完好，具有生态旅游的基本特质。名山岛域内湖泊、河流、沼泽等湿地保存完整，是国内为数不多的知名旅游景点。

萝北沿岸工业比重较低，其以农业和旅游业为主要支撑，气候环境保护较好。萝北地区森林资源极为丰富，树木种类材质较好，这提升了旅游业整体水平。近年来，萝北县兴建和完善的千年"母树林"旅游观光项目受到广大游客的广泛好评，充分发挥了萝北县生态旅游的基本特点。

（二）界江旅游品牌成熟，构成具有地方特色的旅游产业体系

近年来，萝北县委县政府投资 13 亿元，围绕打造界江旅游品牌，重点开发建设了太平沟、名山和嘟噜河湿地三大景区，打造了界江游水陆循环线路。

第一，太平沟风景区。萝北县在太平沟风景区开发了龙江三峡、兴龙峡谷及具有清金古风的黄金古镇。

龙江三峡位于黑龙江中段穿越小兴安岭的峡谷区域，全长 80 千米，沿黑龙江自上而下依次为"龙门峡"、"金龙峡"、"金满峡"。龙江三峡各有特色：两岸高山耸壁，气势雄伟，从岸上看，是一条滚滚流淌的大江；在船上看，则是一段段蜿蜒曲折的峡谷；从高处看，又形成被小兴安岭群山分割的若干个湖；从空中看，则变成一条腾飞的巨龙。

兴龙峡谷位于小兴安岭余脉、黑龙江西岸，全长 5 千米，涧深林密，植被丰富，是富含负氧离子的天然氧吧，有山泉形成的溪流、瀑布，较好地保持了原生态，谷内建有贯通整个峡谷的林间栈道、石阶、浮桥，有供游人观光休憩的亭台轩榭，有清澈见底的人工湖、妙趣横生的野生动物养殖场，有山野产品销售点，有参与性极强、惊险刺激的多种拓展项目。

黄金古镇以清晚期太平沟采金历史为背景，深入挖掘历史文化及特色旅游资源，展示了太平沟从 18 世纪中叶到 20 世纪末，前后近 250 年的采金发展历程。景区占地面积 25 万平方米，建筑面积 1.2 万平方米，建设了黄金古镇度假村、九龙文化广场、淘金游乐场三个部分。具备特色历史文化展示、旅游观光、餐饮住宿、休闲娱乐、淘金体验、文化演出、影视拍摄等多项功能。

第二，名山风景区。在名山风景区，开发了名山岛、名山沿江公园和与旅游相配套的迦南星城犹太风情旅游服务区。

名山岛分为空中游乐园、江上天然浴场和黑龙江流域博物馆三大功能区，建设了 7 座密林深处的树上人家及 700 米长的空中栈道，开辟了江上游泳区、儿童戏水区，并建设了相应的配套设施，打造了全国唯一，也是最大的、最具综合性和权威性、全面反映黑龙江流域历史文化的标志性展馆——黑龙江流域博物馆，在全省博物馆建设史上树立了一座新的里程碑。

名山沿江公园始建于 2006 年，全长 1800 米，由中华园、俄罗斯园和犹太园三大主题公园组成。公园内建有反映三大民族历史文化特色的中华龙喷泉、中国结、图腾柱、中俄世代友好广场、俄罗斯名人雕塑、套娃门、犹太蜡台和冥思墙等经典文化小品。

迦南星城犹太风情旅游服务区，是名山于 2009 年被省委、省政府确定为全省重点旅游名镇之后，以"一江、一岛、一山、两区"为依托，全新规划建设的现代化旅游服务区，规划面积 150 公顷，建筑面积 48 万平方米，已完成沿江旅游接待区和大卫广场核心区的建设，整体服务区洋溢着浓郁的犹太风情，体现了宜居、宜游和多文化交融的地域特色。

专栏 6-1

黑龙江流域博物馆

黑龙江流域博物馆是我国唯一一家全方位展示黑龙江流域自然、历史和民俗文化的综合性博物馆，拥有地处中俄界江的地理优势，汇集了中、俄、犹三大古老文明，成为黑龙江流域权威的"自然百科全书"和历史文化长廊。

黑龙江流域博物馆具有较丰富的馆藏资源，现有各类藏品 5000 余件（套），其中历史文物、艺术品 2000 余件（套），自然标本 2000 件（套），民族文物 1000 件（套）。一级文物 11 件（套），二级文物 30 件（套），三级文物 130 件（套）。馆藏珍贵历史文物主要包括：辽金医疗器械，东胡鲜卑鎏金祭祀牌，辽金时期子弹头式铁镞、兴东道铁牌，新石器时代石镞、刮削器，辽金时期鎏金牌等均为国家一级文物；辽琉璃刻字砖、各式龙纹瓦当，唐代黑水靺鞨人祭祀用的骨族、陶器，金代陶质冥钱等大部分为二级、三级文物。

自然标本藏品主要包括：黑龙江流域嘉荫龙骨山出土的距今 6500 万年白垩纪晚期平头鸭嘴龙和距今 2 万年第四纪哺乳类披毛犀、猛犸象、原始牛等古生物化石，以及各种植物、动物（昆虫、鸟类、鱼类、哺乳类）、矿产藏品。

黑龙江流域博物馆坐落于黑龙江中游国家 AAAA 级旅游风景区名山岛上，地处中俄界江。馆区占地面积 18330 平方米，建筑面积 6399 平方米，由自然馆、历史馆和民俗馆三部分组成。黑龙江流域博物馆于2007年开始创意筹划，经多方努力，于2008年3月20日正式动工，当年主体工程全部竣工，于7月26日自然馆对外开放。从建设到对外开放，仅用126天，创造了黑龙江省博物馆建设史上的奇迹。2009年，完成了历史馆、民俗馆主体内外装饰及布展工程，并对自然馆进行整改。2009年8月1日，整个展馆全部竣工并对外开放。

黑龙江流域博物馆的项目建设，得到了县委、县政府的高度重视，从人员、资金、物力等多方面给予了巨大的投入和支持，使该馆在短时期内初具规模，并得到了省、市相关部门的认可和批准，也得到了社会各界的大力支持。从2009年开馆起，参观的游人络绎不绝，2009年当年达到5.6万余人次，2010年增加到10.05万人次，接待人数逐年增加，截至2012年10月末，接待游客10.56万人次，较好地发挥了博物馆宣传教育作用，成为萝北县打造界江之都、提高旅游文化品位、提升萝北形象的基石，成为萝北的一张名片。

近三年来，黑龙江流域博物馆在收藏、展示、研究、宣教、服务方面取得了长足的进步。馆内设施不断完善，管理水平不断提高，博物馆工作展现了良好的局面。2010年，完成了对历史馆的整改工作及展厅内软、硬件设施的完善与加强工作，在市、县两级领导的关注和支持下，2010年、2011年连续两年参与举办了"黑龙江流域文明鹤岗论坛"，邀请了国内外数名史学界著名专家王禹浪、魏国忠、赵阿平及多名日本专家学者到会，参与研讨，使黑龙江流域文明史的研究取得了许多新的成果。在2010年的国家级学术会议上，黑龙江流域博物馆的研究成果《辽金时期医疗器械研究》获得了广泛的赞誉。2011年，博物馆在国家级专业刊物刊载论文两篇——《黑水靺鞨地域范围与黑水府治所初探》和《黑龙江中南地区发现的古山城与三江平原地区发现的古城之间的对比研究》；2012年，又相继发表了《橐离历史与文化研究》、《探索历史足迹——访著名历史学者魏国忠》等论文，不断扩大了黑龙江流域博物馆的影响力。

资料来源：辛思斯.龙江流域文明的展示地——黑龙江流域博物馆[J].黑龙江史志，2013.

第三，嘟噜河湿地。嘟噜河湿地是松花江支流嘟噜河流域和梧桐河流域形成的沼泽区，湿地面积近200平方千米，是中国北方三大水禽栖息地之一和候鸟迁徙坐标区，是丹顶鹤、白鹳、黑天鹅、白天鹅的故乡，百余种水禽在这里繁衍生息，是我国北方生态观鸟绝好去处。按照功能划分，嘟噜河湿地自然保护区被划分成核心区、缓冲区、实验区三大功能区域。近年来，萝北县委、县政府在嘟噜河湿地保护过程中进行重要的机制创新和探索，见表6-1。

表6-1 嘟噜河湿地保护政策汇总

序号	政策	具体措施
1	行政管理创新	2003年，萝北县成立了湿地管理办公室 2008年，将原湿地管理办公室升格为湿地管理局，充实了人员
2	生态保护政策	每年的春季，萝北县都会利用"世界湿地日"，组织大型的湿地保护宣传活动，逐村逐屯进行宣传，印发一些小册子和宣传资料，送到农户手中 坚持先保护后利用，开发与可持续发展相结合 聘请湿地、旅游设计专家，为嘟噜河湿地旅游制定了总体规划，同时设计开发湿地生态游、水鸟风情游、观鹤游等 建设管理站、建设疫源疫病监测站、建设湿地生态监测站 2010年投入1285万元，进行湿地保护与恢复项目
3	法律法规等制定	《嘟噜河湿地保护区管理办法》 《嘟噜河湿地自然保护区自然资源开发利用管理条例》 《嘟噜河湿地自然保护区自然资源保护条例》等
4	基础设施建设	截水工程 引水工程 修建野生鱼类系列养殖中心

资料来源：祝阅武，贺英.多举措托起湿地保护的希望——走进黑龙江萝北县嘟噜河湿地自然保护区[J].经济，2010（1，2）.

（三）浓郁文化气息，为打造文化旅游品牌提供基础

萝北悠久的历史为旅游业的发展平添了古老的神韵，交错纵横的江河、峰峦叠嶂的群山孕育了具有东北特色的古老文明，错落分布的女真人遗址彰显了萝北深厚的文化底蕴。同时，萝北也是"中、俄、犹"三大文明交相辉映之地，三大古老民族隔岸而居，相互融合，形成世界上独一无二的地理文化现象。

第一，土著文化。黑龙江流域文化与黄河文化、长江文化一样，也是中国古代文明的重要组成部分。黑龙江土著文化包括两个部分，一部分是以多民族融合，以及清代以来"流人"为黑龙江当地教育、文化形成等带来的重要影响；另一部分是指东北地区气候环境、文化环境等独特性带来的居住、饮食、建筑等社会经济文明的独特特征。萝北地区的土著民族主要包括满族、鄂伦春族和赫哲族。在中国古代，由于处于高寒地区、自然条件艰苦，萝北地区居民与少数民族

在顽强奋斗、战胜自然的过程中，形成了自强、奋斗、不屈不挠、勇敢前行的顽强个性和独特的文化气息。

第二，采金文化。萝北县西北部的兴东镇和太平沟镇是清代观嘟金潮所在地，相传此地开采的黄金全部作为慈禧太后和清宫廷宫女的胭脂水粉钱，因此被称为"胭脂沟"。由此也产生萝北县知名的"采金文化"。萝北采金是中国历史上唯一能与美国西部淘金热相提并论的文化。

目前，萝北采金文化旅游开发已经初具规模，形成以太平沟古镇、慈禧太后行宫、太平沟镇城门、胭脂湖小水库、胭脂沟漂流河、黄金开采展览馆等为代表的旅游景点。但是，尚没有从更高层面将采金文化与萝北地区发展乃至"中国梦"相结合。这是萝北旅游业未来发展的重要优势之一。

第三，文化融合。由于特殊的地理位置优势，萝北文化与犹太文化、俄罗斯文化有着诸多的融合和交流。为深度开发萝北与俄罗斯、犹太文化交融的旅游资源，萝北县委、县政府通过开展"中国·萝北中俄犹国际戏水狂欢节"等活动吸引国内外游客，近距离感受俄罗斯、犹太文化的精髓。狂欢节包括民族歌舞晚会、彩车方阵游行、滑翔伞表演、万人游江、万人签名声援奥运、水上模特表演、中小学生公益活动、迎奥运妇女健身风采展示大赛、拓展项目表演等丰富多彩的活动，不仅扩大萝北旅游在国内外的声誉，也成为中俄文化交流的重要平台。

第四，现代文明。至今，萝北县委、县政府依然将精神文明建设作为工作重点。通过启动"城乡环境综合整治年"活动，开展"道德规范进万家"主题活动、创先争优活动、健康的群众文化活动、区域共建联建及农村信息网络平台等活动，不断完善和宣传现代文明理念，促进萝北地区城市和农村精神文明建设。深入发挥历史上"垦荒文化"对地区经济建设的积极影响，不断用精神文明力量促进县域经济的建设。

（四）旅游配套设施建设及相关工作开展情况

第一，旅游服务设施建设方面。结合景区景点建设及旅游线路的开通，建设了具有三星级水准的太平沟旅游接待中心和10余个农村家庭特色餐饮旅馆与之配套，改造了1艘黑龙江水系最为豪华的游轮——"长城号"，购置了6艘豪华快艇，投资120万元和两辆豪华旅游大巴，建设了界江国际大酒店，采用现代化手段设计装修，网络、多媒体等设施齐全，适用于接待大型旅游团队、召开大型商务会议。

第二，旅游文化资源挖掘与开发方面。集中力量对县域内的土著、掘金、抗联、垦荒、知青和界江"六大文化"进行了抢救性挖掘，建成了中俄旅游文化交流中心、全省县级一流的中心体育场、现代化及高标准的体育馆，改造了全省领先的中心影剧院大舞台，使旅游文化产业迅速提升。

第三，旅游资源与品牌的宣传推介方面。连续举办了两届"中国·萝北中俄犹国际戏水狂欢节"、三届界江旅游节、四届界江滚冰节，开展中俄犹音乐诗会、国际界江高层论坛、"黑龙江之旅"首航、百名旅行商走进萝北踩线考察、"中俄界江自驾游萝北首发式"活动、"中俄旅游年暨2012鹤岗萝北全国徒步露营大会"等特色活动，推出了数字电影《画框里的薇拉》，电影的主题曲和会歌《相约萝北》以及会旗、会徽已经在周边地区家喻户晓，被社会广为认同和流传。同时，借助国家和省市各大媒体的力量，不断扩大对萝北旅游的宣传，"界江之都"品牌的知名度越来越高。

第四，旅游产业的规划方面。聘请北京京师旅游策划公司对萝北的旅游资源进行了高起点、高标准规划，编制了萝北县旅游发展总体规划和控制性详细规划，按照旅游城镇建设的要求，制定了名山旅游名镇和黄金古镇建设规划，从而做精俄犹风情，做大黑龙江流域文明，做强"界江之都"品牌，做活旅游产业，逐步将名山镇打造成独一无二的犹太风情小镇，将太平沟打造成极具清金古风的高端特色景区。

第五，旅游产品开发方面。成立了旅游文化产品开发公司，开发了"天赐龙兴石"、俄犹纪念品、根雕木艺、石墨雕塑和山野产品五大系列，与景区建设和线路打造等共同构建"吃住行游购娱"产业链条，带动第三产业共同发展。

第六，旅游资源整合方面。成立萝北县旅游发展管理委员会，统一协调管理各景区管理处和旅游实体。加强名山、太平沟、湿地三个景区管理处的人员配备，明确工作职能，分别整合辖区内所有旅游资源，统一管理景区内的项目建设、旅游服务和环境卫生、社会治安等社会事务。探索实行景区通票制，开通景区班车，按照旅游要素的配置，实现景区管理、线路运行的科学化和规范化。

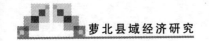

二、萝北县旅游业发展存在的问题和不足

虽然萝北地区拥有较为丰富的自然气候环境和旅游资源，并且经过县委、县政府的政策支持，旅游业发展已经初具规模，但是，应该看到，萝北旅游业发展尚存在诸多不足，需要引起关注。

(一) 交通网络建设不健全，旅游线路不畅通

萝北各个旅游景点与周边火车、飞机等交通枢纽并不能形成有效的连接，是制约萝北旅游业发展最重要的原因。目前，萝北地区运输结构尚不合理，运输方式较为单一。目前，萝北县对外交通联络只有公路运输，铁路和水运都还处于规划之中，没有形成综合运输体系，无法提供多方位的交通服务。从公路交通网络建设来看，萝北县境内的国省干线公路以二级公路为主，没有一级以上高等级公路，技术等级相对偏低，通行能力落后于交通需求，公路的技术等级和路面宽度急需改善。

萝北农村地区的公路建设技术标准低，等级均为三级、四级标准，路面狭窄，通行质量不高，行车的安全性与舒适性都较差。同时，萝北农村公路通达深度有待提高。"十一五"期间，通行政村硬化率虽然达到97%，但是自然村和专业路的硬化率低，部分与周边农场连接的断头路没有打通，尚未形成网化。对于发展旅游业而言，交通网络建设不健全将制约景点扩大市场消费群体的规模。由于交通不便，加之旅游中介服务不健全，萝北很多知名景点的市场知晓率较低，严重制约旅游业对县域经济的提升作用。

(二) 旅游景区配套设施不健全

与东北地区其他旅游名镇等相比较，萝北地区旅游景点配套设施建设明显落后。景区内尚没有形成餐饮、住宿、购物、休闲等为一体的综合旅游景区。有的景区甚至连卫生间等基本配套措施建设都不健全。萝北各大景区内都缺乏与旅游业直接相关的产业发展，诸如旅游纪念品开发、文化旅游概念的开发等尚没有体现。这也制约景点对游客的吸引力。

(三) 景区差别化特征不明显，没能充分利用旅游资源

萝北景区依然以自然风光开发为主，对于上述萝北特有文化概念和内涵的开发尚不完全。由于萝北地区发展中的重化工业比重较低，地区生态环境保护较

好，符合低碳旅游产品开发的基本条件。但是，目前萝北旅游业开发尚没有真正体现生态旅游、低碳旅游的含义，而只是停留在观光旅游的层面，对当地旅游资源的利用并不充分。

（四）土地、资金等资源约束较为明显

与其他旅游型县域经济发展模式相类似，萝北旅游区受国家和政府土地利用政策影响较为明显，正在建设或即将开工建设的项目用地紧张、扩张空间不大。很多项目由于受土地利用政策影响，只能处于前期准备和策划阶段，尚不能开工建设。这也影响了萝北地区旅游业整体开发的进度。此外，萝北旅游业发展受资金约束的特征明显。据统计，从名镇规划和开工项目进展来看，资金缺口大，投融资渠道不多。名山镇经过多方努力，至今还有 1.27 亿元资金缺口难以解决。①资金约束对萝北县旅游业发展的制约明显，阻碍旅游产业向纵深发展，也妨碍旅游业发展层次的提升。

第二节　旅游转型背景下县域旅游业发展的理论基础

从萝北地区旅游业发展的基本特征来看，其具备边境游的基本特征。从萝北旅游业发展现状来看，其面临的主要问题除了自身的资源约束之外，也面临着产业结构升级、城镇化以及发展方式转型等外部环境变化的影响。本节借助对边境游研究文献的基本观点，从县域经济发展与旅游业关系的角度，分析萝北县等以旅游业为支撑的县域经济发展需要关注的几个方面的问题：

一、边境游自身发展规律对县域旅游业发展的影响

与其他县域旅游业发展相比，萝北地区发展旅游业具有自身的特点，其中之一就是萝北旅游业属于边境游。边境游除了具备一般旅游行业发展的基本特征之外，还具有诸多自身的特点、属性及发展规律。随着国家旅游行业不断发展壮大，对边境游的认识也处于不断提升、不断发展的阶段。我国较早讨论边境游概

---

① 程少丽等. 萝北县旅游名镇建设研究报告 [J]. 边疆经济与文化, 2013 (5).

念的法律法规文件是《国家旅游局关于扩大边境旅游促进边疆繁荣的意见》(以下简称《意见》),《意见》中并没有明确地对边境游进行界定和分析,只是就边境游对边境地区经济发展的促进作用予以论述。一般而言,我国边境地区,特别是东北部边境和西南边境,大部分边境县市属于贫困县市、少数民族县市。在这些地区,边境旅游业的发展不仅可以充分发挥当地自然资源优势,也会避免在技术落后条件下发展重工业所导致的环境污染、低水平发展的问题。

之后,由于旅游业在国民经济发展中的作用日益明显,各类旅游的基本概念、特点和发展趋势引起学术界和理论界广泛讨论。在《边境旅游暂行管理办法》中,我国政府对"边境旅游"的定义是经批准的旅行社组织和接待我国及毗邻国家的公民,集体从指定的边境口岸出入境,在双方政府商定的区域和期限内进行的旅游活动。旅游领域知名学者张广瑞曾指出:边境旅游是人们通过边境口岸所进行的跨越国境的旅游活动。[①]《中国边境旅游必备》将"边境游"定义为在我国边境地区的市、县,经中央政府批准,与相邻国家的边境地区之间开展的本方居民有组织地前往对方旅游的业务。在学术著作《国际旅游发展导论》一书中,"边境旅游"的定义为相邻国家之间相互开放水陆边境口岸,按照一定的协议和约定,允许相邻国家的居民相互出入边境所进行的旅游活动。在《试谈边境旅游及其作用》中,姚素英对"边境旅游"的定义为相邻两国或地区的居民,在双方接壤的对外开放的城市或地区相互进行短程旅行游览的行为,它是国内旅游的延伸,是国际旅游的重要组成部分。

从各类学术著作对"边境旅游"概念描述演变来看,值得引起关注的有如下几个方面:一是边境游管理已经由政府审批逐渐转向双边协议和约定,再过渡到加大开放力度。从这个特点来看,边境游已经难以进入地方政府或者相关部门的行政管理体系,而逐渐需要发挥市场、中介服务机构及协会等组织的作用,其管理难度不断加大。随着国家对外开放战略的不断推进,边境游管理难度将不断加大。二是边境游的范围不断扩大,已经由指定范围、边境地区扩大到相关周边城市和地区,边境游的外部性将不断被放大,其带来的影响也不断扩大。三是边境游已经由双边互惠开放逐渐转变为地区经济发展支柱产业,边境游的重要性和对

① 中国社会科学院的重点课题《中国边境旅游研究》。

边境县市的经济意义大于政治和社会意义。

从这个角度来看，边境不发达县市发展边境游的前景和空间是巨大的，但是难度和潜在的风险越来越大。不发达县市在发展边境游的过程中，既要注意政治、外交等方面的新变化、新趋势，也要关注边境游自身发展规律的变化。

二、县域经济发展阶段对发展旅游业的影响

打造旅游名镇或者知名景点是县市发展边境游的主要手段，既减少资金投入，又能快速打响知名度，尽快实现经济效益。与周庄等国内知名旅游名镇相比，经济欠发达县市存在几个问题，制约旅游名镇等对当地旅游业和县域经济发展的贡献率：

（一）旅游景点和旅游名镇与县市存在分离和割裂，镇景不合一

与周庄、丽江等地相比，旅游业景点与周边城市较为分离。一般而言，着重打造旅游知名景点的县市，对自身城市建设并没有投入足够的精力。县市内知名旅游景点大部分是依靠自然景观、历史文化等因素建成，城市现代文化底蕴不足，景点与周边地区雷同。由于城市建设时间短、经济发展基础落后、城镇化进程不足等原因，县市城市对游客尚没有形成足够的吸引力，游客只是为了到达旅游景点而"过境"。这样就使得旅游业对其他产业，诸如餐饮、住宿等商贸服务业的带动能力不强，制约旅游业发展对县域经济的贡献。

（二）重视旅游景点景色开发，对周边配套服务措施建设不足

《黑龙江省重点旅游名镇示范导则及评定方法》（下简称《方法》）对黑龙江省内各重点旅游名镇、镇景合一的景区、发展旅游的农（林）场和村建设提出明确、细致和科学的规划指导意见。其中，《方法》中提到旅游名镇是指自然景观、人文景观比较集中，旅游资源较为丰富，基础设施较为完善，旅游服务功能较为齐全，景区及周边环境整洁优美，地域、文化、历史、民族特色较为突出，旅游品牌较为鲜明，集散和辐射作用较为明显，旅游经济效益、社会效益和生态环境效益较为明显的旅游名镇。

从指导意见不难看出，旅游名镇不仅要关注自然景观，也应关注人文景观；不仅要关注旅游资源，也应关注基础设施等服务功能；既关注景区及周边地区环境建设，也要突出景区鲜明特色；既要关注经济目标，也应关注社会、生态等综

合目标。《方法》对景区基础设施等服务措施给出了非常具体的管理规定。但是，从目前县市旅游名镇发展过程来看，其并没有完全被落实。这在一定程度上制约旅游名镇的发展。

（三）过度关注旅游概念的发展，对实际内容关注不够

从目前来看，很多县市旅游业的发展都提出"低碳游"、"生态游"及"文化游"等，但是对概念实质内容的关注不够，并不能真正理解低碳、生态和文化的概念。低碳等概念不仅仅体现在旅游景区环境等方面，还体现在旅游整体过程中衣食住行等各个方面。但是，大部分低碳游等只是沦为概念，流于表面。甚至在某些提出"文化游"的景区，不仅没有通过学术途径发掘文化内涵，甚至打着文化的旗号开发景区消费等，导致旅游景点名声受损，景区发展不可持续。

三、对旅游型县域经济发展层次的判断标准

Bruce Prideaux（2005）从不同的方面分析影响出境游的因素，其研究结论为出境游发展提供较好的思路。本节借助这篇文献，提出影响出境游的不同因素，在这个基础上，将县域旅游业发展进行分类，并提供评价的具体标准。见表6-2。

表6-2　出境旅游影响因素分析

责任主体	影响因素
中央政府和相关部门责任	外交关系的状态 政府的旅游政策 交通政策 货币限制 政府管制 政府供应的物品和服务 汇率等经济政策等
地方政府和相关部门责任	旅游地消费水平 旅行基础设施 旅行地吸引力（差异化） 交通便利程度 当地公共健康 当地治安水平 双边旅游障碍等
旅行地企业、社会责任	当地友好环境 当地媒体宣传 促销和营销 当地中介服务效率等

续表

责任主体	影响因素
旅行者个人	对旅行的偏好 受教育背景和工作 收入等
不确定性因素	恐怖主义和政治风险 国际关系的状态 气候变化等

资料来源：根据 Bruce Prideaux（2005）加工整理。

对表 6-2 的分析可以看出，如何提高地区旅游业，尤其是边境游的吸引力，取决于五个方面。其中，中央政府和相关部门的责任很难只是针对某个地区旅游业发展提出政策调整，更加类似于外生变量；旅行者个人偏好及不确定因素也类似于外生变量。从地区旅游业发展过程来看，地方政府和地方企业及相关部门的责任是提升地区旅游业发展水平的关键点。能够提供良好基础设施建设和便利交通水平，具有保障地区公共健康、卫生水平和维护地方治安的应急和应变能力，以及规划建设有差异化的旅游特色，努力消除双边旅游障碍，维护合理地区消费水平；同时能较好利用本地媒体、企业和行业协会等，积极营造和谐、健康的旅游环境，是县域经济发展现代旅游业必须实现的目标。

第三节　国内典型县市旅游业发展的特点和经验

通过对萝北县旅游业发展现状、特点和不足等进行分析，可以看出萝北旅游业属于县域旅游业的发展，并且具备边疆游的特点。针对这些特点，本节通过分析县市旅游业、边疆旅游等发展典范地区，总结其发展特点和借鉴意义，从而为萝北深化旅游业发展、提升县域经济发展层次提供政策建议。

一、北京延庆打造"县景合一"的旅游新概念

近年来，北京市打造"沟域经济"发展，以旅游等第三产业带动周边县区经济发展，在推进城镇化进程中，提高经济发展速度和建设水平。所谓"沟域经济"，是指以山区沟域为地理空间，以沟域范围内的自然景观、历史文化传统和

产业资源为基础，通过对沟域内部的环境资源、景观、产业等元素的统一整合，集成旅游观光、生态涵养、历史文化、高新技术、文化创意、科普教育等内容，建成形式多样、产业融合、规模适度、特色鲜明的沟域产业经济带，以达到促进山区经济发展和农民致富的一种经济形态。[①] 在沟域经济发展战略的带动下，北京各区县开始探索符合当地资源特色的发展道路。例如，怀柔区打造雁栖镇的"雁栖不夜谷"和渤海镇的"夜渤海"，并建设 4 个新的生态农业公园；密云县以渔文化为主题发展环水库生态旅游等。本节重点介绍以打造"县景合一"的国际旅游休闲名区的延庆旅游业发展，并提炼其可借鉴的政策建议。

延庆位于北京的西北部，是八达岭长城所在地，拥有丰富的自然资源、生态资源、人文资源和旅游资源，是北京著名的旅游地。据统计，2012 年，延庆接待游客达到 1746 万人次，实现旅游收入 47 亿元，三次产业比重达到 13:25:62，旅游业占第三产业的 60%，已成为全县的主导产业。国家旅游局、北京市政府和延庆区政府高度重视旅游业发展对地区经济的促进作用，积极推进国际旅游休闲名区的建设。2011 年 8 月，北京将延庆确定为北京市旅游综合改革试点，提出延庆要以提升旅游休闲服务能力为重点、以建设"县景合一"的国际旅游休闲名区为主要内容，全面开展旅游综合改革试点工作，加快绿色北京示范区建设。2012 年 11 月 6 日，国家旅游局批复北京为全国旅游综合改革试点城市，延庆成为全国首个旅游综合改革示范县。

专栏 6-2

"十一五"延庆旅游业发展成就和"十二五"发展目标

"十一五"时期，延庆旅游产业规模不断壮大，旅游产品和接待服务体系日趋完善，旅游业占第三产业的比重达 60%，已成为县域经济的主导产业，并从单纯的产业功能向经济、社会和文化等多重功能转变。目前，延庆有 30 余处景区景点（A 级旅游景区 18 家）、96 家宾馆饭店（星级饭店 18 家）、14 家旅行社、48 个民俗村（市级民俗村 23 个），旅游直接从业人员 2.5 万人。"十一五"期间，延庆累计实现旅游收入 77.48 亿元，年均递增 9.5%，旅游收入在北

---

① 吴春霞等. 北京沟域经济背景下山区生态旅游市场开发研究 [J]. 中国农学通报，2010 (4).

京市生态涵养发展区中5个重点区县居首位。

"十一五"时期，延庆县切实推动八达岭等重点景区升级改造，稳步推进水关长城等景区景点升级创建，新增A级景区11家，八达岭长城成功晋升为首批5A级景区，八达岭水关长城和千家店百里山水画廊成功晋级4A级景区。目前，延庆拥有1个5A级、3个4A级、7个3A级、2个2A级、5个1A级景区。

"十一五"时期，延庆坚持"一沟（村）一品"的特色发展道路，积极培育山水人家、采摘篱园、休闲农庄、乡村酒店等新型业态，创新开发旅游纪念品、工业产品、地方农产品三类旅游商品，不断完善商品分销系统，全面升级乡村旅游，重点打造妫河生态走廊、东部山区沟域休闲观光产业带特色民俗旅游村，形成了由观光、休闲、度假、文化、节庆等旅游产品组成的内涵丰富的乡村旅游产品体系，产品品质不断提升。

"十一五"时期，延庆通过节庆、会展、广告、媒体、网络、社区等多种营销方式开拓市场，旅游市场规模不断扩大，旅游接待人数居生态涵养发展区5个重点区县首位。2010年，接待游客1480万人次，比2005年增长55%。国内客源市场正在从环渤海经济圈向长江三角洲经济圈和珠江三角洲经济圈扩展。

"十一五"时期，延庆积极推进旅游培训工作，坚持"请进来、走出去"的方式，采用集中授课、分类指导、开展技能比赛等多种形式，累计培训旅游从业人员2万余人次。同时，坚持"疏堵结合、打防并举"，全面加大重点景区及周边环境的规范管理力度，压减旅游投诉工作成效显著，旅游安全监管进一步加强，旅游环境、市场秩序良好。

"十一五"时期，延庆旅游业发展呈现四大特征：一是积极培育节庆活动品牌，极大丰富旅游产品内容；二是始终坚持"一沟（村）一品"发展道路，乡村旅游得到迅猛发展；三是有效探索内涵式发展道路，在提升传统观光旅游的基础上，大力开发生态旅游和旅游休闲；四是努力提升旅游公共服务水平，完善旅游标识系统，精心营造生态景观，切实推动旅游基础设施升级，旅游整体形象得到较大提升。

具体到"十二五"期间发展目标，延庆计划到2015年，旅游产业实现接待游人 1900 万人次（年均增长 5%），其中国际游客达到 176 万人次，占游客总量的 9.2%；实现旅游收入 33.5 亿元（年均增长 12%）；人均旅游消费 176 元。继续对现有景区进行升级改造；现有和新建景区全部到达 A 级标准；新建 3 个符合 5A 级景区标准的景区（龙庆峡风景区、百里山水画廊、野鸭湖湿地公园）、4 个符合 4A 级景区标准的景区（莲花山森林公园、松山国家森林公园、八达岭森林公园、八达岭野生动物世界）。星级饭店总量达到 30 家，其中符合五星级标准的 4 家（辉煌国际度假区、圣世苑温泉大酒店、新建 2 家）、符合四星级标准的 5 家（金隅八达岭温泉度假村、华风温泉大城堡、快乐假日大酒店、中银酒店、新建 1 家）。全面升级乡村旅游；新增全国特色景观旅游名镇 2 个（千家店、张山营）；建设 8~10 个特色旅游村（柳沟——特色餐饮、三司——"乡下有我一分田"、岔道——古城文化、石佛寺——国际驿站、香屯——生态乡村、玉皇庙——书画驿站、曹官营——千亩花海、长寿岭——山水人家）。到 2011 年底，成功创建"全国旅游标准化示范县"。打造全国自行车骑游第一大县。累计培训旅游从业人员 3 万人次。

资料来源：《延庆县"十二五"旅游业发展规划》。

总结延庆"县景合一"的国际旅游休闲名区建设经验，可以看出，区县发展旅游业首先应规划先行，重视个性化定位，整体推进。

第一，延庆旅游业发展具有明显的政府主导性。无论是国家旅游局、北京市政府还是延庆政府，都高度重视延庆旅游名区建设中的规划、设计、资源整合、基础设施建设、延伸旅游产业链，以及公共服务体系建设和融资等方面的工作。在不发达县市发展旅游业，由政府主导的好处在于规划先行，避免简单重复建设，有利于保护自然资源，发展可持续旅游。

第二，重视对旅游资源的整合，形成涵盖区县产业特点的空间布局。延庆国际旅游休闲名区在建设过程中始终与当地产业特色相结合，整合优势资源，充分发挥旅游业对地区产业结构升级、提升经济发展层次的促进作用。延庆优势产业包括现代农业、文化创意产业、高端旅游产业等，在开发旅游产业和线路时，延庆将旅游产业带与地区产业特色紧密结合，形成"以旅游促进产业、以产业带动旅游"为特点的空间布局，极大地发挥产业对县区经济的促进作用。表 6-3 为

"十二五"期间延庆旅游产业带的规划内容。

表 6-3 "十二五"期间延庆旅游产业带的规划内容

旅游产业带	计划开发内容
八达岭长城文化旅游集聚带	"品·长城"为主题定位，开发长城观光和长城文化体验等旅游产品 建设以"长城文化论坛"为主体标志性项目的会议会展、商务休闲、高端娱乐设施，打造集文化、休闲、会展、餐饮娱乐于一体的，占地约 12 平方千米的国际休闲度假区 建设融创作、演出、培训、娱乐等多功能于一体的探戈坞音乐谷等
北山休闲度假产业带	以"乐·时尚"为主题定位，以会议、休闲、度假、观光为主要功能，开发会议休闲度假产品，形成"两轴三区"（山后高端休闲产业轴、山前旅游产业服务轴、龙庆峡山水观光区、玉渡山生态体验区、海坨山—松山养生探险区）的旅游格局 重点打造集水上休闲、户外探险、观光旅游、科普教育于一体的山后高端休闲产业轴 整合现有的采摘、高尔夫、温泉、酒庄等资源，开发文化体验、自行车体验、温泉养生等休闲产品，重点打造集食、宿、娱、购等功能于一体的旅游产业服务轴
环妫河生态休闲产业带	以旅游娱乐、商务会议、旅游购物、民俗体验、生态休闲、马文化体验和健身体验等为主要功能，深入挖掘和创意展现独具魅力的妫水风情 主要建设万亩滨河森林公园，并利用其宽广的湖面及周边大尺度的生态景观，建设高档酒店、文化娱乐等休闲设施，以及旅游纪念品营销场所，打造国际会议、国际总部集聚区 西草原、马球俱乐部应依托马文化产业建设文化创意或休闲度假项目，并引进文艺演出、体育赛事等旅游活动
东部山区沟域经济休闲观光产业带	以"享·野趣"为主题定位，打造百里山水画廊（三期）、世界地质公园、莲花山大景区、"四季花海"等项目 开发生态休闲、自然观光、森林氧吧、红色旅游、度假体验、户外运动旅游产品，重点进行生态环境建设，发展沟域经济和乡村旅游

第三，明确的发展战略和高端定位。延庆地处绿色北京示范区和生态涵养发展区，根据绿色、生态发展定位，延庆切实落实"低碳"发展理念，建设低碳经济、低碳建筑、低碳交通、低碳生活、低碳环境、低碳社会"六位一体"的低碳旅游休闲目的地，高水平建设绿色北京示范区。同时，延庆以国际标准规划区域旅游行业发展，定位高端，培育高端群体，重点发展会所、休闲、高尔夫等高端旅游项目，并配合国际旅游公共服务标准，有助于发展差异化旅游名区。

第四，重视旅游产业链延伸和区域合作。延庆积极与周边地区、大型旅游企业、政府部门、学校和社区等合作，不断扩展会议、养生、休闲项目。同时发挥地区旅游资源优势，发展绿色、生态、休闲类投资项目、大型会展、赛事活动，

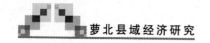

提升延庆旅游业的发展品质。

第五，完善交通网络建设、积极发展旅游服务。与北京市区等相比，延庆交通网络建设并不健全，为了弥补这一劣势，延庆积极发展旅游交通服务。根据"十二五"旅游业发展规划，延庆规划新开永宁至昌平、石峡至昌平、水关至居庸关的快速通道，减轻对京藏高速的单纯依赖；将S2线改为市内通勤线路，充分调动S2线的运能，彻底改善延庆对外交通拥堵的现状。同时，打通张山营镇进入玉渡山景区、香营乡进入白河堡水库的公路隧道。延伸城区至龙庆峡、古崖居、百里山水画廊、莲花山等主要景区的公交线路，开通景区之间的公交线路；与北京旅游集散中心合作，开通直达延庆各景区的旅游专线车；成立延庆县旅游巴士公司，主要担负集散中心至各景区游客的输送任务。

二、瑞丽旅游业发展——边境旅游的经验和借鉴

近年来，边境游成为中国旅游行业发展的重要内容。随着中国国际化程度的提高，出入境旅客数量不断攀升。在中国，很多边境城市属于不发达地区，经济发展水平较低，居民收入水平不高。对于经济不发达县市而言，边境游的发展是促进地区经济增长的关键手段和方式。

专栏 6-3

中国入境游发展现状和趋势

入境旅游同改革开放一起成长。我国入境旅游接待人数从 1978 年的 181 万人次，增长到 2011 年的 1.35 亿人次，增长近 75 倍，年平均增长率 28.3%。我国入境旅游外汇收入从 1978 年的 2.6 亿美元，增长到 2011 年的 485 亿美元，增长 186 倍，年平均增长率 28.9%。我国接待过夜旅游者人次数和入境旅游外汇收入的世界排名分别从 1980 年的第 18 位和第 34 位上升至 2010 年的第 3 位和第 5 位。

中国已成为世界主要旅游目的地。我国已成为日本、韩国国民出境旅游的首选目的地，也是俄罗斯国民出境旅游的第三大目的地；我国接待美国游客数量占美国赴亚太地区游客总数的 20%左右；我国接待德国游客数量占德国赴亚太地区游客总数的 20%左右；我国接待英国游客数量占英国赴亚太地区和美洲

地区游客总数的 10%左右；我国是法国在亚洲的第一大旅游目的地。

2011 年，入境旅游实现平稳增长。2011 年，接待入境游客 13542.36 万人次，比上一年增加 1.24%，市场总体保持平稳增长态势；2011 年，接待入境外国游客 2711.21 万人次，比上一年增加 3.77%，市场较活跃；2011 年，接待港澳台入境游客 10831.15 万人次，比上一年增加 0.63%，市场总体稳定。2011 年，入境旅游实现外汇收入 484.64 亿美元，比上一年增长 5.78%，外汇收入持续增加。

入境旅游的客源结构状况维持惯常特征。港澳台客源市场继续占据绝对优势地位，外国客源市场份额略有上升；主要入境客源国构成基本稳定，近程市场占据显著优势。

入境旅游发展的地域差异十分显著。2011 年，入境旅游客流高度集中于东部地区，入境旅游外汇收入的东西差异十分显著，相对而言，入境外国游客的分布格局较有选择性。

入境旅游市场供给与需求的失衡。供给的硬件主导和需求的软件主导之间失衡，供给的重心东倾与需求的期待西移之间失衡，供给的雷同开发与需求的多样化成长之间失衡，资源依托型的单一化产品开发模式难以满足入境游客的多元化旅游需求。

国家层面的旅游营销继续发挥主导作用。"旅游主题年"工作已成为统筹全国旅游形象宣传的"抓手"，旅游形象口号和标识设计与推广提振了国家整体宣传力度，"中国旅游日"的确立对加强境外认知具有标志性意义，国际旅游交易会改革使其功能得到深入发掘。地方旅游营销的主动性和积极性正日益提升。

2012 年，入境旅游发展趋势与预测。2012 年，入境旅游的规模将持续扩大，但不确定性也将增强；入境旅游发展的国际竞争加剧，分流将更加明显。2012 年，入境旅游有望达 1.37 亿人次，入境旅游外汇收入有望达到 510 亿美元。

2012 年，我国入境旅游发展建议。加大投入，制定系统科学的入境旅游发展战略和促销计划；推进签证、免税、航权等优惠政策的制定和实施；推广面向"销售渠道"的入境旅游宣传促销新模式；优化和改进接待条件，对入境旅游市场的关注从"数量增长"转向"品质提升"；切实推动国际合作；更好地调动地方政府和企业的积极性。

资料来源：《中国入境旅游发展年度报告》（2012）。

瑞丽市位于云南省西部，是古代南方丝绸之路的重要通道，属沿边开放城市，总面积 1024 平方千米，人口 10.8 万人，辖 7 乡 4 个开发区。瑞丽旅游业的发展是边境旅游发展带动地区经济增长的典型案例。瑞丽是中国通往东南亚、南亚的门户。独特的地理位置、丰富的旅游资源及不断完善的基础设施建设使得瑞丽边境旅游发展具有得天独厚的优势。

第一，瑞丽特有的区位优势，以及不断完善的交通网络建设，极大地促进了边境游的发展。瑞丽其西北、西南、东南三面与缅甸相连，是云南省边境线上界碑和渡口最密集的地段。瑞丽与缅甸国家级口岸木姐仅有 4.5 千米距离，并且由瑞丽姐告出境与缅甸的"史迪威"公路相连，距八莫水陆码头 138 千米，瑞丽距缅甸首都仰光也仅 981 千米。由于特殊的区位优势，瑞丽在中国具有地缘战略优势，是中国破解"马六甲困局"、实施南向印度洋战略的重要门户。瑞丽拥有 2 个国家级口岸、2 个经国家批准的经济合作区，是西南沿边对外开放的国际商贸旅游城市。国境线长 169.8 千米，有界碑（附碑）65 座，有大小渡口和通道 36 个，是云南边境界碑最密集和渡口通道最多的地段。

近年来，瑞丽不断完善交通等基础设施建设。按照瑞丽城市规划，到 2016 年，瑞丽口岸的贸易额将达到 300 亿~600 亿元，5~8 年内，达到 800 亿~1000 亿元。为了进一步发挥边境城市优势，瑞丽市委市政府将继续改善交通不畅和堵塞的问题，筹资修建龙瑞高速公路，以缓解从芒市（德宏州府所在地）到瑞丽的 320 国道的塞车问题。同时，大理到瑞丽的铁路（大瑞铁路）也已经解决此前发现的地质问题，准备启动；从瑞丽到陇川的高速公路，云南省政府已通过研讨，将于近日动工。

第二，瑞丽注重对旅游资源的整合，积极开发自然游、人文游和历史文化游。按照《中国旅游资源普查规范》，旅游资源分为 2 个总类、6 个大类、74 个基本类型。其中，仅瑞丽拥有的旅游资源就有 2 个总类、6 个大类的 45 个基本旅游资源，占全部旅游资源基本类型的 60%。因为是少数民族聚集之地，瑞丽有很多民族气息和特色的旅游项目。表 6-4 为瑞丽旅游项目类型。

表 6-4 瑞丽旅游项目类型和典型代表

资源类型	典型代表
自然旅游资源	贺永山、雷宫山、德布洞、孔雀泉 扎朵温泉生态旅游资源自然保护区 南碗河自然保护区 莫里热带雨林公园 畹町生态园 瑞丽江风光 扎朵瀑布及热带雨林、万亩胶林、姐东峡榕树群、芒令"独树成林"、大等喊傣寨风光、勐秀景颇山寨等
人文旅游资源	口传文学、民间文艺（音乐、舞蹈等）、传统工艺（纺织、雕刻等）等非物质文化遗产极其丰富 南姑坝古人牙齿化石遗址、雷允城遗址、芒约新石器遗址、雷允飞机制造厂遗址、古建筑大等喊奘寺、喊萨奘寺、姐勒金塔、弄安佛塔、召武定墓塔、召尚弄墓塔等
民族风情旅游	傣族、景颇族、阿昌族、德昂族等多元民族文化 民族风情服饰、饮食、居住、婚嫁、丧礼、节日（泼水节、目脑纵歌节） 民族歌曲《有一个美丽的地方》、《月光下的凤尾竹》等广为传唱 《勐陀沙》、《边寨烽火》、《孔雀公主》等 100 多部电影、电视剧在此拍摄成功
宗教文化资源	"勐果占璧王国"（公元前 364 年）、"麓川王国"（公元 1256 年）的故都、贝叶经、古城遗址等 雷奘相寺、姐勒金塔等，在东南亚各国特别是缅甸北部的佛教徒中享有盛名
异国风情文化	同缅甸北部边境重镇木姐和南坎田畴相连，长期通婚互市、和睦相处，形成了"一寨两国"、"一院两国"、"两国共饮一井水"的独特景观 瑞丽胞波文化节

资料来源：《瑞丽中缅边境旅游现状及开发策略》。

　　第三，瑞丽政府高度重视旅游业战略地位，科学规划。2005 年，云南省委省政府提出云南旅游业的"二次创业"，即在面对国内外经济环境变化的挑战下，云南旅游从自身发展的实际出发，全面创新和提升整个旅游产业，拓展旅游业的发展空间，提高发展层次，使云南旅游能更快、更好地与全面市场化经济相适应，增强云南旅游发展的生机与活力，以适应进一步发展需要的过程。[1] 同时，"澜沧江—湄公河"开发战略和"中国—东盟建立自由贸易"的建设为云南旅游业发展提供前所未有的良好外部环境。在国内外发展背景下，瑞丽政府聘请国内外知名专家，按照现代旅游业发展规律和特点，设计城市旅游规划。按照旅游业

---

[1] 孙雪菲等."二次创业"背景下云南省边境旅游发展对策浅析［J］.河北旅游职业学院学报，2010(3).

发展规划，瑞丽最终确定旅游业按照"两谷相抱、一水环流"的主线展开，最终形成1个旅游带、4个旅游区、5个环园相互连接、各领风骚的局面，得到国内外游客的广泛认可。

第四，树立"大旅游"概念，积极发展重点项目。中山大学城市与区域研究中心的彭华曾提出，当前旅游业的发展应树立"大旅游"概念。作为一个系统概念，"大旅游"是指具有各种动机的异地消费者在目的地的各种消费活动及形成的现象和关系的总和，即不限于"吃、住、行、游、娱、购"六要素。瑞丽在旅游规划方面积极探索实践"大旅游"概念，从设计旅行路线到景区重点项目建设，到旅游产业开发和产业链延伸，再到旅游品牌创建，以及对国内外目标客户的营销，都体现了整体开发、系统推进的特点。见图6-1。

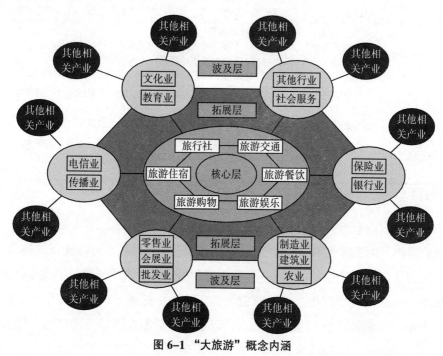

图6-1 "大旅游"概念内涵

第四节 萝北县旅游发展的总体构想和政策建议

在总结萝北县旅游产业发展现状、特征和面临形势的基础上，借鉴北京延庆、云南瑞丽旅游业发展现状，本节将提出促进萝北旅游业发展的政策思路和建议。

一、重点发展文化旅游产业

围绕"自然生态、文化旅游、低碳旅游、民族风情"四大主题，重点发展生态观光游、休闲度假游、文明遗址科教游、地区文化体验游。

（一）生态观光游

坚持旅游开发与生态建设并重原则，以嘟噜河湿地生态观光区和大马河望云峰自然生态体验区为代表，将萝北打造成有突出特色，体现低碳旅游、绿色旅游概念的自然风景保护区。

嘟噜河湿地生态观光区。全力打造鸟类天堂、水草风貌、百湖联姻、塔头群落等旅游景观，重点把嘟噜河湿地西区打造为休闲观光区，保持嘟噜河湿地东区的原生态。积极申报国家级湿地自然保护区工程，开发建设湿地公园，延伸景区道路，建设湿地观光塔，建设酒店、宾馆、购物商场等，将湿地保护工程和旅游功能紧密结合。

大马河望云峰自然生态体验区。全力打造道台怀旧、醉江品鱼、望云赏景、雪山漂流和高山狩猎等旅游品牌。重点把兴东作为生活区，把望云峰作为风景区。主要建设望云峰滑雪场，占地面积241公顷；建设望云峰狩猎场，占地面积100公顷；建设兴东山野产品批发市场，占地面积2000平方米；重新规划修缮兴东道台府，深入挖掘道台文化，占地面积2000平方米。

鹤北风景区。全力打造烈士家园、漂流探险、红松奇观的旅游品牌。

宝泉岭风景区。全力打造现代农业、百万庄园、知青岁月、垦荒浪潮的旅游品牌。

（二）休闲度假游

以"生态休闲立本、界江风情塑体、俄犹风情塑魂"为开发导向，将萝北打造成为最具俄犹神韵和东北风情的中俄边境生态休闲之城。

借助名山旅游名镇建设，以"龙江明星，萝北名山"为主题打造集名山生态休闲、龙江文化展示、界江风情体验、特色江鲜餐饮等功能于一体的、最能体现黑龙江旅游特色的综合服务区，按照旅游要素合理配置景区资源，对名山镇进行总体分区、分别定位。

第一，中心生活区，即名山老城区，结合城乡一体化的推进，继续加大农户拆迁力度，建设农民新居，加快老年公寓投入运营，完善教育、医疗、文化、体育等基础设施，逐步改造老区环境，为小城镇居民生活创造良好条件。

第二，产业发展区，即以口岸为核心、浮箱固冰通道及鹤名铁路项目为牵动的商贸物流产业区，建设盛大进出口服务基地、名山国际皮革城，打造对俄贸易基地和辐射黑龙江东部地区的商业中心。

第三，行政办公区，即县委、县政府第二办公区及大卫广场办公区，结合名山国际城项目，以行政新区带动名山旅游地产的发展，进一步拉动名山旅游产业的发展。

第四，旅游观光区，即名山沿江公园、名山岛、名山边防哨所，加强名山沿江公园、名山岛旅游设施的维护力度，增加娱乐设施，加快黑龙江流域博物馆的提档升级。进一步整治岛上环境，拆除废旧建筑，建设名山岛儿童游乐园、环岛空中栈道、环岛观光小火车，改造名山岛瞭望塔。

第五，旅游接待区，即名山旅游名镇新区，完善旅游服务中心功能，为游客进入景区提供全方位服务，全面启动沿江路南侧及大卫广场周边服务设施，将地税、财政、党校等打造成接待高端客人的场所；将大卫广场周边打造成大众化的快捷酒店、宾馆集聚区，重点接待各类中低端游客及旅游团队；将俄罗斯啤酒城打造成特色餐饮、旅游纪念品经销的商服中心；结合地热资源的开发，对原俄罗斯风情展示区、大卫广场外围等土地综合开发利用，与犹太人家木屋二期整体打包，集中打造温泉度假村。

（三）文明遗址科教游

以太平沟黄金古镇休闲度假旅游区和黑龙江流域博物馆为依托，体现萝北土著文化、采金文化以及现代文明的渊源影响，将萝北地区文化与"中国梦"相结合，体现地区特点。

太平沟黄金古镇休闲度假旅游区。以"龙江古镇，生态美古"为定位，充分发挥太平沟旅游区的生态环境优势，打造集生态避暑、康体休闲、文化观光为主要功能的龙江旅游、萝北旅游的重要旅游目的地和旅游中转站。重点完善太平沟黄金古镇，全力打造集游览、度假、购物、餐饮、会议、养生及影视拍摄等功能于一身的高端特色景区，结合水景工程以及特色游乐设施的亲水主题游乐公园。进一步完善旅游风景区各项设施，扩建兴龙峡谷服务区，建设龙凤峡江上栈道和龙凤峡攀岩项目。建设界江影视城，以影视剧拍摄为契机，形成对萝北旅游资源的强大宣传攻势。

黑龙江流域博物馆。加强对博物馆宣传，完善馆内软硬件建设，培养高素质解说人才。加强对开采文物历史价值的开发和研究，与国内外相关高校和研究机构合作，不断扩大博物馆在国内外的影响力。深入挖掘文化内涵，提升博物馆的传统文化品位。

(四) 地区文化体验游

加强萝北县市周边商贸流通企业的发展，繁荣和丰富市场，将旅游人群从景点吸引到市区，扩大萝北县对外影响力，提升当地消费水平，促进县域经济发展。

培育核心商圈。以友谊路商贸区为龙头，与凤翔大街、景观路两侧商服区组成"一区两线"核心商圈。在该区域内，积极运用现代营销方式，重点发展现代商贸物流，建设大型购物中心、物流配送中心、星级宾馆、高中档品牌专卖店、大型专业市场，努力形成特色鲜明、布局合理、层次分明、功能配套的商贸物流聚集区。同时，大力扶持以现代服务为特征的金融保险、信息商务、现代传媒、公关策划等现代服务业，着力发展以法律公证、资产评估、信用担保、会计核算为主要形式的中介服务业，构建"现代服务业核心区"。

城镇文化广场。为不断深化萝北县文化内涵，进一步提升萝北县文化品位，需要更加广泛地开展文化活动。在县城内新建主题文化广场，广场内搭建舞台，供室外文艺演出之需；划分群众文化活动区，满足自发性群众文化活动需要；辟有文化长廊，传播和展示世界各地的优秀文化；引进城市雕塑艺术，塑造数位文化巨匠形象，介绍古今中外文化名人；植入萝北县境内名贵树种，形成绿色植被区，供人们休闲与交流。

丰富市民文化活动内容。要巩固建设好文化馆、图书馆、乡镇文化站、村文化站点，"文化信息资源共享工程"基层服务点等公共文化服务部门，发挥其基层群众文化活动主阵地作用，完善县、乡、村三级文化网络，并积极发展城镇、社区和农村中村、组、户文化网络，大力开展社会文化、村镇文化、校园文化、企业文化、少儿文化、节庆文化、军营文化、广场文化等群众文化事业，结合萝北县文化优势，以其丰富的文化内涵，支持全县文化事业全面协调发展。坚持广泛开展形式多样、内容丰富的群众性文化活动，以贴近实际、贴近生活、贴近群众为原则，改进和加强社会文化工作，不断增强文化的吸引力、感染凝聚力，用先进文化引导群众，优秀文化鼓舞群众，民族文化团结群众，把全县人民群众的热情调动起来，干劲鼓舞起来，信心激发出来。以县城中心广场及乡镇文化站、村文化室为活动平台，以县文化馆和城乡各类业余文艺团体及文艺骨干为依托，以乡镇社区文化、行业文化、企业文化、校园文化、机关文化、军（警）营文化、老年文化和农村民俗文化、宗教文化、节庆文化、生态文化等为活动内容，坚持经常性地开展各类群众文化活动，丰富群众文化生活，使群众能够就近、就地充分享受基本的文化权益，不断满足群众多层次、多样化的精神文化需求。

二、重视萝北交通网络和城市基础设施建设

从萝北旅游业发展现状和国内经验来看，萝北地区旅游业发展滞后的关键因素在于交通网络建设不健全，基础设施建设落后。今后应完善交通网络建设，不断完善景区公共服务等基础设施建设。

第一，完善公路建设和养护。积极进行国省干线公路建设，投资将哈肇公路80.3千米改建为一级公路；绥嘉公路38.1千米改建为一级公路；绥嘉公路32.6千米改建为二级公路。改善乡村道路建设，将乡道7条107千米提档到县或省道，改扩建为二级公路；乡道25条181千米拟全部扩建成三级公路；村道7条17.3千米拟提升为乡道，改建为三级公路。完成国省干线公路大中修工程计划和农村公路养护。

第二，加强港口、铁路、机场周边交通网络建设。加快名山口岸道路建设，推进萝北港码头改扩建项目。该项目属鹤名铁路配套项目，新建1000吨级泊位1个、3000吨级泊位1个。推进建设萝北客运分站建设项目、萝北县凤翔站场建设项目、萝北名山客运站项目及萝北名山口岸货运站建设项目。力争到2015年，客运车辆达到71辆，新增客运线路11条，高档客车占总车数的90%以上，并全部安装GPS及行车记录仪。形成以萝北地区为中心，辐射全省各主要地市及与萝北县联系紧密的县城，兼顾省外的道路旅客运输格局。完成萝北县至共青农场、延军农场、名山农场的循环客运线路的开通工作。开通国际旅游线路1条：

萝北—比罗比詹旅游客运班线。同时，力争到 2015 年，货运车辆达到 663 辆，总吨位达到 4820 吨，以发展小型专用车辆和大型拖挂车辆为主。加快发展大型甩挂运输的进程，形成以大型物流为主、以小型车辆辐射送货为辅的新格局。公路客运量和客运周转量以每年 5%速度递增，到 2015 年，公路客运量将达到 190 万人次，客运周转量将达到 8398 万人/千米。公路货运量和货运周转量以每年 5%的速度递增，到 2015 年，公路货运量将达到 98 万吨，货运周转量将达到 10210 万吨/千米。

第三，完善景区周边基础设施建设。萝北没有直达的火车、直达的汽车，受时间限制，交通并不十分便利，不利于游客游玩，游客主要依靠的是旅游团前往，支持自助游、自驾游的能力相对较弱，要打破此种局面，可在充分发挥旅游团的优势的基础上，对于火车游客采取接送站方式，使自助游旅客下了火车上汽车，在火车站就可以找到接站巴士，直接到达旅游目的地。在公路交通上，加强路牌规划，做好明晰的指路标识；在交叉路口安装设置红绿灯；做好沿途村屯管理，加强道路交通安全教育，提升道路交通安全意识，防止高速路上出现不应有的阻碍，保障自驾游客的旅途安全。

三、找准需求市场

萝北旅游需求市场主要有三个层次：周边城市、国内市场、国际市场。从需求层次结构来看，在周边地市中，除了哈尔滨外，其他地市旅游属于起步阶段，消费能力有限。但是，随着近年来旅游人次的快速增长，周边城市还有巨大的旅游存量市场。对于国内市场，经济较发达的环渤海、长三角、珠三角等经济发达地区，旅游已经进入普通家庭。但由于基础交通设施等条件限制，短期内还需要采取措施完善旅游各项设施建设。因此，国内发达地区可以作为中期基本客源市场。对于海外市场，虽然萝北地区与俄罗斯接壤，但是由于基础设施建设不健全、配套措施不完善，以及对岸俄罗斯地区经济发展水平不高等原因，国际市场可以作为中长期机会客源市场。因此，根据萝北旅游业发展现状、经济发展水平、区位条件，萝北地区旅游需求市场定位应以周边地区和国内发达地区为核心客源市场，以海外市场为机会客源市场。

第一，核心市场。以户外广告、媒体广告等宣传手段，以及邀请、旅游会展等营销手段展示萝北旅游产品，吸引周边省市地区客户来萝北旅游。同时要加快萝北与周边交通道路建设，加快景点间旅游公路建设。以加强基础设施为重点，通过提供功能齐全、特色鲜明的旅游目的地，吸引国内客户。重点加快旅游设施建设，包括旅游网站建设、铁路航空等交通线路建设、餐饮星级酒店等服务设施建设，积极参加国内旅游交易会等。

第二，机会客源市场。采取"走出去、引进来"的路子，通过积极参加海外旅游博览会、交易会、对外宣传等方式加强和海外市场的联系。

四、创新景区管理体制和经营机制

目前，体制机制障碍仍是束缚旅游业发展的根本性因素。随着旅游文化产业规模不断扩大，必须进行管理体制和经营机制的创新。进一步完善名山岛、嘟噜河湿地等景区管理体制和开发机制，理顺景区管理体制。鼓励和引导社会资本以多种方式参与旅游景区的开发和重大旅游项目的建设。对投资开发导向性的旅游项目，可以在电力、通信等基础设施建设方面给予资金配套和贴息扶持。在土地、能源价格、促销、旅游线路组织等方面予以倾斜支持。在符合国家有关法律、法规的前提下，鼓励旅游景区通过合资合作、租赁、拍卖等方式引进国内外知名的专业管理公司。

强化对旅游发展的组织领导。各乡镇、各部门要切实加强对旅游发展的组织领导，把旅游产业化发展纳入经济发展整体规划，强力推进旅游产业化发展。成立萝北县加快发展旅游工作领导小组，建立完善联席会议制度，定期召开会议研究、协调和解决旅游产业发展中的重大问题。

加大旅游产业投入力度。设立旅游发展专项基金，根据财力情况，每年从财政拿出一定的资金作为旅游专项基金，支持旅游事业发展。充分调动区域内各经济单元和各单位、各部门的积极性，围绕旅游发展和建设，积极做好向上争取工作，力争得到更多的项目、资金和物质支持。通过市场招商引资，引进大的企业集团参与旅游景区开发建设，引进大的旅行社推介宣传营销。建立健全支持旅游事业发展的政策机制。制定更加优惠的、统一的政策，支持鼓励本地有实力的企业，积极吸引国内知名企业参与萝北县的旅游事业发展，对进入年度全国"百强"、全省"十强"的旅行社、星级宾馆等推进萝北县旅游业发展的企业，财政部门可按其对地方财政贡献额给予一定比例的返还。

加强政府对旅游资源的掌握。所有旅游资源的开发和景区景点的建设必须依据萝北县旅游发展总体规划实施，维护规划的权威性。具体项目的建设必须在政府的论证、审批之后实施，避免粗放开发、重复建设、浪费资源、破坏环境的现象发生。构建旅游发展的协作机制。充分发挥区域内宝泉岭农垦分局、鹤北林业局等大企业在发展旅游事业中的重要作用，加强联系，密切协作，共建共享。各有关部门要从实际出发，科学确定发展旅游事业的阶段性方向，相互配合，各负其责，各司其职，加强沟通，形成共同抓落实的合力。要强化目标管理责任制，将各项目标纳入领导和部门的目标考核体系中，对重点工作实施全过程的监督检查，确保各项任务落到实处。

参考文献

1. 程少丽等. 萝北县旅游名镇建设研究报告［J］. 边疆经济与文化，2013（5）.

2. 段光达，王振. 旅游产业转型升级背景下的黑龙江省旅游名镇建设探究［R］. 第十五届全国区域旅游开发学术研讨会暨度假旅游论坛.

3. 王云才. 江南六镇旅游发展模式的比较及持续利用对策［J］. 华中师范大学学报（自然科学版），2006（1）.

4. 祝阅武. 多举措托起湿地保护的希望——走进黑龙江萝北县嘟噜河湿地自然保护区［J］. 经济，2010（1）.

5. 赵明，郑喜. 跨境旅游资源国际合作开发探讨——以黑龙江中俄边境段为例［J］. 世界地理研究，2004（12）.

6. 陈燕. 瑞丽边境旅游业的发展［J］. 边疆经济与文化，2006（5）.

7. 中国特色发展之路课题赴黑龙江省绥芬河市调研组. 黑龙江省绥芬河市：在沿边开放中崛起的国境商都——黑龙江省绥芬河市经济社会发展调查［R］. 改革开放 30 年系列调研报告.

第七章　萝北县域经济的信息化

信息技术正在以前所未有的速度向社会各个领域扩散。社会的发展在很大程度上依赖信息技术的运用和信息资源的利用，信息化的投入已经成为继传统农业资源投入之后，提升农业生产力、促进农村经济发展、增加农民收入的重要途径。

第一节　县域信息化的特点

信息化已成为一个国家现代化和综合国力的重要标志。县域经济是我国国民经济的重要组成部分和基层的运行单元，在国计民生中占有重要地位，也是社会主义新农村建设和新型城镇化建设的重要支撑。因此，大力推进县域经济信息化，对进一步增强县域经济竞争力、促进县域经济快速发展、全面实现建设小康社会、解决"三农"问题、统筹城乡发展起着非常重要的作用。

县域经济中的信息化建设工作，有助于促进本地经济实现快速发展，使中央关于建设社会主义新农村的大政方针具体化、可操作化，可以使新型城镇化建设中的具体内容落到实处，真正发挥信息化对县域经济发展的促进作用。

县域信息化的重要意义在于：有利于缩小城乡之间的"数字鸿沟"，提升县域经济综合竞争力；有利于服务"三农"，增加农民收入；有利于提高政府管理县域经济的水平；有利于提升和改进乡、村各级干部和群众的思想认识、科技文化素质和现代文明意识；有利于增强县域经济的综合竞争力，促进社会和经济的全面健康发展。

信息化是传统经济走向现代经济的必由之路，农村信息化是农业由传统农业向现代农业发展、再向信息农业演进的必由进程。

　　农村、乡镇和县城的信息基础设施落后，应用能力和应用范围有限，人才严重匮乏，这些是当前我国县域信息化的普遍特征。

　　研究表明，造成"数字鸿沟"的主要原因是不同经济体之间在经济发展水平、信息基础设施、收入水平和教育发展水平方面的差距。其中，信息基础设施、收入水平等因素既是经济发展水平的表现，也是经济发展的结果，所以经济发展水平的差距是"数字鸿沟"最重要的原因。信息基础设施是公共投入的范畴，尤其是在边远地区，县级财政收入普遍比较困难，根本无力承担这方面的巨大投入，一些地方即使进行了信息基础设施投入，但城乡之间的收入、教育、生活习惯差别，使用和维护能力的差距使得一些农村的农民无法开展基本的信息消费。

　　由于中国特殊的国情及历史问题等，农民整体的素质比较低，加之农村基础设施落后，农民与城市市民在自我发展能力上处于不平等地位。不同县乡及域内不同农户的行为、思想等方面有很大差异，农户的思想观念、投资行为、消费行为等影响着信息意识，因而对农村信息化的响应不同。信息意识强的农户，善于学习，具有开拓精神，对外部环境的变化反应敏锐，对信息化的响应最积极，往往成为村域中的能人、行业精英，其活动成为村域中其他农户仿效的对象，带动村域中其他农户的发展。信息意识中等的农户，虽有劳动力，但其成员的开拓能力、敏锐性等因素的不完备，使其只能跟随信息意识强的农户进行经济活动，经济水平也能得到一定的发展，但不能成为行业的领跑者，属于村域中的中间阶层。信息意识弱的农户对信息反应不灵敏，多为文化水平低、学习能力弱、安于现状、不敢冒险的农户，即使其他因素完备，但在短期内也不能改变其贫困的现状，往往是村域中的那些贫困者。加强基础设施建设，普及网络传媒，构建无障碍信息化建设，是在当今经济全球化背景下，农民获得自主发展能力的一种方式，培训和普及教育使农民可以及时有效地获取相关信息，使农民与城市市民在使用信息资源上处于平等地位。

　　除了经济发展的客观因素，造成农村和县乡信息化落后的原因从管理和技术的角度看，主要有以下方面：

一、影响县域信息化的因素

1. 政府因素

（1）对信息化带动作用认识不足。就各地政府而言，部分领导者认为，县域经济特别是农村根本就不具备信息化的条件，存在着等待、观望的思想；此外，政府中有的干部对信息化认识仍然停留在信息化就是电脑打字、计算机上网，在互联网上有几个网页的水平上；有的认为信息化建设是技术人员的事，配置了计算机软硬件，给了钱、给了人就意味着信息化建设的完成；没有把信息技术、信息资源应用到农业生产、管理、营销的全过程，使它真正起到改造传统农业、提高管理水平、拓宽农贸市场、降低交易成本的作用。有的虽然认识到信息化很重要，但认为现在实施还太早，作用还不明显，农村社会经济发展较其他城市落后，城市与工业的信息化还未实现和形成规模。

（2）各方面投入的资金少，且政府应用推广不够。相对于对交通、城市建设等基础设施的投入，在信息化投入方面，尤其是对县域经济信息化的投入可以说是杯水车薪。同时，重建设、轻应用的现象普遍存在，应用水平不高；政府网站的在线办事、公众参与功能有待加强。

农村公共产品既包括农村公共设施和资源，如交通、通信、电网、农村水利等基础设施，也包括农村公共服务，如信息服务、农村教育、医疗卫生服务、科技服务、制度安排及政策制定等。由于经济制约，县、行政村农村信息基础设施条件差，村镇信息技术应用门槛高，农民获取信息难，缺乏适合村级使用的低成本信息终端产品，形成了"信息服务最后一公里"的"瓶颈"。同时，多数行政村地理位置偏僻，距离集中服务部门偏远，农民信息服务较为困难，急需政府将村级公共信息服务和技术支持服务延伸到村。

2. 信息技术因素

（1）缺乏长期有效的信息技术支持。由于道路交通问题和人口文化素质的差距，技术支持人才少，广大农民缺乏培训和计算机技术普及，许多地方即使配备了相应的硬件基础设施，但是由于计算机病毒、应用软件缺乏和系统设置等原因，基本上处于瘫痪状态。

（2）信息内容开发粗放、重复、时效性差。在信息内容方面，处于刚刚起步阶段，农业信息内容还存在许多问题。一是信息资源分散。农业网站尽管体系已经建立，基本覆盖农业和农村经济的各个方面，但数量很少。同时，农业信息服务站关联性较差，形成一个个信息孤岛，市县、乡村差距明显。二是信息内容重复。一些地方性的网站建设水平还不够高，一家有的内容多家都有，甚至栏目的设置相似。在内容上，指导经营者生产营销、真正适用于农业生产的信息太少，能够有助于经营者决策的当地针对性信息较少。三是信息时效性差。缺乏第一手信息和第一时刻传达的信息，不能实现信息的及时更新，网站提供的信息不完整、不准确，信息内容单调、实用价值低，用户得不到有效的信息，重复访问率低。

从整体上来说，县域信息化的应用水平落后于实际需求，信息技术的潜能尚未得到充分挖掘，在部分领域和地区应用效果不明显，没有充分发挥信息化应有的效益。

二、信息化对县域经济的影响支撑和动力

县域经济信息化的过程，不仅对本区域的经济发展具有直接引领作用，而且对社会的全面发展具有积极推动作用。

加快农业信息化，在县乡建设和完善信息基础设施，对农民普及计算机知识，从根本上解决农民信息闭塞问题，把分散的一家一户通过信息载体与农产品市场紧密相连，使农民不但找到获取大量廉价信息的途径，而且能准确掌握市场信息，切实增加农民收入。

县域经济实现信息化，必然要引进先进的观念、开阔的视野、高新技术和丰富多彩的信息，由此引起的物质和文化基础的改变，引发思想观念的改变，从而促进社会文化各方面素质的提高。

信息化能够带动县域的生产总值快速增加，促进县域经济的增长，同时也推动了劳动力在产业间的转移，使得第一产业人口减少，而第二、第三产业人口增多。农村城镇化进程加快的同时，信息化发展将为县域内的各个产业提供更广阔的市场，优化产业供应链的各个环节，促进了经济的快速增长，促进劳动力产业间的快速转移，加速县域的新型城镇化的进程。

三、新型城镇化与县乡信息化

在建设新型城镇化的道路上，政府在信息化建设方面的发展策略应该是制定适合本地区实际情况的信息化发展战略，抓住全国建设智慧城市的发展契机，完成乡镇的信息化基础设施建设，建设支持县域经济的经济社会管理信息决策支持体系，为市场主体提供充分的市场和技术信息服务。此外，政府应当且必须提供信息的公共服务，以满足和补充群众的信息需求。在提供信息公共服务的过程中，基层政府客观上就会转变过去行政命令式的管理方式，获得比较客观实际的市场和技术信息，反过来为基层政府的管理提供参考依据，避免长官意志式的、不切实际的主观臆断和管理决策。

第二节　萝北县域信息化的机遇和挑战

一、萝北信息化现状

萝北县信息化建设起步较早，在县委、县政府的高度重视下，经过萝北县科学技术与信息产业局全体同志的共同努力，目前，已经初步构建了政府电子政务的信息化体系，拥有 65 个节点单位，向上连接省、市政务信息平台，向下连接 8 个乡镇政府，横向连接县内各党政机关；并且在部分企事业单位、工厂、学校进行了建设，通过外网与国际互联网形成了有效连接，初步实现了办公自动化、管理现代化、决策科学化、政务公开化的电子政务运行模式。此外，乡村党课远程教育培训系统已经建成并通达各乡镇。目前，全县各党政机关的计算机保有量已经达到 500 余台，信息网络已经成为各单位工作人员的有效工具。

（一）信息化已经从电子政务开始

萝北县信息化建设是以政务信息化建设为出发点，早在 2001 年 11 月，科信局成立之初即提出来建设思路，经过与有关部门的沟通，向县政府提出了县政务信息化工程建设的设想，提交了萝北县电子政务信息化建设的总体方案。经过市科学技术与信息产业局、市信息中心、市电信公司数据分公司的领导和专家的论证，此方案得到认可。县政府正式决定建设萝北政务信息化网络。在哈工大八达公司的帮助下，完成了技术方案和招标文件的制定，并于 2002 年 9 月 2 日完成了招标工作。在政务网建设的同时，把非政务系列单位、三权归上的单位、金融单位，尤其是将社会服务部门的接入纳入日程，逐步实现萝北的政务、资源、公众服务共享的网络系统。

（二）注重基础建设，促进其有效利用

目前，已经形成了内部办公网、国际互联网、省政务信息网三网合一的网络结构。在网络内部开通了内部通信系统（BQQ），建设了萝北县政府门户网站（萝北公众网），开发了县级信息数字化管理通用系统（办公自动化系统），同时建设了萝北县信息数据库。在进行网络建设的同时，十分重视计算机技术和应用系统的培训工作，聘请了哈工大的老师来萝北讲课，组织了全县各党政机关的公务员，进行了多期多层次的培训。

1. 完成了政府的门户网站建设

2006 年，政府门户网站建设完成，实现了政府掌握的大量重要信息的广泛共享，更能便捷地传递政府管理信息，同时也可以直接迅速地获取反馈信息，密切与社会公众的联系，了解外部环境，提高了正确决策与快速反应的能力。

2. 完成了县级信息数字化管理通用系统（办公自动化系统）的开发

目前，县级信息数字化管理通用系统已经建成。系统由三部分组成：政府内网（网站）、办公系统、网上审批系统。政府内网（网站）是在网络内部运行的对所有网络成员的互动式交流平台，在政府内网上可以进行新闻的发布、县内重要事件的告之、常用软件的下载、内部信箱管理以及网络视频点播等功能。办公系统设置了政府公文的办理流程，是按照目前通用的公文处理程序设计的，方便易用。办公系统设有发文流程、收文流程、会议管理、通信管理、车辆管理等模块，可以对机关事务进行方便的管理。网上审批系统是基于一站式审批设计的一套网上审批系统，它可以通过设定审批流程，在网络内实现一网式审批，方便了群众，提高了工作效率。

3. 进行了综合数据库建设

萝北县信息数据库的建设从 2004 年已经开始，数据库共有 16 个子数据库，信息内容涵盖了全县经济生活的各个方面，包括政府部门数据库、教育信息数据库、城镇规划数据库、人口数据库、自然资源数据库、法人单位数据库（事业法人、企业法人）、旅游资源数据库、政府信息资料数据库、人才数据库、劳动力数据库、科技成果数据库、公共安全数据库、公共卫生数据库、民政福利数据库、项目库、劳动保障数据库、医疗保险数据库、口岸信息数据库等。

4. 教育信息化建设已经起步

2004年，为了解决萝北县教育信息闭塞、教学质量偏低、学生外流的困境，县政府决定利用已经建设完成的县信息网络，建设萝北县教育信息网络，首先解决高中的信息化问题。

5. 进行了企业信息化建设

在奥宇石墨公司进行了企业信息化的尝试。利用信息中心平台，选用金算盘企业管理软件，从财务管理入手，逐步打造企业电子管理系统，在企业的生产、库存、运输、备品等方面进行计算机管理，同时加强远程控制，形成全国性的企业管理平台，促进企业管理的现代化。

6. 开展了农业信息化基础平台建设

萝北县农村科技服务信息化体系建设是以科技信息资源数据库建设为基础，

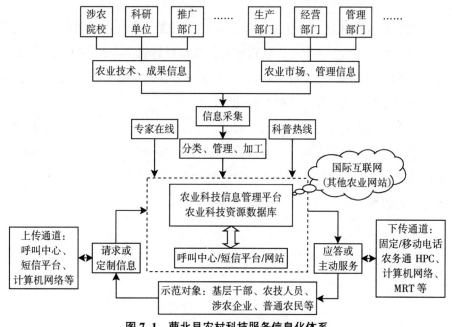

图7-1　萝北县农村科技服务信息化体系

借助已有涉农信息化工程，采用多种方法的系统集成组合，建立农业科技信息管理平台、呼叫中心、短信平台，采取基于同一数据源的"多网合一"的传输方式，在终端利用电脑、电话、多媒体接收终端、农务通 HPC 等信息化设备组织开展农业科技信息服务，实现农民获取信息的数字化和多样化。

整套体系从功能上分为信息源系统、信息整合系统、信息发布系统和信息服务终端系统，具有信息采集、分析、加工、存储、交换、传输，网络建设运营，远程呼叫、在线应答、定制发送、主动服务等功能，各个组成部分既独立又相互作用，保证了整个体系的结构统一、分工明确和高效运行，并具有良好的开放性、易维护性和可扩展性。

二、信息化的机遇和挑战

在县域实现工业化、城镇化的进程中，利用信息化促进县域经济的快速发展，是指从现实的县域经济可持续发展需要出发，建立依托信息化的现代工、农业产业体系，构建符合萝北特色的农业产业生态圈，优化经济发展空间布局，不断提高县域经济质量和效益，协调经济活动、自然环境与社会进步共同发展是萝北的机遇。

萝北农业规模体量大，工业主要依靠矿产资源，森林覆盖面积大，北临边陲，交通不便，技术人才缺乏，实现信息化既是对县域经济的支持，也是对萝北的挑战，如何引进技术、留住技术、引进人才、留住人才，不仅是广大边远地区，也是萝北县域信息化面临的严峻挑战。

如何充分利用和发挥萝北的水、森林、冰雪、边贸、避暑、绿色农业形成的旅游资源的优势，将萝北的人才基地建设起来，利用季节上的特点，将各高校科研院所的研究人才、技术人才引入，常年持续开展短期轮动式讲座、培训、实验等是一个可以探讨的思路。

第三节　萝北信息化建设方向的选择

一、全球石墨交易平台的打造

探索"政府引导，协会推动，专业市场配合，企业多方协同"的一体化石墨专业生产网信息发布综合平台的建设模式，抓住历史机遇，加强沟通联系，坚持效率、效能优先，开展萝北石墨资源的整合工作，共同推进信息平台、基础设施、研发成果等方面的建设。

立足萝北石墨生产的发展规划，围绕"高端、高效、高辐射"的目标定位，从萝北县石墨龙头企业和石墨产品流通发展现状出发，依托萝北的石墨龙头企业，建立面向全球的石墨产品交易平台，通过交易平台，向全球发布价格信息，把握石墨的定价权、话语权。通过建立的全球石墨产品交易平台，从石墨产业的产业链起点出发，构成石墨产业的集群联盟，促进全球石墨产业链的形成和产业链的发展。

建设内容：建立石墨交易价格机制，每天全球各地石墨主要产品价格；同时提供分析石墨和非金属产业、政治、经济、财贸，特别是行业的经济特点、价格走势；关注业内大事，第一时间反映新问题、新事件，解释原因，分析趋势，邀请业内专家，评述其特点，进行深入解读，可以适当地增加有关市场、金融、保险、证券、基金等的特别报道、商业评论等。

以海达企业为例，目前，从简单的石墨开采粗选，到石墨精深加工，根据国际、国内市场及深加工的需要，形成鳞片石墨、可膨胀石墨、微粉石墨、柔性石墨板材、石墨密封制品5大系列300多个品种。已经建立国际标准的检验、化验室，强化生产过程控制，严格产品验证，使产品符合国际市场要求。自营进出口权，产品出口日本、美国、韩国、西欧、东南亚等20多个国家和地区。

在"政府引导，协会推动，专业市场配合，企业多方协同"的建设模式中，政府工作的目标在于创造有效的市场竞争环境；政府作用的有效性依赖于管理部门的相互协调，政府部门之间的协同工作机制一般包括：目标的分解与协调、协同组织方式、信息沟通协调、任务的协调与明确等内容。这种协调是以对石墨行业重要性及发展战略的共识为前提。在促行业发展的过程中，创造适应行业阶段性发展需要的政策环境；做好系统的整体规划显得尤为重要。

国家行业协会和相关部门对石墨发展应形成共识，共同协作是非常重要的，同时必须解决各种"瓶颈"问题、货运领域的效率等问题。政府应当在信息系统建设等方面给予投资、政策方面的优惠支持，对应用信息化、国际化进行创新和服务提供全力支持。

政府主要工作重点：石墨行业发展政策环境研究，信息平台规划建设。

行业协会面临的任务：提供面向整个行业的、公平的信息服务，以及协助政府主管部门增强市场预测职能。

企业面临的任务：通过行业协会组织企业与企业之间的协作、信息交流和协同攻关，共同培育石墨产品和服务市场，与其他行业同样，在竞争条件下，通过创新使企业更具效率、事业规模拓展，发展成为更加具有活力、更加多样化，从而更加具有国际竞争力的企业。

企业直接使用公共信息平台可以利用其已有的资料库及开放、协同的商务功能实现企业自身的信息交流、发布、业务交易、决策支持等信息化管理，可以说，使用公共物流信息平台是企业信息化的捷径。

石墨企业需要进行完整的石墨产业信息化战略和目标模式设计，建立起一个支持不断变化的销售管理结构和多元产品的一体化管理系统。为产品销售公司提供制造、分销一体化的信息解决方案。其核心是动态管理，其目的是通过完整的订单履约流程，对订单、库存、运输、预测等企业的核心信息进行统一监控和处理，从而在信息上打通企业内部供应链的各个环节，为全球营销和生产运作提供支持。

二、农贸物联网综合平台

整合产业化资源优势，打造一条融合粮食、蔬菜生产基地、现代化物流配送、交易和连锁零售终端的萝北县安全农产品现代流通全产业链，实现生产、物流和消费的标准化管理及信息化运作，将物流损耗控制在5%以内，实现农产品供应链质量100%安全和全程可追溯。

（一）农业物联网系统

物联网是新一代信息技术的重要组成部分，农业物联网是指利用大量的传感器节点构成监控网络，通过各种传感器采集农作物生长、农民生活、农产品生产流通等信息，以帮助农民及时发现问题，并且准确地确定发生问题的位置，同时可以对农业产品从生产、流通到消费及后续处理等全生命周期实行联动监管，进而完善农产品智能自动化管理、安全追溯系统。农业将逐渐地从以人力为中心、依赖于孤立机械的生产模式转向以信息和软件为中心的生产模式，大量使用各种自动化、智能化、远程控制的生产设备，从而使得人们可以通过更加精确和集中的方式管理农业生产。

目前，物联网技术在农业中已经得到广泛的应用，不仅限于农业生产管理方面以形成精准农业、农业管理决策系统，更是结合虚拟漫游技术、云计算等高新技术，研发出各种农业系统模拟及预测系统、虚拟农业等，从而促进现代农业的可持续发展。

物联网技术在现代农业中的应用得以逐步拓宽，通过建立农业物联网平台，实现对农业种植业、畜牧业、养殖业等领域的智能监控及管理，物联网将是下一个推动世界高速发展的"重要生产力"！随着农业物联网技术的不断成熟和普及，物联网技术源源不断产出的技术成果，为农业的全产业链升级提供强有力的技术手段，从而不断提升农业的竞争力。农业物联网主要应用在以下几个方面：

（1）智能监测与管理。基于传感器技术、GPS技术、无线传感器网络和移动通信技术，实现了农业资源信息的定位与采集、农业资源的规划管理等。在农业生态环境监测方面，研制了地面监测站和遥感技术结合的墒情监测系统、大气环境和水环境监测系统，实现了对大气中二氧化硫、二氧化氮等有害气体、水温、pH值、浊度、电导率和溶解氧等水环境参数的实时监测。

（2）精准灌溉、施肥。基于传感器网络技术在农田环境监测方面的广泛应用，为精准控制的实现提供了理论基础和数据依据。利用物联网技术建设农业环境自动监控系统，用同一套物联网设备完成农作物形态、营养、水分、温度、农药等农业数据采集和环境控制，实现农业信息采集自动部署、自组织传输和智能控制，提高农业集约化生产程度。

（3）农产品质量安全监测与溯源。在农业物联网中，可以对农产品的生产、加工、运输、信息处理等进行智能管理监控，构建完整的农产品供应链，提高农产品物流的信息化水平，并进一步将物联网发展到奶制品、畜牧业和渔业等方面。目前，利用 RFID 技术已初步建立起农产品和现代养殖业食品供应链跟踪与可追溯体系。

（4）病虫害防治。GPS 技术除了应用于农业资源调查、土壤养分监测和施肥方面，也已开始应用于病虫害监测和防治等农田信息采集与管理、农业环境变化和农业污染监测等方面。如塑料大棚蔬菜种植环境可以利用超声波传感器、音频传感器等进行灭鼠、灭虫。

（5）自然灾害监测与预防。利用物联网在土壤环境、大气环境、水质环境、生态环境监测等方面的发展，国内在设施农业的自然灾害预测、预报和自动防控方面也有了初步研究。

（6）其他方面。在作物的生长过程中，还可通过形状传感器、颜色传感器、重量传感器等监测农作物的外形、颜色、大小等，能够了解其成熟程度，用于农产品的收获和检测，以便在适当的时间采摘。

在粮食储藏方面，温度传感器发挥着巨大的作用，制冷机根据冷库内温度传感器的实时参数值实施自动控制，并且保持该温度的相对稳定。

（二）农产品现代流通体系建设

龙头企业全产业链的示范应用，建立健全以萝北县供应链为核心的安全农产品现代流通体系，将高效、安全的农产品现代流通管理理念贯穿始终，创新建立由龙头企业主导的安全农产品全产业链的现代流通模式，增强企业对供应链的管理能力，提高经济效益，树立安全诚信的农产品流通品牌，增强企业的核心竞争力，集成物联网技术、信息技术、工作流技术、物流技术和供应链管理技术，打造萝北安全农产品全产业链。通过标准规范提高萝北农产品流通的标准化、规范化水平，通过安全农产品现代流通管理平台实现全产业链一体化运作，提高萝北县龙头企业对全产业链的管理水平。

通过萝北县龙头企业的集成应用，提高成果转化效率，形成可向农产品流通领域推广和复制的安全农产品全产业链管理与服务模式、机制。辐射推广其他农产品流通经营主体，推动萝北安全农产品现代流通体系的发展，保证全产业链农产品质量安全，保障萝北农产品安全供给。

三、旅游网和形象宣传平台

旅游网和形象宣传平台的建立是开发萝北旅游资源的重要步骤。促进萝北旅游全国化进而全球化是一项庞大的系统工程，涉及方方面面的工作，例如：①促销宣传：渠道、手段、宣传形式创意等；②旅游基础设施建设；③信息化支撑和网站宣传平台建设；④与国际接轨的服务标准建设；⑤业务模式的创新；⑥组织架构的优化与调整。

在网站展示的内容和提供的服务要匹配，要遵循以下基本原则：

①可进入，旅游交通基础设施，区际大交通便捷，区内小交通舒适、有趣，安全。②可停留，旅游服务设施，进来之后要散得开，能住得下。③可欣赏，自然景观和人文景观，不仅是可观赏，还要赏心悦目，要有审美价值。④可享受，不仅要满足游客的基本需求，而且要让游客享受到与平时生活不一样的服务，让游客由衷地感受到物有所值、不虚此行。⑤可回味，旅游目的地给游客留下深刻的、美好的印象，甚至成为旅游者人生旅程中最值得回味的片段。

旅游信息资源共享平台建设内容包括：

①信息资源的搜集、整理、录入、编辑与发布；②与国内电子商务提供商的沟通联系、合作方案的策划及技术方案的制定；③各类商务活动信息的发布；④实现酒店预订、门票预订、旅行社推荐、旅游纪念品电子商务、特色餐馆预订、导游推荐、旅游路线推介。

萝北旅游网站建设目标：

①建立黑龙江重点宣传萝北地区的专业旅游网站，申请国际域名，建立广泛的链接（正向链接、反向链接）；②如果有可能，要实现多语种（切实可用，信息量不少于中文内容）；③要有支持业务（有业务应用系统，有咨询，有预订），建设模式有创新点；④加强与国内知名旅游网站的沟通与合作，包括国内电子商务网站及服务提供商。

萝北旅游网站运行建议：

①如果"旅游网"不包括商务业务，没有广告业务，可采取政府全包的方式，全球旅游网的内容建设与旅游信息资源的建设是一项长期的工作，要投入大量的资金进行改版、功能优化、信息采集、规模扩充等工作；②如果具有商务业

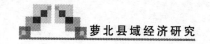

务，有广告业务，采取"PPP"模式较为可行，即委托运维机构经营，政府也可省去每年的运维费用。

四、林业地理信息系统

根据萝北林区覆盖面积大的特点，利用北斗系统推广的机遇，建立林业地理信息系统，建立林区管理新模式，能够支撑林业日常管理，将信息、服务垂直到每个基层单位。在新的模式中，可以将文件、业务、服务、协同直接送达到任何一个成员终端。实现林区的统计、调查、登记、应急、森林防火、边防的综合管理。

构建林业产业链：从林场、产品制造商、批发商、零售商到消费者形成上下游产业链，结合生态旅游提供全面服务。建设依托国家已有的森林管理系统，重点整合各经营单位——国有林业局、国有林场、自然保护区、森林公园、其他部门的信息资源，将其全面纳入县域宏观的经济社会信息化的管理范畴。

五、边贸物流一体化平台

从萝北地理位置来看，辐射半径包括内蒙古北部在内的东北地区与俄罗斯远东地区、朝鲜、韩国，处于东北亚核心地区的西北部，具有开展边境贸易、国际合作的天然优势。如果未来交通状况能够改善，它将是发展边贸的重要口岸。

在建设内贸物流信息平台的同时，着手准备规划边贸物流一体化平台建设。目前，由于高速公路和铁路运输条件还不成熟，暂时还不需要大力投入，但要着手建设规划工作，为未来的口岸融入东北亚商贸物流圈进行准备。

第八章　萝北县域经济的城镇化

萝北县未来将构建以凤翔镇为中心的生态园林小城镇，形成布局合理、设施配套、功能齐全、环境优美、特色鲜明的现代化新型小城镇。

第一节　萝北城镇化发展现状分析

城镇化是指一个国家或地区的人口向城镇聚集，城镇规模扩大，以及随之引起的相关人员的生产生活方式、价值观念发生转变的过程，是一个地区农业化向工业化迈进的必由之路，是人类进步的标志和文明发展的方向。

加快城镇化进程是转移农村富余劳动力的重要途径，是从根本上解决"三农"问题的关键，更是工业化和现代化发展的必然趋势。认真分析萝北城镇化建设中存在的问题，积极探索解决的办法和途径，对于加快萝北城镇化进程具有重要的意义。

一、城镇化取得的成就

按照《中华人民共和国城乡规划法》和省市各项文件要求，萝北县城市建设立足 21 世纪城市发展方向，顺应社会主义市场经济体制，推进小城镇发展战略，科学规范地控制萝北县小城镇的建设、改造、发展。通过几年来的规划建设，城市面貌大为改观。城市建筑、基础设施、景观面貌、园林绿化都有不同程度的提高，城市风格逐步朝"社会、经济、生态、自然"的生态园林城市发展。

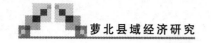

（一）城镇化水平稳步提高

2012 年，萝北县县属人口的城镇化水平为 55.6%，高于全国 52.6% 的平均水平。县域人口（国营农场、林场均计入城镇人口）的城镇化水平高达 82.6%，接近上海、北京等城市化率水平。

（二）城市功能显著增强

萝北城市主要基础设施都比较完善，体现在以下几个方面。

燃气：目前，萝北县燃气主要采用罐装液化气，同时有多个小区完成了煤气管道建设。例如，财政小区、水务小区等。萝北县燃气现有储灌站 1 个、分销站点 2 个，燃气用户达 13000 户，普及率为 85%。

集中供热：萝北县主要以集中供热为主，基本消除小型锅炉供热。现有 3 台 35 吨蒸汽锅炉、供热站 1 座，位于南二道街以南，东四路以东，占地 2 公顷。近些年也在逐步进行供热管网改造，集中供热面积达 95 万平方米。

给排水及污水处理工程：凤翔镇内基本实现了自来水管道家家入户，各主要道路均设有排水井及污水处理沉井，较好地解决了雨水积聚及生活污水等的排放。

（三）城市对外交通不断完善

萝北城市对外联络主要以公路交通为主，萝北县凤翔镇内道路长度达 63 千米，其中快速路 2 千米、主干路 21 千米、次干路 7 千米、支路 7 千米、街巷路 18.2 千米、境内公路 7.8 千米；道路总面积达 77 万平方米，其中车行道面积 52 万平方米、人行道面积 25 万平方米。

（四）城市环境日益美化

绿化工程：镇内主要有广场一处——凤翔广场，位于凤翔大街中段，占地 3 公顷。镇内主要绿地有公园绿地、防护绿地和附属绿地三类，总面积为 5.43 公顷。名山沿江公园风景区占地 51.3 公顷（含名山岛），凤凰山森林公园占地 110 公顷。

亮化工程：凤翔镇实现硬化的道路均实现亮化配套，其中凤翔大街、凤翔广场、儿童公园等成为亮化的闪光点。累计道路照明灯达 720 基，实现亮化道路长度为 20 千米。

净化工程：镇内公共厕所 11 座、垃圾箱 90 个、垃圾清运车 13 辆、垃圾场 2 座（处理形式为简易填埋）。

（五）城市居住环境得到改善

现有居住用地占地较大，镇区现有居住用地 448.15 平方公顷，占城市建设用地的 61.53%，人均面积 108.76 平方米。远远高于全国人均面积 32 平方米的居住水平。凤翔镇住宅建筑主要集中在城镇中心区。中心区主要以近年新建的多层住宅为主，平房主要集中在镇区周边区。

二、城镇化存在的问题

近年来，萝北县的城镇化步伐明显加快，取得了有目共睹的成绩，但与全国和全省相比，尚有很大的差距，还存在不容忽视的问题，具体表现在以下几方面。

（一）城镇化率不低，但质量有待提高

2012 年，萝北县县属人口的城镇化水平为 55.6%，高于全国 52.6% 的平均水平。县域人口（国营农场、林场均计入城镇人口）的城镇化水平高达 82.6%，接近上海、北京等城市化率水平。

但从总体来看，萝北县域城镇化水平质量不高。体现在一个重要指标对比上，即二三产业增加值比城市化率。2012 年，萝北县二三产业增加值占比为 71%，2012 年，二三产业增加值比城市化率（按县属人口和县域人口计算）分别为 1.28 和 0.86。而该指标的全国平均水平为 1.71，萝北落后该指标 33.7% 和 49.7%。

（二）县城规模较小，聚集辐射能力弱

第一，作为全县政治、经济、文化中心，凤翔镇在吸纳人口大量聚集的同时，容量不足的问题日益凸显。建成区面积为 7.28 平方千米，建成区居民人口为 4.2 万人。虽然人均建设用地面积为 173 平方米，但人口总量不高导致城市规模偏小。

第二，与经济发展水平不适应。作为全省经济发展较好的县域之一，县城的服务功能与现代化城市相比，仍有较大差距，尤为明显的是水、气、热、垃圾和污水处理等与市民生活息息相关的设施配套还需要进一步完善和提升。

第三，与未来发展趋势不适应。作为新农村建设的龙头，发挥应有的示范、辐射、带动作用，需要进一步提升城市建设水平；作为对外开放的窗口，加快吸引产业集聚，需要进一步提升城市品位和形象；作为农民转移的首选地，承接就

业、上学、养老等民生需求，需要进一步提升县城的容纳能力；作为名山界江、黄金古镇两个景区的中转站，把萝北打造为旅游目的地，需要进一步提升县城的综合接待功能。

（三）城乡居民收入差距大，农民增收难

2012 年，萝北县农村居民人均收入为 11482 元，城镇人均可支配收入为 15626 元，农村只相当于城镇的 73%。经济要素在城乡流动不畅，城乡经济缺乏互动，城镇经济不能有效反哺农村地区，难以带动乡村经济发展。

第一，产业化带动难。近年来，萝北县农业产业化虽然有了一定的发展，但竞争力总体不强，农民有组织地进入市场化程度不高，产业化带动农民增收效果不明显。

第二，转移性增收难。随着农村劳动力转移到二三产业的成分增加，外出务工和就地转移的劳动力的队伍增大。但由于综合素质低，大多数转移出来的劳动力仍然从事着技术含量低、工资报酬低的工作，农民增收受到抑制。

第三，政策性增收难。取消农业及附加税，实行"一免三补"政策，这提高了农民种田的积极性。但同时，国家已最大限度地采取了一系列的惠农措施，近阶段，农民依靠政策增收的空间缩小到一定程度，已没有其他更多的途径可以依赖。

第四，增收空间有限。主要是经过多年的家庭承包责任制，农村生产力、单位土地面积的生产效率已发挥到了极点。在新的经济体制和产业格局及经营模式未出现以前，农业生产和农民增收处于"休眠期"。

第五，农民增收的自主性有限。面对市场经济竞争，农民受观念、知识水平的限制，土地流转机制还没有形成，产业结构调整步伐艰难，耕田、养殖、打工等不可能使农民收入出现质的飞跃。因此，增收后劲明显不足。由于自身经济基础脆弱，多数建制镇没有形成特色经济，缺乏产业支撑，尤其是二三产业十分薄弱，致使小城镇有"形"无"魂"，缺乏生机和活力，城镇经济难以繁荣，制约了城镇化水平的提高。

（四）规划意识不强，布局不尽合理

目前，萝北部分小城镇的规划起点低，档次不高，缺乏品位，无自己的特色，以何种产业作为支撑，走什么样的发展道路均无明确的定位；有的小城镇沿

公路条状发展，结构松散，形成马路城镇，造成了基础设施和公用设施投资过高。全县现有的小城镇布局不够科学，有的建制镇幅员面积小、人口数量少，即使再过若干年，也难以形成规模。

（五）基础设施滞后，建设资金短缺

城镇基础设施是城镇化的硬件，也是推进城镇化的物质基础和必备条件。从萝北县的情况看，除县城和个别小城镇外，绝大多数小城镇基础设施严重不足，与居民生活息息相关的广场、公园、公厕、停车场、文体娱乐活动场所等公用设施几乎是空白，绿化、美化、亮化工作也未跟上。有的镇区水资源缺乏，供水能力严重不足，一遇干旱，现有居民的饮用水十分困难。特别突出的是，污水处理和垃圾处理设施严重滞后，对污水和垃圾只是进行简单处理，这严重影响了人居环境。

第二节　城镇化理论分析

一、国外城镇化发展的一般规律

21 世纪是城市的世纪，2008 年是人类历史上第一次城市化水平超过 50% 的一年，人类开始进入城市时代。从世界各国的城市化进程来看，存在着如下规律：

（一）城市化发展基础与经济发展水平紧密相关

经济发展与城市化水平提高，互相促进、互为因果。经济发展到一定阶段，特别是工业化发展到一定程度，城市化水平也随之提高。城市作为物质空间载体，能够提供人类活动所需要的规模效益和集聚效益。随着城市化的推进，占主导地位的产业从农业转为工业，再转为服务业，经济发展水平呈现出不断提高的发展过程。

1957 年，美国经济学家钱纳里（H.Chenery）对世界各国的人均国内生产总值和城市化水平进行统计分析，发现两者之间存在正相关关系，即人均国内生产总值越高，城市化水平也就越高。例如，在城市化加速时期，工业化与城市化的相关系数极高。1841~1931 年英国为 0.985，1866~1946 年法国为 0.970，整个发

达国家为 0.997。工业化率与城市化率曲线几乎是两条平行上升的曲线；反过来，城市化的更高品质也会促进经济发展。从世界城市化发展的实践来看，2005 年的世界城市化水平为 49.2%。其中，发达国家为 74.9%，欠发达国家为 45.8%，最不发达国家为 27.7%。

（二）城市化发展速度呈现 S 型增长曲线

城市化发展具有明显的阶段性特征，而且在不同阶段，城乡关系有不同的表现形式。根据美国城市地理学家诺瑟姆（R.M.Northam，1979）对一些发达国家城市化发展历史轨迹的研究，将城市化进程分为按照 S 型曲线增长的三个基本阶段。在初期阶段（城市人口占总人口比重在 30% 以下），工农业生产水平较低，工业提供的就业机会和农业释放的剩余劳动力都很有限，城市化发展较为缓慢。在中期阶段（城市人口占总人口比重在 30%~70%），工业基础已经比较雄厚，农业劳动生产率大幅提高，工业快速发展能够为大批农业剩余劳动力提供就业机会，城市化发展进入加速发展阶段。在后期阶段（城市人口占总人口比重在 70%~90%），农业人口比重已经不大，农业生产必须维持社会需要的规模，城市化发展又趋于平缓，经济发展的主要特征是从工业经济向服务经济的转变，城市化发展的主要特征是提升质量。

同时，城市化发展还显示出后发加速的特征。这一方面是由于科技进步的速度越来越快，另一方面是由于人们对于城市化发展规律的认识不断加深。例如，英国城市化快速发展时期大约用了 100 年（1800~1900 年，26%~75%），美国大约用了 80 年（1890~1970 年，35.1%~73.6%），日本大约用了 40 年（1935~1975 年，32.7%~75.9%），韩国大约用了 30 年（1960~1990 年，28%~75%）。

（三）全球化、信息化对城市化发展的影响

20 世纪 70 年代以来，经济全球化不断加速，对世界城镇体系产生了前所未有的影响。

第一，促进了城镇空间经济结构的转型和城镇体系的"极化"。以"产业链"为特征的空间结构，正在转变成为以"价值链"为特征的空间结构。发达国家的有些城市，如纽约、伦敦和东京，成为主导全球或区域的经济中心，处于经济活动"价值链"的高端；而越来越多的城市，如发展中国家的许多城市，成为发达国家的出口加工基地，处于经济活动"价值链"的低端。例如，中国被称为"世

界工厂"，"中国制造"享誉全球，世界500强企业纷纷在中国投资建厂，但一般都位于产业链的低端，近10年来"中国制造"使美国消费者节省6000多亿美元。

第二，全球经济一体化的进程及由此引发的城市发展模式的变化，使得城市经济发展越来越受到外部资本的影响。随着全球化进程中资本流动性的增强，城市之间的竞争日趋加剧。在经济全球化背景下，城市之间的竞争轨迹演变成为城市规划—综合实力—城市竞争力。

第三，随着各国经济体系的日益开放，城市和城市地区越来越被纳入全球经济网络。大都市地区的经济主导地位越来越凸显，成为所在国家参与全球竞争的战略性节点。

与此同时，信息化加剧了世界城镇体系的"极化"过程。发达的信息技术使经济活动在空间上的分离成为可能，例如，某一种产品，可能生产、制造在某一个国家，而管理、控制却在另一个国家。少数城市成为全球或区域网络中的信息枢纽，操控各种资源的时空配置。从长远来看，信息技术的发展，将会强化少数城市在世界城镇体系中的枢纽地位。

二、国外城镇化发展的主要经验

按照政府与市场机制在城镇化进程中的作用、城镇化进程与工业化和经济发展的相互关系，可以将世界城镇化发展概括为以下三种模式：

一是以西欧为代表的政府调控下的市场主导型城镇化；二是以美国为代表的自由放任式的城镇化；三是以拉美和非洲部分国家为代表的受殖民地经济制约的发展中国家的城镇化模式。

联合国环境规划署署长曾指出，"城市的成功就是国家的成功"。事实上，这个论断最早由美国《商业周刊》于1998年5月提出。不同国家、不同类型的城镇化模式所获取的成功经验值得我们研究、汲取和借鉴。

（一）制定并实施完善的公共干预政策

英国是工业革命的发源地，也是全球第一个实现工业化和城市化的发达国家。但是，城市基础设施匮乏、劳工住房短缺、生活环境恶化，导致传染疾病蔓延，危及社会安定和经济发展。多次惨痛的教训和日益觉悟的民众，促使欧洲各国政府相继采取了有力的行政干预来改变城市的环境。事实上，西方国家政府对城市化的引导和规划首先是着眼于城市卫生防疫和环境保护。采取公共干预政策引导城市化发展。

从 20 世纪 20 年代开始，英国北部的传统工业城市出现经济衰退的迹象。为解决城市化发展中区域经济发展不均衡的问题，政府始终扶持北部区域的发展，防止南部区域的过度发展，在一定程度上缓解了区域经济发展的不均衡。第二次世界大战结束以后，随着大规模重建、人口快速增长和小汽车日益普及，英国出现郊区化趋势。对此，政府采取设置环城绿化带和建设新城的城市规划政策，强调新城居住人口和就业岗位之间的相对平衡，较为成功地遏制了大城市的无序蔓延。20 世纪末，英国的城市人口比重达到近 90%。

日本政府在工业化和城市化发展中发挥积极的干预作用，根据人多地少和资源匮乏的国情，以较小的社会和环境代价获得了较快的经济发展。20 世纪 50~70 年代，以技术进步为主导的工业高速增长，带动城市化的加速发展，为大量农村富余劳动力提供了就业岗位，城市化水平从 1950 年的 37.3%迅速上升到 1975 年的 75.9%，年均递增 1.5 个百分点。为了缓解大都市圈的过度集聚所带来的区域发展不平衡问题，日本政府自 20 世纪 60 年代起，先后 5 次制定全国综合开发规划（分别于 1961~1968 年、1969~1976 年、1977~1986 年、1987~1997 年、1998 年至今）和一系列法规，并编制三大都市圈发展规划。

韩国政府也在城市化过程中发挥了十分重要的作用。但是在工业化和城市化初期，由于忽视农村发展，导致城乡差距不断扩大。从 20 世纪 70 年代初开始，韩国政府将农村发展列入国家战略，开展了声势浩大的"新农村运动"，在工业化和城市化过程中同步推进农村现代化。针对首尔和首都圈的过度集聚发展，韩国政府在各个时期都制定了相应的法律、政策和规划，特别是先后 4 次编制了《国土综合开发规划》，但政府的区域发展政策成效有限。20 世纪 90 年代以来，为了应对经济全球化的挑战，改善区域发展的不均衡状态，韩国政府实施地方都市圈战略，实现地方与首都圈经济的协调发展。

（二）中小城市（镇）占有重要地位

在城市化的不同阶段，中小城市的发展和作用也表现出很大的差别。从国际经验看，城市化一般经历三个阶段。第一阶段主要表现为人口向城镇集中，并因此促进村镇发展为小城镇，小城镇向小城市转化，大中城市的规模日趋扩大。第二阶段主要表现为人口流向城市的速度加快，大中城市迅速发展，小城镇发展速度相对减慢，甚至出现萎缩和停滞状态。第三阶段人口继续向城市集中，但速度变慢，主要以流向中小城镇为主。同时，大城市人口也向小城镇迁移，由此推动小城镇快速发展。

自 20 世纪 40 年代起，美国的城市化进入第三阶段，即人口向城市集中的过程仍在继续，但速度已经放慢，乡村人口主要流向中小城镇，甚至出现大城市人口向郊区小城镇迁移的郊区化或逆城市化趋势。1980 年的人口普查表明，在整个 20 世纪 70 年代，美国 50 个大城市的人口下降了 4%，而这些大城市周围的小城镇的人口则增加了 11%，中等城市的人口增加了 5%。伴随着中小城市（镇）人口的聚集、产业的扩张和企业数量的增加，中小城市（镇）的商业活动日益活跃，带动了中小城市（镇）经济的发展。20 世纪 60 年代以后，美国的中小城市和小城镇得到较快发展。

巴西的城市化起步晚于美国，目前处于城市化的第二阶段，即人口急剧向城市特别是少数几个大城市和特大城市集中的阶段。城市的扩容和人口的膨胀，给大城市带来了日益恶化的交通、环境、社会和住房问题。为了缓解大城市的压力，巴西在圣保罗老市区 50~80 千米半径范围内建设了 8 个环境优美、交通便利的卫星城，引导人口流向这些中小城市和小城镇。

韩国曾经历过高速城市化，但随之出现了农村空心化、城乡发展差异扩大、区域发展不均衡加深等一系列问题。作为应对措施之一，韩国政府自 20 世纪 70 年代以来，采取了一系列政策措施，促进小城镇发展，形成"小城市培育事业"阶段（1972~1976 年）、"小城镇培育事业"阶段（1977~1989 年）、"小城镇开发事业"阶段（1990~2001 年）。21 世纪初，韩国政府先后制定《地方小城镇培育支援法》(2001) 和《小城镇培育事业 10 年促进计划（2003~2012 年）》(2002，行政自治部)，掀起新一轮促进小城镇发展高潮。

由于区域发展较为均衡，小城镇兼有交通便捷和接近大自然的双重优势，拥有比大城市更为宜居的生活环境。目前，发达国家的小城镇发展已经较为完善，在整个城镇体系中占有重要地位。不少国家的大城市非常重视卫星城的建设，并将其作为缓解人口压力和经济、社会、环境问题的重要手段，加以统筹考虑。

（三）主导产业是城市发展的基础

绝大部分城市都必须要有自己的主题、自己的主导产业，没有产业的城市就像找不到工作的待业青年，是很难成才的。不少城市立足于自己的资源特色、环境条件，确定城市的产业发展战略定位，使城市迅速形成了自己的核心竞争力。如瑞士的达沃斯，一年一度的"世界经济论坛"使达沃斯小城出了名，会议经济进一步带动房地产、旅游、餐饮业、交通等相关产业。法国戛纳一年一度的电影节，同样使戛纳家喻户晓。

从美国城市化的进程看，许多城市和小城镇原先都是围绕企业发展起来的。例如，西雅图市的林顿镇，因为波音公司而出名；硅谷的高科技企业云集，成为世界上最充满活力的小城镇群带。尽管各国城市的规模大小不一，历史文化和市容市貌各不相同，但不同城市的主导产业突出、特色鲜明。比如，纽约是美国的商业、金融、文化娱乐和出版中心；西雅图是微软总部所在地，电子信息产业非常发达；迈阿密是美国南部著名的旅游城市和退休老人理想的休养地。巴西的圣保罗是南美洲最大的工业和商业城市，而伊瓜苏市则以旅游业闻名。

产业发展（产业结构的转换和演进）是城镇化演进的重要基础。城镇化的实质是由于生产力变革所引起的人口和其他经济要素从农业部门向非农部门转移的过程，转移的根本标志是农业比重的下降和非农业比重的上升，即产业结构的变迁。诺瑟姆将城市的发展分为三个阶段，分别与不同的产业结构相对应。诺瑟姆从人口转移的角度衡量产业结构调整的过程和城镇化发展水平。他的研究表明，工业化的进程将越来越多的人口从农业及工业生产中解放出来，为第三产业的发展提供可能，而工业化后期第三产业的迅速发展又为进一步吸纳传统产业富余人口创造了条件，从而推动城镇化的演进和城市发展。表8-1为产业结构与城市发展描述。

表8-1　产业结构与城市发展

阶段特征		前工业化阶段	工业化阶段			后工业化阶段
			早期	成熟期	后期	
从业人员比例（%）	第一产业	>80	50→20	20→10		<10
	第二产业	<20	20→40	50→25		<25
	第三产业	<10	30→50	40→70		>70
非农人口/总人口（%）		<20	20→30	30→50	50→70	>70

比较典型的例子如法国洛林地区由传统的煤炭、钢铁工业向高新技术产业、复合技术产业的转型；素有"德国工业之引擎"美称的鲁尔区由以煤炭、钢铁为主的产业向贸易、信息产业等的转型；而苏联顿巴斯煤田（现乌克兰）及巴库油田（现阿塞拜疆）由于没有发展新兴替代产业，在资源枯竭后迅速由盛转衰。

（四）城市治理的法制化和透明化

城市治理的法制化和透明化即"依法治市"。从目前的实践看，通常要求城市政府本身是一个法人，每个城市管理部门在建立前先立法，充分体现管理机构的法律权威性，以法律形式规定执行机构的权限等。按照联合国人居规划署的研究，城市政府管理的透明化意味着信息的共享和以开放的方式采取行动，是建立良好的城市治理结构的核心，有助于减少城市贫困，提高市民的参与度，是促进城市良性发展的重要途径。在过去多年里，由于缺乏一个较为透明的城市治理结构，城市各阶层之间的隔离、较低的城市财政收入、城市的财政支出不能有效惠及贫困人口等城市化进程中的诸多问题显现。解决这些问题的一个重要办法就是提高城市治理的透明度。

此外，对于大城市及大都市区的治理，在西方国家出现了建立大都市联合管理机构的现象，形成地方城市政府自治与大都市联合政府的双重机构，有可能成为一种趋势。一种方式是成立大都市区政府，在 20 世纪 50~70 年代曾盛极一时。最典型的例子是华盛顿大都市委员会和双城大都市区议会。华盛顿大都市区包括哥伦比亚特区及马里兰州、弗吉尼亚州的 15 个市县，于 1957 年成立了统一正规的组织——华盛顿大都市委员会，现已成为包括 18 个成员政府、120 名雇员、年预算 1000 万美元的正式组织。双城大都市区（位于明尼苏达州东部两城市圣保罗和明尼阿波利斯及其附近连绵成片的城镇密集区）总共有 372 个独立的地方政府单元，包括 7 个县、138 个市、50 个镇、149 个学区、6 个都市组织、22 个特别法院，为了解决因机构复杂多样而导致的区域矛盾，于 1967 年成立了双城大都市区议会。议会共有 17 个成员，由州长按照城市规模提名任命。另一种方式是以横向合作为基础，组建松散型城市政府联合组织，如大都市区地方政府协会，最为典型的就是 1961 年成立的旧金山湾区地方政府协会，在其全盛时期，有 8 个县、82 个城市作为其资格成员。这些联合机构的职能一般都是协调区际利益冲突和提高资源共享程度，优点是能够充分考虑都市区的各种功能联系，使

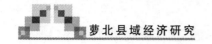

政府在提供公共服务方面更加高效合理，促进都市区的政治经济一体化。

三、国外城镇化发展的主要教训

20 世纪工业文明、城市文明在给人类创造巨大财富和技术进步的同时，也给人类造成了规模空前的灾难和创伤。不同城市化模式的国家在城市化过程中经历了不少惨痛教训，主要表现在自然资源与环境、社会环境、人群互动关系三个方面。这里主要对城市化先行国家在城市化发展过程中所表现出来的问题进行概括。之所以出现这些问题，除了在城市化过程中，由于人口的大量集中所必然带来的局部社会问题被放大的因素之外，如环境污染、瘟疫流行、种族矛盾与阶级矛盾激化等，主要在于忽视了城市发展政策的重要性。当今许多国家城市发展中的几乎所有问题，包括经济、社会、环境、能源、城市交通等，都和当时城市发展政策的失误有着直接关系。

（一）城镇化高速期引发房地产泡沫危机

城市土地的稀缺性、不可移动性与民众对居住空间需求的急迫性之间的矛盾，极易在城镇化高速期引发房地产投机而造成泡沫危机。以日本为例，日本城市化发展的主要特征就是以大都市为核心的空间集聚模式，实现资源配置的集聚效益和跨越式的经济腾飞。从 1950~1990 年，东京、京（都）（大）阪神（户）、名古屋三大都市圈的人口占全国总人口的比重从 38%上升到 51%。尽管大都市圈的发展在日本经济发展中发挥了极其重要的推动作用，但人口和产业的过度集聚也造成三大都市圈的房地产价格飞涨，最终酿成泡沫经济。

1955 年以后，伴随着战后日本经济的迅速复苏和持续的高速增长，特别是重化工产业、大型企业的高速发展和迅猛而至的城市化浪潮，导致对土地需求的猛增。由于城市土地数量的有限性和空间的不可移动性，房地产价格上升的幅度快于需求的增加。从 20 世纪 50 年代一直到 20 世纪 80 年代末期，整整 35 年时间（除了 1974~1977 年受石油危机冲击，日本房地产价格出现连续 3 年回落之外），日本的房地产市场价格一路攀升。据统计，1955~1972 年的 18 年间，日本房地产的总资产上涨 143 倍，遥遥领先于其他产业。日本国土面积为 37.78 万平方千米，美国为 916.6 万平方千米，日本的国土面积为美国的 1/24，而地价总值却是美国的 4 倍，达 2000 兆日元，居世界各国之首。此外，1955~1989 年，日本批发物价上涨 2 倍多，消费物价上涨约 5 倍，工资上升 21 倍，但全国城市土地价格上涨约 54 倍，东京等 6 大城市土地价格上升 128 倍。执政的自民党也不得不承认：在战败后的经济恢复和起飞方面是成功的，可是在土地政策方面是失败的，其本质就是"错拿不是商品的土地当作商品来对待这一点上"。

1990 年后，由于"泡沫"的破灭，日本的房地产价格一路下滑。东京地区最高级住宅用地从 1990 年高峰期的每坪 94.5 万港元跌至 1992 年的 42.58 万港元，只及高峰期的 44%。同年，全日本土地总资产因地价暴跌损失高达 665 兆日元，房地产业全面萎缩，牵连相关产业，引发了一系列金融危机，导致日本经济连续 15 年长期低迷，国力大大削弱。

（二）城镇化带来的社会问题

主要表现为贫富差距过大、贫民窟问题突出，引发城市危机和社会骚乱。以城市贫困为例，2003 年，联合国人居规划署发布了以全球贫民窟的挑战为主题的年度报告。报告显示，全球贫民窟居民人数在 20 世纪最后 10 年里增长到了9.23 亿人，增长幅度为 36%（也就是说，目前全球约有 1/6 的人口居住在贫民窟）；如果贫民窟居民人数继续以同样速度增长，到了 2030 年将达到 20 亿人。此外，有 5400 万人居住在发达国家城市类似贫民窟的环境里。

以美国为例，20 世纪 50 年代，美国在经历了战后繁荣之后进入了平稳发展阶段，这一时期被通称为"丰裕的社会"。但所谓"丰裕"是有限度的，城市贫困问题并未消失。随着郊区化进程，郊区逐渐成为相对独立的"边缘城市"，城市中心区则成为黑人和移民等低收入群体的聚集地，出现财政危机、失业、贫困和犯罪等城市问题，甚至引发种族骚乱。城市更新运动（1949 年开始，20 世纪70 年代中期结束，即中心城市再开发运动）也未能从根本上解决市中心区的衰退，尤其是黑人问题。市中心区和郊区形成了截然不同的两个世界，整个国家正在走向两个社会，"一个是黑人的社会，另一个是白人的社会，两个社会分离而且不平等"。20 世纪 60 年代中期，美国城市中出现了一系列种族骚乱现象。1964~1970 年，多达 100 多个城市爆发了种族骚乱，进一步强化了白人和黑人之间的集体对立，典型的如瓦茨骚乱。20 世纪 90 年代，美国经历了第二次城市危机。1992 年 4 月 29 日，洛杉矶爆发自 20 世纪 60 年代民权运动以来最大规模的反种族歧视暴力事件，致使 50 多人死亡、2000 多人受伤、11900 多人被捕，全部经济损失约 10 亿美元。美国政府动用了 2.2 万名军警，平息了这次骚乱。

拉美、非洲、南亚等地"殖民式城镇化"所造成的恶果已日益彰显，宗主国强制性照搬发达国家的城镇化模式，大量失地农民涌入城市，加剧城市贫困。20世纪 80 年代，许多拉美国家陷入持续的经济衰退和债务危机，城市问题也越来越严重，被国际社会称为"失去的 10 年"。

巴西是过度城市化的典型国家。经过几十年努力，经济发展获得巨大成就，由农业国转变为现代工业化国家。1960 年，巴西人均国民生产总值为 1049 美元；到 1980 年达到 2486 美元；2000 年人均 GDP 为 3587 美元。城市化率由1960 年的 56%，提高到 1980 年的 67.6%，再提高到 2000 年的 81.2%（同期世界平均水平仅为 46%）。巴西城市化过程中存在的突出问题是贫富差距过大。国际上采用基尼系数来衡量收入差距，以 0.4 为警戒线。巴西的基尼系数由 1960 年的 0.5 上升到 1995 年的 0.6。1999 年，占人口 1%的富人拥有国家 53%的财富，而占人口 20%的贫困家庭仅拥有 2.5%的社会财富。目前，全国贫困人口仍占34%，14%的人口未解决温饱。1998 年以来，巴西失业率保持在两位数以上。高失业率导致城市贫困人口的增加。城市贫民大部分住在贫民窟。近 20 年来，巴西城市人口增长了 24%，贫民窟人口增长了 118%。据 2000 年的人口普查，巴西有贫民窟 3905 个，遍及所有大城市，现已发展到中等城市。圣保罗州是贫民窟最多的州，有 1548 个。作为现代化的国际大都市和世界十大著名旅游城市之一，里约热内卢市城区人口 550 万人，其中有 150 多万人住在贫民窟，4 万人以上的贫民窟 20 多个。贫民窟问题成为巴西最为棘手的社会矛盾之一，不仅影响两代人的发展，而且影响社会安定、生态环境。一些贫民窟为黑社会所控制，成为城市犯罪的窝点。2009 年 10 月 3 日，里约热内卢市取得 2016 年奥运会的主办权。然而仅仅过了不到两周，里约警方的直升机竟在光天化日之下被黑帮击落。

20 世纪 70 年代以来，非洲国家的城市危机加剧，20 世纪 80~90 年代成为非洲大陆的"城市危机"时期。在肯尼亚首都内罗毕，近半数人口居住在大大小小数十个贫民窟里，其中，离市中心仅 4 千米的基贝拉贫民窟 3 平方千米左右的面积内居住着 70 万~100 万人口，是世界上最大的贫民窟之一。

四、国外城镇化发展对萝北的启示

吴良镛院士认为：全世界都将面对难以解决的城市问题，但"城市可能是主要问题之源，但也可能是解决世界上某些最复杂、最紧迫问题的关键"。研究、汲取和借鉴所有先行国家的成功经验和惨痛教训，对探索中国特色城镇化道路，促进萝北城镇化的健康、有序发展具有重要意义。

（一）城市发展要依托农村和农场

改革开放以来，萝北的城市发展取得了很大成就，但是，在推进城市化的同时，要处理好农业、农场和农村经济的发展。中国将城乡分割开来，导致中国的城乡二元结构。萝北具有农场城镇化特点，处理好农村与城镇化发展，将为破解我国二元结构提供非常好的发展模式。

美国的城乡差别比较小的最主要一点原因是促使经济和社会发展的机会沿交通干线向城郊和农村扩散，联邦和地方立法机构立法"为乡村提供发展机会"。美国缩小城乡发展机遇差别的主要途径在于，城乡居民接受教育，特别是高等教育的机会平等。如1968年实施的《民权法案》（给黑人等少数族裔更多的教育和工作机会）及得克萨斯州于21世纪初实施的《前百分之十法》规定：高中毕业生只要其综合成绩进入本校排名前10%，得州境内的名牌大学就必须将其录取，这使非重点高中的毕业生也有机会进入名牌大学。这样就确保黑人等少数族裔，特别是中低收入家庭的子女，有机会享受优质高等教育。又如，各州在消费税上向城郊和农村地区倾斜，促使消费机会向内陆州扩散，把消费和发展的机会送给远郊和农村。

国际经验表明，凡是城市化水平高的国家，其农业也相应地较为发达。美国是在城镇化、工业化的同时，实现农业现代化，农业生产率的迅速提高解决了粮食和原料问题，并为工业发展提供了广阔的国内市场。同时，农产品的出口为工业化和城镇化提供了大量积累资金。

日本在处理城市与农村发展关系方面较为成功，政府在关注三大都市圈发展的同时，制定了大量法律以促进农村的健康发展。如自20世纪60年代以来制定了《农业基本法》、《新全国综合开发计划》、《农村地区引进工业促进法》与《工业重新配制促进法》等，促使工业由大都市向地方城市和农村转移，农村地区涌现出了许多大企业的卫星工厂或分厂；为扶持山区农村及人口稀疏地区的经济发展，制定了《过疏地区活跃法特别措施法》、《山区振兴法》等。同时，日本政府也比较重视对农村、农业的投资，注重投资方式的多样化。中央政府主要对建设项目进行财政拨款及贷款，地方政府除财政拨款外，还可发行地方债券进行农村公共设施建设。农村基础设施的改善，加强了城乡间的联系，也为实现城乡统筹发展、城乡一体化提供了可能，农业不再是农村的支配产业。到1980年，农村从事第三产业的比率高达42%，使小城镇获得较快发展。

巴西的情况正好相反，在城市化过程中，片面强调城市的扩张而忽略了农村的发展，导致城乡之间存在着巨大的差距，强化了城乡二元经济结构。

正反两方面的例子告诉我们，要实现城乡一体化，必须纠正传统的偏重城市发展的政策倾向，在城镇发展与农村发展之间形成一种良性的互动关系。城乡统筹发展将是萝北经济持续发展的极为重要的动力。

（二）积极培育城市主导产业

城市发展与产业发展有直接的关系。著名经济学家缪尔达尔的城市发展积累因果理论认为，当城市发展到一定的水平时，决定城市增长的不再是本地的资源禀赋，而是城市本身集聚资本、劳动力等生产要素的能力。这种能力取决于城市能否形成一种繁荣的主导产业，这一产业将会派生出新的产业，而新的产业又能形成一种繁荣的主导产业及其派生出的新产业。这种累积和循环的产业发展过程，推动城市不断向前发展。因此，城市发展首先要解决的就是产业发展问题。

美国和巴西城市化的经验也说明，因地制宜地培育具有竞争优势的主导产业，是保持城市活力、推动城市发展的重要条件。以美国旧金山附近的小城镇帕洛阿尔托为例，该镇是一个只有5万多人的小城镇，在发展过程中，依托毗邻斯坦福大学的优势，发展包括电子、软件和生物技术在内的高新技术产业，成为世界上最具活力的小城镇之一。可以这么说，离开了产业的支撑，小城镇将失去发展的基础。

我国的小城镇建设，普遍存在产业结构雷同、特色产业不明显、主导产业不突出等现象。因此，各地要结合经济结构的战略性调整，合理定位城镇功能，着力培育本地区的主导产业，增强城镇可持续发展的能力。通过主导产业的崛起和形成，带动新产业的发展和配套设施建设，进一步促进城市发展。

东京都市圈的经验：东京的工业进程经历了初级工业化、重化工业化、高加工化和知识技术高度密集化阶段，走过了一个逐步高度化和产业结构不断优化的发展道路。首先，在工业结构高级化过程中，经济结构呈现出高技术化趋势。其次，都市型工业是能够广泛吸收就业、为满足现代城市功能服务的行业，一般具有劳动密集，花色品种变化快，耗水少，污染低，占地少的特点，从东京工业结构演化来看，都市型工业在整个过程中都发挥着重要的作用，一直位于主导行业之列。再次，制定合理产业政策，推动产业链形成，有助于促进产业结构调整和经济发展。最后，充分重视与构筑合理产业链，以优化的城市职能分工促进区域共同发展。

就中国情况而言，存在两个互相矛盾的城市政策：一方面，推进城市化是中国城市政策的核心，更多农民工将会进城；另一方面，每个城市都把高科技制造业、现代服务业作为发展方向，使就业基础较差的农民工在进城后难以找到收入较高的工作。因此，在城市总体规划中，应支持多元化的经济结构，为低就业门槛的就业留有余地。也就是说，在积极培育城市主导产业的同时，还要注重城市发展的多样性，保持大城市经济的多元化。日本著名经济学家青木昌彦提出："只有一种经济组织形式的城市，是难以创造可持续发展能力的。"

（三）制定系统、稳定、可持续的城市发展政策

城市化是中国现代化进程和经济持续增长中的核心命题，而公共政策又是中国城市化进程中举足轻重的推动变量。中国城镇化发展的基本目标是实现集约化经济社会、流动性社会（人口流动、交通体系）、市民社会和追求可持续发展的社会。

城市化指的不是城市扩大、市容更新、基础设施建设的过程，这种过程叫作城市发展。城市化的本意是农村变城市或农民变市民，其本质是农村人口转移到城市，在城市定居和工作。简单地说，城市化就是农民进城的过程。在进城之前，农民是低收入阶层。因此，城市化的过程又是如何处理好贫富差距问题的一个过程。显然，这是一项复杂的经济、社会与生态的系统工程，涉及一系列的公共政策及其相互协调问题。

第一，城市化是工业与服务业发展的过程。一个国家要实现城市化，要使农民真正进城，需要创造越来越多稳定的、长期的非农就业岗位，使农民不仅能够

进城，而且能够在城市定居，非农产业化才能最后实现。从这个意义来说，城市化是为了更好更快地实现非农产业化。因此，要使城市化深入展开，当前的重要任务是发展适合我国国情、适合一个地区和城市的具体条件的产业结构，创造更多的就业。有了好的经济政策和产业政策，一个地区才能实现就业增长，人口才能聚集起来；而收入提高，税收增长，用于城市基础设施建设的资金才会较为充足，这样城市才能发展起来。

第二，城市化是农民进城的过程。农民工进城，凸显了社会收入差距拉大的现象。而农民工作为一个弱势群体，在很多方面没有保障，包括养老、医疗、住房、子女的教育等。在这个意义上，城市化是一个社会问题，需要方方面面的社会公共政策加以保障，需要重新思考和构建社会保障体制，这样城市化进程才能平稳进行。从长期看，不可能所有的农村都变成城市，必须坚持城市反哺农村，走城乡一体化的道路。

中国在各种体制包括土地制度的保障下，成功避免了大量城市贫民的存在，避免了城市贫民窟现象。但是，在城市化进程中，低收入阶层在城市中的存在，仍然对我们各方面的经济政策提出了严峻的挑战。如何使新进城的低收入阶层和原来的"城市贵族"能够安居乐业、各得其所、相得益彰、和谐发展，是城市化进程中公共政策研究方面的一个重要课题。过去，有些城市为了使城市更美好，为了环保，为了社会治安，为了管理上的种种方便，驱赶"城中村"、"城边村"，驱赶外来农民工，这实际上是一种反城市化的行为。当前我国社会群体性事件频发，这是社会管理机制滞后于城市化发展的突出反映，本质上反映了城市化带来的利益变动与冲突。

第三，城市化是土地用途转移的过程。从空间的角度来说，城市化又是土地用途转移的过程。城市化进程并不意味着对农产品需求的减少，同时，城市化进程要求城市用地、商业用地的增加，这导致城市用地与农业用地发生冲突，而这又涉及土地等一系列制度与政策的改变。例如，如何更有效地利用有限的土地进行城市化发展，如何使城市用地更加集约，在有限的土地上提供更多的住房、各种工业和商业的空间，如何使转移出来的农民所拥有的宅基地被充分利用起来，从而与农民进城的进程相结合，满足城市用地的基本需求。在这方面，成都、重庆实行的农地交易所是一个有益的探索。

第四，城市化进程是一个复杂的系统工程。城市化意味着大批的农民结束了散居的农业社会生活方式，转移到城市当中，而城市人口大规模增长，大城市越来越多。人们的许多生活必需品的供给，从原来的一家一户、各自解决的方式转变为公用品、公用事业的供给方式，这就使得一系列有关城市公用事业发展的公共政策变得越来越重要。如何利用有限的资源，提供价格低廉、质量有保证的各种公用品，如电力、自来水、煤气、公共交通、公共设施，垃圾处理等，就成为城市化过程中非常重要的一系列需要研究的制度与政策问题。

同时，城市化进程造成大量的环境污染和破坏，说明人与自然的关系还没有得到充分研究。人口大规模聚集所产生的各种环境问题、生态问题，是下一阶段城市化进程中公共政策问题的一个焦点。此外，城市进一步向低碳生态型发展，建设低碳城市，减少城市的二氧化碳排放量，保护城市环境，是当今世界各国的城市发展方向，正在成为世界城市化发展过程中的新亮点，影响城市在全球范围内的竞争。目前，全世界都关注全球变暖、应对气候变化，中国作为一个发展中国家，也不可避免地要在城市化进程中把降低能耗、减少二氧化碳排放这样的问题纳入公共政策议程。

因此，城市化进程是一个复杂的经济、社会、环境、文化等方方面面的系统工程，其中还涉及各方面政策的相互协调问题。针对以上问题，必须进行深入、系统的研究，制定系统、稳定、可持续的城市政策，强化制度创新，使经济政策、产业政策、能源交通政策等与社会政策有机组合，形成一个和谐而统一的公共政策体系，以保证城市化进程的健康、有序进行。

综合起来，在讨论、制定城市发展政策时，不应该，也无法局限于具体的"城市问题"。城市发展政策具有全局作用，带有历史影响，城市发展政策的成败并不完全在于政策本身，而取决于更加高层、宏观的国家发展政策。国家发展政策的正确与否，决定城市发展政策是否出现偏差；反之，在高度城市化的时代，城市发展政策对于一个国家经济社会的长期发展也会产生重大、经久的反作用。制定国家经济发展政策时，必须特别重视这些政策的空间影响、城市影响。至于"城镇化率虚高"的问题确实存在。如果减掉 1.67 亿农民工，则中国城镇居民为 4.55 亿人，城镇化率接近 34.5%。如果以这个基数来作为制定一系列经济社会发展政策与城市发展政策的依据，那么，肯定与当前的政策存在较大差异。

制定正确的政策需要时间，因为对问题的认识需要相当长的时间来检验证明。实践和时间都是检验真理的标准。决策者在制定城市发展政策时，要特别注意防止急功近利和好大喜功。

(四) 政府的适度引导必不可少

城市化是一场深刻的社会大变革，涉及经济结构调整、社会结构变迁、城镇合理布局、区域协调发展等一系列重大问题。如同市场经济需要适度的宏观调控一样，城镇化也必须要有适度的宏观调控和引导。基于市场化的适度政府引导对城镇化的健康、有序发展十分必要和重要。

无论在发达国家还是发展中国家，各种"城市病"或城市危机的出现，与缺乏公共政策的及时有效干预直接相关。西方发达国家曾经对这些"城市病"、城市问题感到十分棘手，但它们能够通过及时调整公共政策，进行各种政策干预，包括采用各种财政手段介入城市事务，合法限制私人对城市土地的某些不良开发利用，以及政府直接实施城市发展和改造计划等，有效缓解了各种城市问题。要实现城市化的可持续发展，政府可在城市规划编制、城市发展方向、城市区域统筹协调等方面发挥重要作用。

第一，城市规划至关重要。城市规划说到底是一种社会契约，是为了保证社会的公众利益而对人们的行为，特别是对建设行为的一种约束与限制。从各国的情况看，在城市化发展的各个阶段，凡是缺乏科学权威的城市规划体系以及相关的公共政策，城镇发展就会呈现无序状态。所以，城市化发展较为成功的国家，如英国、日本和韩国政府都坚持以城市规划为主体的公共干预政策，编制了各个层面的空间发展规划，如英国的城乡发展规划、日韩两国的大都市圈规划和国土综合开发规划等。

法国致力于城市"扁平化"。巴黎的城市规划传统由来已久，除少数大厦之外，大多数楼房都不超过10层。巴黎城建法规规定，市内建筑物高度必须与邻近街道的宽度构成一定比例，一方面，从客观上降低了人口密度，缓解了交通压力，也减轻了城市医疗、教育和社区等配套服务设施的压力；另一方面，巴黎市有意识地把城市分区，将商业区、大学区、公务区和居住区分开，将一些密集办公的商务区和工业区迁到周边郊区，较好地缓解了巴黎市中心的交通和配套设施压力。

日本也比较重视城市化过程的总体布局，东京的城市规划以放射状大容量轨道交通为依托，沿轨道交通站点（多为过去的小城镇）建设生活服务、文化娱乐和治安配套完善的居民区，带动了周边大片区域的发展。

墨尔本则十分注重可持续发展与大都市规划。和许多发达国家的城市一样，20世纪80年代的墨尔本成为一个功能集中、近乎单调的大城市。个人利益的考虑、规划策略的不足、郊区发展的牵制、机动车的影响、零售商业等活动从城市中心的移出，几乎使城市患上了"摊大饼综合症"。30年后，墨尔本改变了20世纪80年代城市中心的单调和半荒芜状态，2030年规划是关于可持续发展的一个全面计划。墨尔本在10年内3次入围《经济学人》杂志评选的"全球最适合居住城市"，最近一次是在2003年。

反面的例子是美国的"波士顿大开挖计划"。1959年建成的波士顿中央干道原本被寄予缓解拥堵的希望，但结果却适得其反。于是，20世纪70年代总投资146亿美元的"大开挖计划"应运而生，在长约13千米的范围内，将这条高架中央干道全部拆除，把交通引入地下隧道。

因此，必须提早开展城市规划，加强对城市的改造与管理。目前，低碳、生态、绿色等构成了中国城市发展的新语境。低碳、生态、宜居，成为21世纪的理想城市的目标，基本目标是可持续发展和生活质量。使人居环境更美好，是我们的共同目标。要吸取英、美等国家的教训，在城市定位、公共设施建设、公共卫生、人居环境等方面提早规划。

北京遭遇垃圾围城：20世纪80年代末至90年代初，北京有关部门通过3次航空遥感发现，面积在50平方米以上的垃圾堆，在四环路以内有4700多个。在摄影师王久良的地图上，400多个黄色的小圆点大多数分布在北京的五环和六环之间。

城市垃圾危机：2009年，城市垃圾处理，特别是垃圾焚烧成为一个热点。从北京六里屯、高安屯、阿苏卫到南京天井洼，从广州番禺、李坑、花都到苏州平望等地，先后出现垃圾场附近部分居民，采取散步、上访、车队游行等方式，表达对城市垃圾填埋和焚烧项目的反对，引发城市垃圾危机。

第二，紧凑集约发展取代无序蔓延。城市无序蔓延在资源和环境方面付出了巨大代价，美国的郊区化是最为极端的例子。自20世纪80年代以来，西方国家开始检讨城市蔓延带来的经济、社会和环境后果，美国政府提出了"精明增长"的理念。近年来，西方国家的理论和实践主张，未来的城市发展应该采取公共交通主导的紧凑空间形态和混合土地用途，以实现人类住区的可持续发展。

在我国，随着城镇化进程的不断推进，城镇人口比例将在不久的将来突破50%。目前，我国每年有约 1500 万人进入城镇，这一趋势将在一定时期内持续。这就进一步要求我们在城市甚至区域的范围内倡导土地使用功能的混合，大力推广紧凑节地的发展模式，构建紧凑型的城市空间格局。转变经济发展方式、抑制刚性碳排放、建设低碳生态城市、提高城市的宜居度将成为我国城市发展建设中的重要课题。

1957 年 5 月 24 日，《人民日报》曾发表题为《城市建设必须符合节约原则》的社论，批评城市建设规模过大、标准过高、占地过多及在城市改扩建中存在着"求新过急"现象，即"反四过"。50 多年过去了，"四过"还没反掉。这一现象值得深思。

第三，区域统筹协调不可或缺。城镇化的本质是区域发展。无论是迈向可持续发展的目标还是应对经济全球化的挑战，城市化发展越来越需要在区域层面进行统筹协调。各国的城市化发展都出现了由城市走向区域的趋势。1999 年，欧盟制定了《欧洲空间发展战略》，为统筹和协调各成员国的空间发展提供指导框架。美国城市理论家芒福德（L.Mumford）曾指出，"真正有效的城市规划必定是区域规划"。以大都市为核心的区域层面上的空间发展管理，能够有效地促进城乡之间的协调和地方之间的合作，由此实现区域之间经济、社会和环境的均衡发展。

就中国情况而言，加快城镇化进程，不仅要加强城乡统筹，还要注意区域层面的统筹协调。要加强各省之间、城市之间发展意图的相互衔接与配合，而不是各自为政，低水平重复，形成地方性恶性竞争。区域发展规划有助于提升地区差异化核心竞争力。加拿大城市地理学家雅各布斯提出，多样性是城市的天性，也是城市增长、创新的根源。

多个城市调整行政区划，可能形成示范效应。2010 年 7 月初，北京宣布了涉及最核心城区的区划调整方案：位于市中心的东城、崇文、西城、宣武四个区将撤销，同时成立两个新的首都功能核心区——东城区和西城区。新一轮的行政区划调整涉及四座直辖市和深圳、厦门两个经济特区等最核心的城市群。近一年来，上海（新浦东）、天津（滨海新区）、沈阳（大浑南）、重庆（两江新区）、深圳（特区扩容至全市）、厦门（特区扩容至全市）等城市也陆续调整行政区划，有可能成为一种趋势，形成某种示范效应。《人民日报》海外版发表文章，标题是"高层级区划调整指向核心城市，行政为经济让路"。

对于严格管制户口和以行政区划为单位进行规划的中国城市而言，行政区划调整无疑将改变一个地区居民的"生态"环境，因此每每引起巨大关注。围绕行政区划调整，各方观点不一，见仁见智。有人认为，行政区的调整不能变成房地产商的开发冲动，否则就是悲哀；有人认为，行政区划非调不可，而且调整已经具备了相应的条件；也有人认为，区划调整不能形成习惯，应该是一种小概率事件，不能普遍采纳；还有人认为，影响是两方面的，其中利好效应有三个方面，即资源整合效应、边界整合效应和管理整合效应，负面影响是可能造成规模扩大化、发展门槛低端化，以及编制、机构盲目扩张化。

中国城市规划设计研究院城市与区域规划设计所副所长张险峰认为，我国现在扩大行政区的做法和国际上的大趋势恰好相反。国外现在更多的是强调分权治理，这样会给各区带来更多的自主权和竞争力。国外的城市和中国城市很大的一点不同就是，它们不需要通过发展土地拉动经济的发展，而是通过资产的增值、技术的进步来带动城市变革，所以不会像中国一样，希望区域越大越好。国外的城市更强调的是功能架构和空间架构，而不是我们所强调的行政架构，它们的城市是松散的行政关系，却有十分紧密的市场关系，一切按照市场规律办事。也就是说，国外的行政边界一般轻易不动，保持延续性。但是行政区划不动，并不影响协作，可以通过协作的方式来发展。如荷兰的阿姆斯特丹机场，它在另外一个城市的边界处，加一条跑道就到人家的行政区了。由两个市政府来进行协调，行政边界感觉不到严格意义上的差别。

《南方周末》2009年的一篇文章《中国城市政府的"土地财政"》中介绍，2009年，中国地方政府土地出让金收入总额达15000亿元，土地出让金收入过千亿的城市有杭州和上海。其中，土地出让金超过地方财政收入的城市有杭州、佛山、厦门、武汉和宁波等，土地出让金超过地方财政收入50%以上的城市有沈阳、成都、天津、济南、合肥、常州、无锡、广州、大连、南京，土地出让金超过地方财政收入 50%以下的城市有北京、青岛、上海、苏州。

此外，国外的区划很难改变，也存在老百姓意愿，即城市规划中的公众参与问题。政治家一般都得讨好老百姓。而这次北京区划调整出现了争议，老百姓觉得"崇文"、"宣武"名字不见了，舍不得，他们事先也不知道，突然之间就调整了。实践中，怎么样才能合理、合法地进行区划调整，民间意见很少被听取，好像只能根据政府的意图来实施，缺乏明确的法律规定。

有专家提出，重要的并不在于划几个区或者合并几个区，针对目前我国所处的发展阶段，迫切需要的是城市或区域管理的观念要真正转变。例如，日本现在的 47 个都道府县行政区域体制，早在一百多年前就已形成框架，至今没有大的改变。一些学者和专家及管理部门的人员也曾提出过各种行政区合并或调整方案，但由于大的区域范围调整或改变的成本很高，也会由此引发许多不便，因而几乎没有动过。事实上，日本在 20 世纪 60~70 年代时的区域行政管理问题也不容乐观，经过其后数十年的不断改革调整，并结合当时所面临的国内外环境采取了许多有利于都市间、区域间交流和要素畅通的措施，使得各个行政区之间的交流逐渐趋向便利和一体化。日本的新干线是全球评价和运营效率较高的高速铁路系统。尽管东京至大阪新干线于 1964 年东京奥运会开幕之前才正式建成通车，但是，建设这条新干线的规划设想早在明治维新时期就已形成，在其后的 100 余年时间里，该项工程的空间部署及其建设所需土地都一直得以保留，并未因发展阶段转换及其行政管理等的调整而变化，让人印象深刻。

借着经济调整的时机，区域经济发展已经成为我国经济体中最具活力的领域。而从 2008 年底到 2009 年底，国家区域经济规划接连出台，到 2009 年底已达 13 个，是政府出台区域经济发展规划最多的一年。2010 年新年伊始，《长江三角洲地区区域规划纲要》出台。事实上，发展到现阶段，改革开放初期靠点状拉动中国经济发展的方式出现了一些新的问题，如低水平重复，形成地方性恶性竞争。解决这些问题的方法是扩大区域。从趋势上来看，点状拉动将走向区域经济一体化，也就是发展到更大范围的区域合作。

国务院发展研究中心金融研究所副所长巴曙松预计，城镇化推动区域均衡发展将会进一步成为重要的政策切入点。与此同时，要加强发展规划、城市规划、土地利用规划三大规划之间的协调而不是相互矛盾，提高规划的权威性。可学习引进新加坡"规划高于权力"的机制——总规划师负责制，杜绝"一任市长、一个规划"的现象。城市规划不应是长官意志的蓝图，不要为了满足某些人为的"功能"（如形象工程、政绩工程）而忽视了社会实际问题的解决。当前，我国绝大部分城市和小城镇都已编制发展规划，不少城市甚至进行了多次修编和调整。但是，我国的城市发展规划的法律约束力弱，随意改动现象严重，致使规划难以落实，"规划规划，墙上挂挂"。

文化是城市的灵魂。目前，不少城市规划缺乏特色，"千城一面"，"南方北方一个样，大城小城一个样"，甚至造成所谓"建设性破坏"，城市的历史、文化底蕴丧失殆尽，是需要城市决策、规划、建设者尽量避免的。

旧城的保护与更新是一个充满挑战性的话题。江苏镇江大运河畔13座宋元粮仓遗址被毁建商住楼盘，其曾入围"2009年全国十大考古新发现"评选名单；被美国《时代周刊》评为"全世界在消失前最值得去的地方"的北京钟鼓楼街区面临拆迁，胡同格局即将改变。胡同、四合院、钟鼓楼、居民、传统生活方式，使钟鼓楼街区成为北京老城文化的代表，后海、酒吧、南锣鼓巷的创意市集给这里增添了诸多现代气息。一个打破此地原生文化气场的新项目正在以时间和文化的名义向前推行。

联合国助理秘书长沃特·恩道曾论述："城市化极有可能是无可比拟的未来光明前景之所在，也可能是前所未有的灾难之凶兆。所以，未来会怎样就取决于我们当今的所作所为。"

第三节　萝北未来城镇化道路选择比较分析

一、政府调控下的市场主导型的城镇化

第一，要发挥市场的作用，城镇化与市场化、工业化总体上是一种比较协调互动的关系，是一种同步型城镇化。工业化与城镇化相互促进。城市化总体上来说是工业化的产物。近年随着全球经济一体化和竞争的加剧，城市产业结构不断调整和重新分工，城市发展格局显现出新的态势，产业发展与城市发展

更加密不可分。

第二，发挥政府的宏观调控作用。在城镇化快速发展过程中，会不同程度地遇到了土地、住房、交通、环境和历史文化保护等方面的问题，政府公共政策涉及的范围越来越广。政府要引导城市建设开发，减少对乡村环境和利益的损害。

强调对市场竞争和社会保障进行必要的国家干预，通过健全法制、制定和实施国家城镇化战略和公共政策，开发建设区域基础设施，改善城市环境，提供公共服务设施，引导城镇化与市场化、工业化互动发展，积极推进区域结构调整，正确应对快速发展的城镇化进程。在此过程中，通过体制机制的不断完善，针对各个特定阶段出现的问题及时调整政府政策，用行政、财税、规划等手段来弥补市场机制的不足。

二、以中心城市建设引领城镇化发展

萝北县城作为中心城市，是全县政治、经济、文化、信息的中心，也是推进城镇化建设的中心。为适应萝北县全面建设小康社会和现代化建设要求，加快中心城市的建设发展，全面增强经济综合实力和竞争力，建成对全县具有强大辐射和集聚效应功能的现代化新兴城市，是萝北县城镇化建设具有决定意义的首要任务。

（一）确立中心城市发展定位和目标

根据萝北县城的自然条件和基础，以及中国—俄罗斯远东地区贸易加强，国家新型城镇化战略启动为城市发展所带来的前景机遇条件分析，萝北县城可以发展成为中国—俄罗斯远东自由贸易区结合部地带具有承接国际陆路通道贸易经济和产业功能，以发展国际贸易服务、加工业和旅游业为主体，开放式、生态型边境重要城市。

到 2020 年，将县城建设发展成为具有较大规模，城市基础设施完备，以国际贸易服务及加工业和旅游业为主导，经济发达，具有北国风光，独具依山傍水特色，居住和创业环境优质化的现代休闲旅游型山水城市。

（二）城市规模、空间布局和功能分区

依据县域经济发展战略对中心城市的发展要求，以及对发展前景条件的判断，到 2020 年，将中心城市建设成为拥有 10 万人口左右、15 平方千米规模的

现代新兴城市。

（三）城市建设发展

按照依山傍水特色、环境优质化、现代休闲旅游型城市建设要求，中心城市重点加强以下方面建设：

第一，将以人为本、生态保护、可持续发展作为根本原则纳入城市规划和建设发展。

第二，对代表萝北形象和标志的主城区进行精心设计、塑造、建设。修建具有萝北特色的大道、商业步行街和旅游休闲区。

第三，建设完善的具有萝北特色和形象的标志性工程，营造城市文化素质。

第四，重视城市园林美化建设。协调城市与周边自然环境（包括山、水、田园、林木等）的一致，突出城市建筑风格的历史原创性和萝北文化品位；从生态绿化的原则出发，加快城市道路、街区、住宅区、商贸区等环境的绿化美化建设；全面实施"青山、蓝天、碧水、绿地"工程，严格保护和禁止破坏城市周边的自然山体、森林和江岸，营造人与自然和谐相融、居住创业环境优质化的城市生态环境。

第五，高度重视城市经济建设，强化城市功能，大力发展城市工业经济。大力引进项目资金，拓深石墨等资源型加工业、进出口加工业和相关产业。以城市工业化促进城市现代化。

第六，加快发展城市旅游服务业。优先发展与旅游产业配套的基础服务设施，如高级宾馆、饭店、购物中心、商业街、地方小吃一条街及娱乐中心等。完善城市旅游服务功能。

第七，大力培育建设市场体系，逐步建立发展各类生产要素市场和专业市场。

第八，切实改善和保护城市生态环境。以保护水源、大气为重点，加强城市污染治理和生态工程建设，统一处理城市污水。要严格控制城市废水、废气、废物、废渣、粉尘排放。

第九，加强城市管理。以卫生、整洁、文明为核心搞好城市管理，切实解决脏乱差问题。严格防治城市传染病发生。加强城市管理的规范和法规工作，提高依法治城的能力水平。

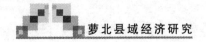

三、以重点城镇建设作为城镇化的重要支撑

（一）副中心城市

根据县域经济发展战略要求，将名山镇区作为副中心城市纳入口岸经济区总体规划建设。作为服务于萝北国际口岸经济区，具有对外开放服务功能的小城市加快建设发展。

第一，名山城市区要按 3 万人口、5 平方千米左右的规模面积进行总体规划。重点建设行政服务区、商住区和生活服务型专业市场等。

第二，重点依托口岸经济区，大力发展服务型的第三产业经济和边境贸易。

第三，将名山城区建成环境优美、开放性、服务型口岸城市。

（二）重点镇建设

从县域经济布局、城镇化建设和经济发展的总体考虑，应将太平乡、鹤北镇、肇兴镇、团结镇等作为县域重点镇进行建设发展。依据各自优势，发展成为具有一定规模、功能各异、各具特色的城镇，带动周边乡镇和广大农村经济发展。

第四节　萝北推动城镇化建设的对策措施

一、加强城市投资和基础设施建设，提供城镇化的源动力

必须全方位、多元化地建立城镇建设投融资市场，以市场手段营造吸纳资金的磁力效应，萝北县基础薄弱，资金极其匮乏，严重制约萝北县经济发展。必须打破依靠财力搞建设的传统发展方式，建立多元化、开放式投融资新体制，用市场手段有效解决建设发展资金不足问题。以吸纳外部社会资金为主，全面推进县域经济发展战略的实施，实现跨越式发展。

（一）要全面开放市场，形成建设投资主体多元化格局

在市场经济条件下，政府不应垄断市场和资源。在萝北县迫切需要资金的情况下，必须首先开放市场。将主要资源包括土地、基础设施、市政建设等全面对外开放，允许各种所有制形式以独资、合资、控股、参股等形式进行投资经营，

形成投资主体多元化格局。只要有利于萝北县经济发展、有利于增强综合实力、有利于改善和提高人民群众生活的事情，都应坚决放手去做。依靠市场力量去有效解决资金问题。

（二）要着力营造市场化、宽松和谐的政策大环境

在全面开放市场的同时，政府必须花大气力着重营造一个市场化、宽松和谐的政策大环境。一是在现阶段，尤其是经济启动阶段，政府要全面实施"放水养鱼"政策，对外商和民营企业投资和经营活动不设卡、不添乱、不限制、不摊派。二是政府必须全面降低"准入门槛"。在资源、土地、市政建设、基础设施等开发建设问题上，政府不应该首先考虑盈利，要敢于"充分让利"，要让投资者有足够的盈利机会，确保其在投资开发经营中得到比在其他地方更大的利益回报。三是要制定全面优惠的投资政策，从政府行文规定上确实保障投资者有足够的投资信心和投资动力。四是要加大软环境建设，全面提高政府服务质量，全力打造"诚信萝北"、"信用政府"，提高政府公信力，塑造公正、公平、公开的政府形象，以高度的诚信和到位的服务，广招各方客商，广纳天下资财。

（三）利用现行国家和地方发展政策争取政策性专项资金

要充分用足、用够国家振兴东北政策，精心组织和策动若干重大项目，力争将其纳入国家和自治区投资建设规划和计划，争取专项资金和政策的扶持。如萝北国际口岸经济区、特色农业产业园区、旅游区开发、农产品加工及交通设施等。

（四）动员全社会，利用多形式和多渠道，促成全方位招商引资新局面

一是要出台政策，对招商引资有重大贡献的人员要公开表彰和予以重奖，以形成示范效应；二是广搭招商舞台，利用各种招商会、推介会、展览会、艺术节、旅游节、传统民间文化活动以及现代通信网络等形式进行招商引资；三是加强对萝北县资源、优势、形象的设计和包装，充分利用各种大传媒进行广泛宣传，制造投资开发热点效应；四是强化政府对外公关力度，要组织政府专门部门，加强与自治区政府和部门以及中央各有关部门的沟通联系，推动上级部门对萝北县的重新认识和对萝北县开发建设的关心重视，寻求上级部门对萝北县发展的支持。

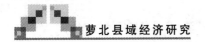

二、大力发展教育文化业，推动城镇化的动力

萝北县城镇化发展的一部分动力来自城乡教育文化资源和水平的差异。

建设萝北县和谐小康社会，必须提高人的整体素质和能力，重视和加快教育文化事业发展。

（一）大力发展教育事业，带动教育城镇化

萝北县许多农民为了子女进城读书而进城购房，或从事第三产业，以便就近照顾孩子。因此，根据义务教育、高中段教育和高等教育的不同要求，在中心镇、县城和地区中心城市办好高质量的各级学校将成为推动农村人口向城镇集聚的有效措施。

第一，加强基础教育，全面实现普及九年义务教育。2020年，适龄儿童入学率要达100%，"普九"人口覆盖率达100%。巩固提高现有初中，扩大办学规模，优化和提升初中教育水平；要重点普及高中，大力发展高中教育。2020年，初中生上高中率要达到90%以上。

第二，要建立长期稳定的成人教育制度。逐步建立大众化、社会性化的终身教育体系。重视成人职业教育，办校办班，提高人口的文化素质和劳动技能。

第三，深化教育体制改革。鼓励社会办学、民营办学，多渠道多层次发展教育产业。要培育建成一支高素质的师资队伍。加强师资力量培训，全面提高教师职业道德和教学水平。

第四，大力推进教育信息化建设。到2020年，全县中小学教育实现"三网合一"，建成开放式远程教育网和终身教育体系。

第五，要加大对教育事业发展投入。重视和有效解决贫困子女读书难、上学难的问题。

（二）推进文化事业，提升城市的辐射半径

第一，大力发展现代文化事业，创建具有萝北特色的先进文化和产业，培育积极、健康、向上的文化市场和环境。

第二，重视萝北历史文化名城建设。深入挖掘萝北民族文化的深厚历史文化内涵。进一步提炼和培育具有"重商、务实、开放"特性和时代进步意义的萝北文化精髓，塑造开拓进取的萝北精神。

第三，大力发展丰富多彩的大众文化娱乐活动，挖掘发展萝北旅游文化，重点打造天琴民族艺术文化品牌。

第四，兴建一批具有萝北标志性的文化艺术工程。在县城建设民族文化艺术中心、图书馆、文化广场；各乡镇和行政村要建立文化科技活动中心和图书室。大力发展广播电视事业，丰富和提高全县人民的文化生活质量。

第五，大力发展全民健身体育活动。加快体育设施和场馆建设。发展社会化的各项体育活动，推进体育产业发展。

第六，大力发展关系人民群众健康保障的卫生事业。建立以城镇医疗卫生设施为主体，形成城、乡、农村三级卫生网络，发展医疗、预防保健、康复理疗、优生优育综合服务体系。控制传染疾病，健全卫生监督机构，提高医疗卫生水平。

三、积极推进城乡土地制度改革

土地问题是严重制约工业化、城镇化发展的重要问题。具体表现为，农村的土地权限不明确，不能全面自由流动，不能成为物化资本进入市场。一方面，影响农村土地的相对集中和产业规模发展；另一方面，又制约影响城镇发展对土地的需求。特别是在萝北县工业化城镇建设对土地需求量增大的情况下，解决城镇用地问题成为一个棘手难题。

（一）探索农村集体用地流转

要在稳定和完善农村联产承包责任制前提下，逐步深化土地制度改革。在明确农民承包土地使用权的同时，赋予农民对其的处分权。允许土地转让、出租及用作抵押物，使土地能够成为一种特殊"资本"，保障农民能享有这一"资本"的权利。由此产生三方面的意义：一是有利于进城镇落户的农民通过土地使用权的处置获取收益，为进入城镇安置生活和进行投资创造条件；二是有利于农村土地使用权交易市场的发育，有利于农业产业化和规模经营；三是有利于城镇能够通过购买方式取得土地使用权，为城镇规模扩张和发展工业创造前提条件。

（二）多种形式保障进城农民权利

城乡土地制度的改革创新，根本一条，就是要切实保护农民的合法权益，不能剥夺、损害农民利益。为避免在征用土地问题上出现矛盾和造成消极后果，可对被征土地的农民实行"股份制"和"期权制"。让农民土地入股，收取利润；

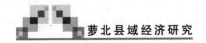

通过"期权",按月按年得到收入。这就保障农民的长期利益,消除农民无地后顾之忧。只有通过创新,解决这一问题,才能最终打开制约工业化、城镇化发展的土地问题这一"瓶颈"。

四、加强生态环境保护,实现人与自然的和谐发展

保护和建设生态环境,是国家一项长期的基本国策。是萝北县经济和社会可持续发展赖以立足之本。全面推进生态建设,强化环境保护,是萝北县长期的战略任务。

要以人为本,以提高人的生活质量为出发点,以创建国家级生态县为目标,以政府积极干预为手段,以创建适合人居创业最佳环境为目的,多元化、全方位推进萝北县生态环境建设,打造"生态萝北"。

(一)推进生态环境建设,实现绿色城镇化

优良的生态环境是萝北县最大的竞争优势和可持续发展的基础,继续深入开展环境综合整治联合行动,加快改进环境建设步伐。抓住国家将小兴安岭划为全国最大的生态功能区所带来的重大机遇,继续加强对太平沟和嘟噜河自然保护区标准化建设,逐步从以"建"为主向"建管并重"转变,提升自然保护区管理水平。通过环境生态建设,实现城镇化的绿色发展和绿色崛起。

(二)抓好污染防治,提升居住环境质量

以规范有序的管理和高效优质的服务科学发展,严格建设项目的环境准入,严格执行环保审批程序,禁止一切不符合环保法律法规及产业政策的项目落户萝北,同时,对有利于推动全县经济社会发展的低耗能、低排放的新型产业项目,开辟绿色快捷通道,采取关口前移、主动对接、定期回访、集中会办等方式,为项目建设提供最及时、最有力的环保支持。切实严格执行"三同时"验收制度,确保有关措施落实到位,凡未经环保验收的建设项目,不得投入使用,提升城镇居民居住质量。

第九章　萝北县域经济发展与区域协调

第一节　萝北县域经济发展与农垦、森工的功能整合

萝北县行政区域内现存县政府、宝泉岭农垦局、鹤北林业局三个主要行政主体，这种县场并存格局已留存多年，是我国计划体制时期遗留下来的产物。由于这些行政主体隶属于不同的行政部门管理，其中宝泉岭农垦局隶属于黑龙江省农垦局，鹤北林业局隶属于合江林业管理局，因此，在县域经济发展过程中，也暴露出一些突出的问题，特别是县场在基础设施建设、基本公共服务、产业发展、税收等方面存在协调障碍，这进一步影响了全县经济社会发展规划总体推进实施。为此，近年来，萝北县委、县政府坚持统筹规划、主动对接、加强沟通和协调推进，先后采取了一些积极有效的政策措施，并建立了高效、灵活、稳定的县场协调机制，扎实推进县场协调发展、融合发展和跨越发展，不断壮大县域经济，形成中俄边境的一个新增长极。

一、萝北县与宝泉岭农垦局、鹤北林业局合作的重点领域

这些年来，萝北县委、县政府放弃过去那种不相往来、独自发展、各自为政的做法，主动跟本行政区域内的宝泉岭农垦局、鹤北林业局沟通，建立共识，化解分歧，增进合作。在多边的互信机制之下，萝北县统筹全局，确立方向，坚持以区域一体化和产业化共同发展为主线，以整合区域资源、提升总体经济实力为目标，积极打破行政空间界线，采取资金联筹、项目联上、环境联创、城市联建

235

和应急联动的思路，发挥政策的叠加效应，使县域内所有项目、企业实现优惠政策共享，使得县场局合作向深层次延伸、向多领域拓展、向全方位覆盖。同时，不失时机、强力推进资源开发与产业协作、社会事业一体发展、小城镇共建共享等，加快将地缘优势和资源优势转化为经济优势。

1. 现代农业合作加快

现代农业是萝北县政府与宝泉岭农垦局、鹤北林业局产业协作发展的最大潜力所在，也是县域经济特色发展的主攻方向之一。一方面，从资源分布看，县、场、局所管辖的区域内拥有的禀赋优势比较接近，农业同质发展现象突出，同业竞争激烈。另一方面，县场局在农业技术、生产规模、配套设施、政策支持等方面具有各自的优势；如果各自为政，那么就丧失了互补优势。为了避免此消彼长的利害关系，萝北县从实际出发，突出县域特色，找到三方合作的切入点。

第一，农业水利设施共建共用。萝北县境内水利设施长期处于分治的状态，水利设施保障体系没有建立，防洪排涝能力薄弱，农业生产抵抗自然灾害水平不高。为了统筹解决这些问题，萝北县领导深入农村进行调研，排查死角，确定治理区域。与此同时，积极争取上级支持，安排自有资金，把这些资金进行打包，加快推进行政区域内中小河流的治理，加强场县接壤堤防联防、排水工程衔接和灌区用水调配，确保防洪安全、排水畅通和灌溉用水需求。此外，联手开发建设了嘟噜河堤防、江萝灌区等农田水利工程，进一步增强江萝灌区规划设计，提高旱田灌溉、水田补水能力，解决了区域内 65 万亩耕地排灌问题。

第二，农业生产过程互帮互助。在过去很长一段时间，萝北县、场、局之间缺少农业应急管理的合作，各行政主体在遭遇突发事件时就出现孤军奋战的情形。这些年来，为了扭转这种不利局面，萝北县坚持互通、互动、联合的原则，建立了县、场、局在防汛、抗旱、森防、畜禽疫病防控等领域的应急联动机制。同时，随着农业生产规模化水平提高，县、场、局之间顺应形势发展，加强农业生产协作，每年实施大型机械代耕、代种、代收跨区作业 20 万亩以上。

第三，农业示范区建设共建共享。为了争取得到上级支持，萝北县利用相互比邻的地理优势，借助垦区雄厚的农业科技优势，选择一些优势特色种植业，积极推进县场局农业示范区合作，初步规划共建水稻、玉米、山葡萄等高产科技示范园区。载体合作有利于垦区、林区与地方加强农业科技交流，也有利于探索县域三地深度融合发展模式。

第四，农业产业化合作共赢。一方面，萝北县立足农业从业人员老龄化的现实，认真贯彻中央"三农"政策，积极引导外出农民进行土地承包权流转；另一方面，支持农民专业合作社、农业专业协会等农业合作组织发展，利用这些组织的网络化作用，建立覆盖县场局的农业合作网络，扩大农村土地流转规模，通过土地承包、入股等形式，实现农业规模化生产。此外，搭建平台，激发微观市场主体活力，壮大农业龙头企业，通过企业资产重组和资源整合，培育区域知名品牌，建立龙头企业与农产品基地的共同利益联结机制，不断提高稻米、玉米等农产品附加值和市场竞争力，实现农业产业化经营。

2. 资源开发与工业发展齐头并进

第一，扩大资源共享领域。坚持平等合作、资源共享、互惠互利的原则，抢抓国内外产业转移机遇，把石墨产业园区作为县局双方合作的平台，与延军农场联手引进了9家大型石墨深加工企业，使萝北石墨年加工能力达35万吨，占全国加工总量的40%。充分发挥萝北口岸的作用，积极协调俄方简化通关手续，与区域内经济单位共同组织相关人员赴俄开垦耕地10余万亩，扩大了对俄土地资源的开发合作规模。

第二，合力承接工业项目。为了发挥承接产业转移的优势，萝北县加大整合场局资源，采取共同协商、共同开发、共同规划和共同受益的方法，与宝泉岭农垦管局及其下属经济技术开发区、鹤北林业局及其下属林木加工园区、共青农场及工业园区达成合作意向，抱团承接区位农业深加工企业，进一步深化资源整合联手开发项目，共同抓好肉业、酱业、乳业、药业、林木加工等一批重大县场合作项目。

第三，深化园区共建合作。根据区域合作框架协议确定的相关事宜，积极落实国家产业政策，加快推进产业转型升级，强化产业载体建设。经县、局、场三方协商，近年来，萝北县把特色产业园区作为合作的突破口，依托园区壮大产业集群，努力将萝北石墨产业园区、凤凰山综合产业园区、宝泉岭经济开发区、鹤北林业综合加工园区、共青和延军工业园区打造成新型工业化示范基地，培育发展若干个优势特色产业集群，使之成为推动县域经济发展的新引擎。

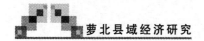

3. 旅游合作成亮点

提升旅游形象。萝北县充分利用丰厚的旅游资源条件，积极打造"界江之都"旅游名片。这些年来，县委、县政府通过本地调研、赴外地考察、邀请专家咨询等方式，改变"抓着金饭碗却没饭吃"的心态，开展对外宣传交流，加大对全县旅游的宣传推介力度。在哈伊公路、伊春机场及嘉荫境内设计制作大型旅游广告牌，展现"界江之路"神奇风韵，成功接待了"佳木斯及周边地区旅游推介会"百名旅行商踏查萝北，明显改善萝北旅游形象。

整合旅游资源。过去，由于缺少统一规划开发和线路衔接，县、场、局虽都有自己的旅游景区，但旅游线路却很短，游客无法充分体验、游览萝北县境内独特的旅游风光。为了解决这个问题，近年来，萝北县加强与宝泉岭农垦局、鹤北林业局协商，达成旅游资源统一开发、统一规划和统一管理的共识。一方面，以"界江之都"为主题，加快旅游景区和线路优化整合、衔接配套，联手巩固界江游水路循环线路，确定线路、站点及报价工作，将萝北旅游线路纳入黑龙江乃至东北地区旅游网络之中，扩大旅游客源。另一方面，共同挖掘旅游资源，整合区域旅游资源，集中打造"原生态精品景区"和"休闲度假体验游精品线路"，形成区域特色旅游品牌。宝泉岭农垦局投资 10 万元修缮赵尚志将军纪念碑，其作为场县共建爱国主义教育基地已经揭牌；2013 年，将江滨农场马德山爱国主义教育基地纳入红色旅游线路，进行宣传推介。加大对区域内鹤北红松林国家森林公园、水莲湿地的保护。目前，萝北县旅游产业初步形成红色革命旅游、绿色生态游和金色边境游。

4. 小城镇建设共建共享

小城镇是产业和人口集聚的载体，也是场县合作的平台。这些年来，萝北县与宝泉岭农场共同推动名山镇、凤翔镇等小城镇建设，实现县场农民就近、就地实现城镇化。

共同规划。场县双方经过多轮研议，坚持城乡一体、县场融合、工农互动和共同发展的思路，确立小城镇发展战略定位和发展重点。很快，就邀请国内知名研究机构对名山镇、凤翔镇等乡镇进行高起点规划，同时对规划实施的任务进行分解，分工明确，机制灵活，循序实施，分步推进。

共同建设。目前，按照名山镇和凤翔镇建设总体规划的要求，县场双方加强沟通，淡化行政边界，实施土地整合使用，有效促进土地流转或出让，顺利解决小城镇建设带来的用地需求。同时，加快内外交通、防洪排涝、污水处理、公交站场、电力工程等小城镇基础设施建设，改扩建现有中小学校和医院，联手实施电力网络化工程，实现了场县之间就近相互提供电力供应，完成了镇场共用自来水厂、供热、给排水等重点项目建设。此外，积极与名山农场联手推进名山新老城区开发改造，与共青农场合作推进场县之间地段的开发利用，规划建设了客运枢纽中心，解决长期以来因客运站建设滞后带来的乘车难、上车难和停车难的问题。

共同受益。过去，宝泉岭农垦局下属农场比较分散，农场重生产、轻生活现象比较突出，农场工人居住条件较差。在这轮的县场合作过程中，农场工人可以选择搬入小城镇，从而告别低矮破旧、年久失修的集体宿舍楼，与当地城镇居民共同分享县场合作的好处。并且，县场合作也是一次空间整合调整，更多农场工人进入小城镇居住，不仅有利于发挥小城镇规模效益，而且有利于农场建设用地复垦或转为工业用地。

二、社会事业协作发展

随着人口跨地区流动规模增长，社会事业均衡布局变得尤为重要，城乡协调和县场一体都是适应群众生产生活的迫切需求。萝北县为此着手加快发展社会事业，推进重点社会公共设施共建共享，避免社会资源重复建设，实现社会基础设施规模效益。

教育一体发展。在县域范围内，突破县、场、局行政边界，取消义务教育阶段的户籍限制，学生自由择校并可就近上学，教育机构之间建立网络信息共享平台，实现教育资源的信息化。县场优质教育相互放开，师资交流日益增加，跨县场的中小学联谊活动丰富多样，教改工作同步推进，逐步形成教育资源共享、教改创新共创、教育队伍共建的新格局。

医疗共享互惠。扩大医疗设施服务范围，实现医疗卫生资源共享，县直两院与宝泉岭中心医院互为定点医院，县场两地同级医疗机构医学检验和医疗影像实现调查结果互认，病例实现联网查询，专家医生定期在场县同级医院之间相互坐诊。同时，县场两地集中有限财力，构建急救信息共享利用和急救网络联通，逐步建立了统一、高效、互动的医疗突发事件应急管理机制,并积极探索建立医保"漫游"机制,在"十二五"末实现县场之间医保卡相互结算。这些举措顺利实施,已取得初步成效,有效解决了以往县场医疗资源不平衡发展,扩大医疗机构之间交流互动,极大方便了区域内群众就医,让县场群众切身感受到更多便利和实惠。

文化体育共创。县域内文化体育场所实施全面开放,倡导农垦文化、边境文化和地方文化的交流融合。采取联合组建体育代表队,积极参加各级别的体育赛事,提高体育竞技水平。通过萝北电视台和萝北县政府网,开通"场县新闻采真"栏目,实现了新闻互播。

公共管理协同推进。近期,县场之间干部交流任用已悄然进行,加强不同行政主体之间的人才交流,实行干部交叉任职和互换挂职锻炼,强化了县、场、局之间的互信基础,扩大两地干部对区域协作共识。此外,县场两地积极推进基本公共服务均等化,在殡葬三免、扶贫解困、社会保障等方面探索建立区域共享机制。而且,县场两地还就加快城市管理和社会治安跨区协作,建立了治安联动工作机制,联合在县场结合部等"三不管"区域联合开展社会治安综合整治工作;同时推进洪涝灾害、冰雪灾害、聚众闹事等突发事件联防联控,实现警务协作和社会救助的一体联动。

三、工作机制不断完善

加强政策协作。坚持区域之间无界限,采取共同积极向上争取、共同投入项目资金、共同帮助扶持等合作共建措施。在共享政策方面,严格按照鼓励投资优惠政策,对域内新上项目实行"两免四减半",将减免部分互相让利。在优化环境方面,对区域内重点企业和项目,实行领导包保和挂牌保护制度。在资金扶持方面,积极为区域经济发展起着重要作用的圣元乳业、祥鹤木业、香其酱业等协调贷款,为宝泉药业筹措启动和周转资金,解决了企业融资难题。

延伸服务管理。县政府为了支持宝泉岭农垦局下属经济开发区的发展,积极延伸政府服务,组织相关部门帮助落户开发区、各农场的项目企业积极争取黑龙江省财政支持沿边开放带建设的若干政策,以及省级外向型农业发展资金、黑龙江省新型工业化发展专项资金、黑龙江省对外贸易发展专项资金、中小型企业发展金、大项目前期费、黑龙江省加快龙头企业建设推进农业产业化发展金等各项资金和政策。目前，县政府已安排一名领导和县区域办相关人员，协同宝泉岭经济开发区管理委员会，共同负责开发区基础建设、争取政策、管理服务工作。

建立合作机制。萝北县和宝泉岭农垦局、鹤北林业局之间的合作并不停留于项目或园区层面，而是将这种合作制度化，形成长效机制，以应对领导更换带来的不利影响。为了进一步完善区域合作机制，县场之间已共同商议成立了区域联合工作领导小组，定期召开区域经济联席会议，共同研究、解决区域项目建设存在的问题和困难。萝北县还专门设立区域合作办公室，负责处理区域合作具体事务。目前，场地之间初步形成共识，坚持做到区域之间小事常联系、大事常沟通，及时研究解决合作中遇到的问题。区域联合工作领导小组利用定期各种形式的对接会议，加强研究制定区域经济协调可持续发展的重大决策、决议和决定，及时集中解决工作中涉及的用地审批、环境保护、税费减免、名镇建设等重大事项，形成共谋发展、共商发展的合作新格局。

专栏 9-1

萝北县与宝泉岭农垦局合作"十二条"

第一，对符合条件的县域内农垦总局宝泉岭分局及所属六个农场、鹤北林业局新建独资、合资和合作企业，享受《萝北县鼓励投资优惠政策》（萝办发〔2009〕25 号）。县政府将根据宝泉岭省级经济技术开发区、共青工业园区、名山外贸园区和鹤北工业园区的定位和发展方向，对新引进的招商引资项目积极引导其入驻，并按照全县区域一体化总体发展部署，组织相关部门帮助宝泉岭分局及所属农场争取省政府的各种对农业产业化企业、开发区的投资政策和项目。

第二，萝北县已被省政府确定为全省"城乡一体化建设"试点县。2010年及今后一个时期，县政府将以城乡一体化建设为主线，坚持"政策共享，资金联筹，项目联上，环境联创，城镇联建"的原则，制定统一的区域发展政策，在种子、农机、项目建设、对外经贸合作、旅游开发、水利基础设施建设、社会事业等方面进行合作，进一步拓宽区域联合领域，积极推进县、场（局）共建，实现优势互补、互惠互利，在发展中实现共赢。《萝北县区域合作共建框架协议》正在制定当中。

第三，县政府全力支持宝泉岭分局农业产业化发展。2010年，县政府将按照"十大工程、百项任务"总体安排和"两大基地、八大产业"实施意见要求，合力推进乳业、药业、酱业、米业等产业化发展，重点抓好一批重大县场（局）合作项目，共建宝泉岭省级经济技术开发区、共青工业园区、名山外贸园区，率先在全省建立起区域合作共建示范模式。

第四，为切实做好宝泉岭经济开发区共建工作，县政府将安排一名领导和县区域办相关人员，协同宝泉岭经济开发区管理委员会，共同负责开发区基础建设、争取政策、管理服务工作。

第五，宝泉岭省级经济技术开发区内现有的生产加工型企业，实行税收单列。已与县政府签订协议的，按原协议执行；对未签订协议的，2009年开发区范围内企业上缴省的营业税，全部返回开发区管理委员会，开发区内企业上缴的城市建设维护税、教育费附加税都要用于开发区建设。2010年后税收县留成部分50%返回开发区，其中10%用于招商费用及相关人员奖励。

第六，萝北县区域内的各农场所属现有企业，已与县政府签订协议的，按原协议执行；未签订协议的，对2007年以来新建的生产加工型企业，年纳税100万元以上的，在2009年基础上，自2010年开始，以上一年为基数，超过自然增长10%以上新增的农场区域税收县留成部分，实行50%奖投给各农场。

第七，宝泉岭分局区域内的供电企业，因不属于生产加工型企业，不在享受《萝北县鼓励投资优惠政策》的企业范围之内，增值税县留成部分不能予以返回；企业自备电力生产企业及其他电力企业，若能保证单独核算，并能准确核算成本、收入，在2009年基础上，自2010年开始，以上一年为基数，超基数部分50%奖投给宝泉岭经济开发区，用于开发区基础建设。

第八，对开发区内的企业或外来企业在兼并、重组产权发生变更时，所需缴纳的营业税、契税、交易费和各种费用给予免征，只收取相应的证照费和工本费，或全额税费即征即退。

第九，开发区范围内征用土地形成的契税，100%由县政府奖投给开发区，用于开发区基础建设；各农场范围内工业项目征用土地形成的契税，企业投产后年纳税达到 100 万元以上，90%由县政府奖投给各农场。

第十，县政府将组织相关部门帮助落户开发区、各农场的项目企业积极争取黑龙江省财政支持沿边开放带建设的若干政策，以及省级外向型农业发展资金、黑龙江省新型工业化发展专项资金、黑龙江省对外贸易发展专项资金、中小型企业发展金、大项目前期费、黑龙江省加快龙头企业建设推进农业产业化发展金等各项资金和政策。

第十一，县政府依托成立的担保机构，将担保服务延伸到各农场、开发区内，对新增企业或扩大产能的企业，进行担保服务，积极帮助融资。

第十二，成立萝北县县域经济协调可持续发展领导小组，县、农垦、森工主要领导任组长，各经济单元分管常务工作的领导任副组长。领导小组每半年召开一次联席会议，如遇重大事情则"一事一议"，及时解决好县、场（局）共建中遇到的问题。

资料来源：《关于萝北县与农垦总局宝泉岭分局开展全面合作的意见》（征求意见稿）。

第二节　萝北县域经济发展与地区一体化

除了区域内不同行政主体的一体化之外，萝北县在上级政府的大力支持之下，加快促进本县与周边地区的一体化，包括交通基础设施建设、社会管理、产业协作、空间规划等，特别是对外交通建设在这些年取得明显进展。

一、基础设施一体化

构筑快速畅通的交通网络。萝北县为克服交通末梢的劣势，大力推进对外交通建设，实施公路"三网并重"的建设，抓好高速公路联网建设工程和干线路网改建工程，大力加强农村公路网和"通畅"工程建设。根据"十二五"规划，到 2015 年，省道一级公路达到 98.1 千米，二级公路达到 134.9 千米；农村公路提档升级，改、扩建总里程达到 561 千米，实现农村公路网络化。同时，争取融入全国铁路网，加快推进 50.25 千米的鹤北至名山铁路和 5 万平方米的铁路中转站建设，摆脱萝北县不通火车的历史。萝北县着力完善客运站场网络体系，利用"十二五"期间建设名山、太平沟等客运站及名山、凤翔镇等货运站场的建设项目，为下一步建设中俄边境的重要交通枢纽奠定良好基础，最终实现陆路客货运舒适化运输，基本形成布局合理、功能规范、设施配套的客货运输站场网络。

实施对外开放的中转枢纽。萝北县背靠广袤的"三江"平原，既有富庶的农业资源，又有发达的重化工体系。广阔的腹地和距哈尔滨最近的中俄口岸优势充分凸显了萝北县的区位价值。近年来，萝北县大力加快水运码头建设，抓好萝北港码头改扩建、大中型气垫船购置等项目。目前，已经启动了气垫船运输，确保过境旅客能在黑龙江流冰期间顺利过境，使得萝北与黑河、同江共同成为常年开放的"全天候"的对俄口岸。不仅如此，萝北县还大举试水民间资本参与跨境基础设施建设，于2011年引进河南东辉集团投资1.2亿元建设浮箱固冰通道，有效延长冬季口岸运行时间，从而显著增强了过境通达能力。为了早日开通江海联运航线，萝北县未雨绸缪，超前规划，从港口改扩建到水陆集疏运体系建设都已纳入县域对外开放战略之中，准备利用5~10年的时间，建成适应对外开放的水陆联运的中转枢纽，并形成装卸疏运相协调的水运体系。

强化沿江交通互联互通。目前，从嘉荫县到萝北县。再到同江县，之间有312省道将沿江县（市）连接起来，实现了龙江上下游水陆交通线路通达。不过，从现在来看，黑龙江省沿江公路建设仍然滞后于经济发展，萝北县与同江市之间的沿江快速公路至今仍然没有打通。为此，萝北县加强与嘉荫县、绥滨县、同江市沟通，共同向省政府请示尽早立项，加快沿江快速公路建设，以便于服务沿江地区产业发展和对外开放战略的需要；同时，依托沿江快速通道建设，把通道打造成对外开放的黄金岸线，成为中俄两国开放合作的试验区。

二、旅游合作

萝北县与嘉荫县联手打造"龙江旅游新干线"，将伊春—嘉荫水上旅游线路延伸至萝北，形成水陆循环旅游线路。随着嘉荫—萝北森林界江探秘风情游水陆循环线路的开通，"龙江旅游新干线"正式接待游客，吸引了国内众多观光游客。"龙江旅游新干线"是以哈尔滨为起点、连接五个地级市和十几个县份的特色旅游线路。目前，已开辟了两条旅游线，其中的一条是大循环旅游线路，即哈尔滨市—依兰县—佳木斯—鹤岗市—萝北县—嘉荫县—伊春市—铁力市—绥化市；另一条是小循环旅游线路，即鹤岗市—萝北县—嘉荫县—伊春市。这两条旅游线路均将萝北县列为重要旅游节点，充分整合了沿线各地特色风光和历史文化等旅游资源，有效将萝北县与省内其他地市或县市连接起来，实现旅游线路的共建共享，同时带动旅游产业发展。但由于起步晚，萝北县酒店、餐饮、票务、旅行社等旅游接待设施尚处于创立阶段，省域旅游合作的潜力尚未有效发挥出来，旅游景区开发管理也有待于完善。总体而言，萝北县旅游合作发展前景很好，合作基础稳步牢固，如能尽早优化旅游产业发展环境，势必成为中俄边境的一个重要的旅游目的地和避暑胜地。

专栏 9-2

龙江旅游新干线

　　山水有大美，尽在此域中！"龙江旅游新干线"主打五彩经济。绿色新干线可令游客感受原始大森林、辽阔大湿地、环保新理念带来的宽广神秘，品尝绿色食品的淳朴滋味；红色新干线令游客重温垦荒文化和知青文化的激情燃烧岁月，穿越时空体味抗联志士的爱国情怀；金色新干线令游客置身五花山色，探寻淘金人的沧桑岁月；黑色新干线为游客带来幽幽黑土地的独特韵味，可领略现代化大机械作业带来的震撼，探秘雾龙大峡谷的原始及石墨工业的崛起；银色新干线将游客带入童话故事中的水晶城堡，融入天然雪世界。"龙江旅游新干线"集界江神秘游、北大荒风情游、探险游、生态游、犹太风情游于一体，游人在三五天的时间里便可畅游神奇界江，探索恐龙奥秘，领略中俄犹民族汇集的独特文化。其中，嘉荫至萝北的森林界江探险游堪称精品。

　　资料来源：贺英，高长利.嘉荫-萝北森林界江探秘风情游水陆循环线路开通［EB/OL］.东北网，2007-07-17.

第三节　萝北县域经济发展与产业转移

　　萝北县是中俄边境地区的资源比较富集地之一，农业资源遍布，石墨资源丰富，旅游资源丰厚。然而，即使这样，在过去很长一段时间里，萝北县坐拥丰富的自然资源，却静守"资源金矿"多年而得不到开发。近年来，随着全球产业格局调整和对外交通改善，萝北县依托资源优势，承接了一批石墨、农副产品加工等资源加工型产业，并迅速带动相关配套产业发展。可以说，资源优势向经济优势转化，是萝北县工业化进程的推动力量，也是萝北县域经济的最大引擎。

一、依托优势资源承接深加工业转移

依托农林资源优势，承接农产品深加工业转移。萝北县是黑龙江省稻米、玉米、杂粮、林产等农林产品的重要生产基地，特色农林产品粗加工逐步被精细化、工厂化、机械化的精深加工所取代。目前，萝北县拥有省、市农业龙头企业十多家，以完达山、双汇为代表的农产品加工业企业引领了萝北农业产业化的发展。随着农产品安全不断得到社会的重视，萝北县优质无公害的农业在更大范围推广种植，更安全、更环保、更优质的农产品开始展现潜在的商业潜力，国内许多农产品深加工企业开始在萝北县境内布点设立加工基地。此外，跟许多中俄边境县一样，木业加工是萝北县近年来发展较快的资源加工企业，行业规模壮大也吸引了下游家具企业的青睐，在新一轮家具产业转移的过程中凸显了生产成本优势。林下经济是萝北县大力发展生态经济的主要方向之一，木耳、中药等绿色林下产品生产规模逐年扩大，种植户已不满足初级产品外卖，有一些深加工企业开始引入，参与林下产品深加工，不断提高林产品的附加值。"十二五"时期，萝北县农产品深加工业将面临产业承接和产能扩建双重任务，宝泉酱业 5 万吨绿色大豆酱及调味食品项目、双汇北大荒技改扩产项目、宝泉制药七味刺榆颗粒项目、祥鹤木业木材深加工二期和三期工程等重点项目进入规划或建设阶段。

依托石墨资源，承接石墨深加工业产业转移。过去，萝北县石墨产业长期处于"资源绝对优势、产业低端发展"状态，很长一段时间徘徊在整个产业价值链的低端，缺少深加工产品的技术优势是其中的软肋。为了扭转这种不利局面，萝北县委、县政府从资源开采管控入手，以资源开采来引导下游产业发展，取得了初步成效，石墨价格控制力正向萝北转移。同时，大力支持石墨加工企业延伸产业链，积极跟国内相关科研机构建立产业技术研究平台，吸引有资金和技术实力的企业向萝北集聚，扩大萝北石墨产业集群优势，使之形成当地特色优势产业。

依托丰富的旅游资源，吸引旅游、商业、地产等企业开发现代服务业项目。萝北旅游资源多样，但地处交通网络的末梢，长期没有融入东北旅游网络，于是长期处在静待开发的状态。这几年，随着中俄边境开发开放的兴起，许多企业发现边境的巨大商机，开始在萝北县境内开发建设一批旅游、地产、商业等项目，如名山界江风情展示区、太平沟黄金古镇休闲度假旅游区、嘟噜河湿地生态观光区和友谊路商业聚集区、中俄商贸城建设项目、日用品配送中心等商贸物流项目，这些项目不仅有利于提升萝北县城市形象，还有利于产业多元发展。目前，中俄商贸城的启用，将吸引更多的俄罗斯人过境购物，集聚更多的人气；而名山镇犹太风情的新城开发将吸引更多的俄罗斯人到此长期居住，进一步扩大中俄两国民间交流交往。界江旅游资源进入开发初期阶段，旅游线路布局和景区配套设施建设也处于不断完善之中，界江之风光、边境之神秘、故事之传奇将给企业带来无限的商机，也赋予更多的市场机会。

二、依托园区扩建实现产能提质壮大

打造产业承接空间。在现阶段，萝北县产业园区建设较晚，定位较低，配套功能也不完善，无法适应企业需求。为了改变这种状况，萝北县大力增强和完善园区发展功能，弥补短板，突出特色，做好服务，不断增强产业园区竞争优势。同时，为了避免产业园区特色产业不突出、布局混乱、边开发边配套等问题出现，萝北县委、县政府遵循规划先行、交通先上、配套优先的原则，积极邀请国家级专家队伍对相关产业园区进行高起点规划，把园区建设作为工业经济发展的重要载体，引导企业进园区，促进园区培育企业，使得县域内产业园区都得到不同程度发展。此外，为了防范园区生态风险，园区开发要事先经过环评，不承接低效落后产能，引进市场前景好、技术水平高、经济效益高、品牌知名度响、资源消耗少、环境污染低的企业，重点发展环境友好、附加值高、带动效应好的特色优势产业。

合作共建园区。在现阶段，萝北县域境内拥有萝北县石墨产业园、宝泉岭农垦局经济开发区、鹤北林业局林木加工园、共青农场工业园等多个隶属不同行政主体的产业园区，有些园区相距较近，产业同质化倾向突出。为了避免园区之间招商引资竞争，萝北县主动和宝泉岭农垦局、鹤北林业局共同协商，推进园区共建共享，抱团承接外来产业项目。一方面，采取政策共享。发挥政策叠加效应，共同研究制定更加优惠的政策，县、场、局三方在建产业项目一律按最低标准收费，特殊情况还可一事一议；对于新上项目，可以根据产出贡献情况给予税费返还或一定的奖励，以调动企业积极性；对于园区重点企业，实施挂牌保护和陪检制度，保障重点企业健康发展。另一方面，着力推进园区共建共享。坚持共同协商、共同开发、共同招商和共同受益，萝北县稳妥推进不同产业园区的联手共建，实现资源深度整合，加大在禽畜加工、果蔬酱、中药材、乳业、林木加工等领域合作。此外，立足县、场、局建立区域合作机制。成立区域联合工作领导小组，定期召开区域合作联席会议，共同协商解决招商引资、园区建设、资源开发、项目落地等相关问题，同时也化解了各方之间一些不必要的分歧。

园区服务跟上。一方面，加大招商引资力度，大胆采用产业链招商、企业关系网络招商、展会招商等多种方式相结合，吸引了一批相关配套产业落户园区。另一方面，萝北县政府狠抓企业落户的后续服务，对于进驻园区的企业和项目，在抓好"老三率"（开工率、竣工率、投产率）的基础上，更加重视"新三率"（投资率、产出率、税收贡献率），把投资强度、产出强度和开发强度作为园区发展效益的指标，坚决抵制那些占地大、产值小、带动就业弱的项目落地。此外，为了推进项目尽快开工，萝北县推出项目跟踪服务，全力打造"萝北速度"，采取县领导挂钩联系，以及召开专题协调会、季度汇报会和难点问题交办会等措施，狠抓入园项目开工建设与投产达效。

专栏 9-3

兵地融合建奎屯天北新区

新疆生产建设兵团农七师奎屯天北新区是兵地双方在"共商、共建、共管、共享"的原则下，经伊犁自治州党委、政府正式批准，委托农七师全权负责开发、建设和管理的一个兵团融合发展的新城区。

新区于 2002 年 7 月 16 日正式成立，9 月 18 日挂牌，行政区划面积 61 平方千米，现有人口 5.2 万人。驻区纳税单位 657 个，行政单位 22 个。新区管委会下设办公室、经济发展局、财政局、城建局、国土资源房产局等 13 个职能部门，另辖 7 个社区居委会、4 个社区企业、26 个基层党支部和 1 个城投公司。

2010年底，新区完成生产总值68.6亿元，年均增长18%，其中工业增加值15.2亿元，年均增长30%，社会固定资产投资24.6亿元，年均增长12.5%，实现地方财政收入5.68亿元，落户企业103家，招商引资到位资金23.5亿元，年均增长18.6%，房地产开发面积（含棚户区改造）104.3万平方米。

2001年3月25日，举行第一次市、师党政领导联系会，会上确定了定期召开市、师领导联系会制度。2001年6月，召开兵地融合发展大会，形成了"关于互学互进，融合发展的意见"的文件。2002年3月，农七师向伊犁州提出在奎屯市建立一个新区，由农七师自主管理、自主经营的构想建议。农七师提出的构想建议，引起了州党委的极大关注，并迅速做出回应。在州领导的亲自主持和协调下，农七师和奎屯市委确定了奎屯天北新区的合作框架意向。2002年7月15日，伊犁州党委、州政府很快批复了农七师和奎屯市委的关于建立奎屯天北新区的请示，出台了《关于对建设奎屯天北新区若干问题》文件（即2002年第34号文），该文件成为划分、建立、建设奎屯天北新区重要指导性文件。8月18日，伊犁州党委、州政府又做出《关于奎屯天北新区挂牌运作的批复》。9月18日，师、市召开奎屯天北新区成立大会，并授权、挂牌，正式运作。

天北新区是兵地融合发展区域，要服从奎屯市城市的总体规划，新区在规划上要按照有关程序逐级上报批准后，由农七师负责实施。在管理权限上，除工商、税务由市工商、税务系统进行管理，该区的投资、建设、管理以及内部司法、行政事务和社区服务委托农七师全权负责。在地方收入分配上，实行兵地分成制。农七师组建天北新区管委会。

奎屯天北新区的管理运行的主要做法：①在管理组织构成上，天北新区管委会下设6个主要职能部门，分别是综合办公室、经济发展招商局、财务局、城建局、国土资源和房屋管理局、综合执法局。由农七师领导兼任新区主任，其副主任以下所有管理人员均由农七师委任。在管理组织构成上，采取师、区合一的方式，这可以说是奎屯天北新区机制创新的一个重要特点。②在管理运行方式上，采取双重管理、独立运作的方式。即在新区内，新区管委会具有独立的经济管理职能，根据奎屯市城市建设的统一规划，全权负责新区内的经济建设规划和经济发展。同时，新区管委会又是奎屯市的委托机关和农七师的派出机构。在行政隶属上，由农七师直接领导该区的投资、建设、管理以及内部司法、行政事务和社区服务等方面的建设与管理。同时，受奎屯市的委托，在规划建设、财政收支等方面行使行政职能，并接受奎屯市的指导检查。这是天北新区机制在兵地融合协调发展的创新核心之所在。③在利益分配上，天北新区采取的是利益分配分成制。在兵地层面上，实行定额返还分配方式。即地税部分，统一缴纳给国库，超定额部分由奎屯市进行返还。这种多层次利益分配方式，是奎屯天北新区在利益协调方面的创新。④在经营方式上，奎屯天北新区运用"以区养区、以区建区、以区兴区"滚动式经营方式。即以土地抵押贷款超前建设，营造环境吸引投资，从而使土地升值，获取效益。

资料来源：李建耀. 兵地融合机制创新的新亮点 [N]. 伊犁日报，2008-07-02.

第四节　萝北县域经济发展与重点领域的体制机制创新

体制创新为萝北县域经济实现跨越发展提供有力支持，也顺利推进县域各项事业发展。这些年来，萝北县历届领导善于抓住改革的时机，积极在国家法律框架之下，推进行政区划、通关及出入境、自然资源管理、财税金融、社会管理、农业发展等重点领域体制改革，实现体制层面协同创新。

一、口岸通关

增强口岸的产业支撑能力。萝北县口岸从 1988 年开始起步，期间曾受到亚洲金融危机等影响而处于低谷期，过境人数和边贸规模很小。为了解决口岸发展缺少产业支撑问题，萝北县抓住国家在 1998 年实施"天然林保护工程"的机遇，加快完善口岸配套设施，简化通关环节，出台更加优惠的政策，吸引了鹤北森鹤公司、北京和信公司、鹤岗盛泰公司、绥芬河达成公司等森工企业落户，积极推动这些企业与对岸的俄罗斯比罗比詹犹太州签订了 49 年森林采伐合同，从而形成以俄罗斯犹太州为森林采伐基地、以萝北口岸为对外通道及加工基地。今后，随着名山港第二港区、鹤—名铁路、口岸加工园区及海关仓储库等基础设施的开工建设，萝北口岸将在承接国内外出口加工产业的转移等领域显现出强大的潜力。

建立俄罗斯居民跨境购物中心。在口岸发展的过程中，萝北县委、县政府深刻感受到，虽然口岸各项经济指标每年都在显著增长，但与省内先进口岸相比，对外开发开放的水平和层次仍然存在较大差距，进出口商品结构不合理、经营形式单一、口岸功能发挥不充分等问题比较突出。为了解决这些问题，从 2004 年起，萝北口岸机关领导多次赴俄罗斯与俄地方政府及有关部门会谈，寻求解决办法。经过反复磋商，最后得到俄方的认同和支持，先后启动了气垫船运输，开办了对俄"手拎包"业务，开通了摆渡船运输航线，恢复了对俄商业性包裹贸易，大大地激发了口岸的活力，过境人数和货物实现双双增长。而商业性包裹贸易的恢复，从根本上解决了萝北口岸出口货物偏低的问题。

二、国土资源管理

强化国土资源收益工作。大力加强收费工作目标管理，将任务层层分解落实到人头，充分调动职工的积极性，不断深挖费源，加大土地年租金和矿产资源补偿费的收缴力度，做到应收尽收。同时，加大经营性土地使用权和采矿权公开出让力度，既保障了城市建设和工业项目用地用矿需求，又实现了国土资源收益最大化的目标，为县域经济发展做出了积极贡献。三年共实现国土资源总收益 9279 万余元，其中，土地出让金 7268 万余元，土地规费 1120 万元；矿产资源收益 575 万元，其他收入 316 万元。

摸清红线，守住底线。近年来，县国土部门加强土地利用规划管理，推荐全县范围内土地资源清查，遏制农村集体建设用地违规建设、未批先建、无序扩张等问题。同时，利用第二次全国土地调查的机会，实施遥感、实地勘察等技术手段相结合，积极摸清本县基本农田实际规模、动态调整及原因，与农业主管部门通力协作，力保"基本农田不减少、粮食不减产"的底线，实现耕地保有量不少于 44320.96 公顷和基本农田保护不少于 38227.53 公顷的目标。此外，积极和建设部门沟通协商，建立城乡建设用地增减挂钩机制，大力盘活荒地、废弃用地等闲置土地资源，实现土地集约节约利用。

兴工富民，土地护航。念好"土地经"，强化土地管理工作，是服务萝北县域经济发展的重要保障。统筹规划，分步推进，确保了各项重点工程建设、招商引资和城市基础设施等建设项目的用地需求，先后完成了兴泽粮食深加工项目、环山 220 千伏输变电项目和投资望云峰风力发电项目、鹤名公路改造项目以及石墨电极、球形石墨等招商引资项目用地报批和供地工作，3 年共出让土地使用权 66 宗，面积 519370.17 平方米。此外，积极做好基本农田调整工作。进行新一轮土地规划修编工作，从长计议，因地制宜，稳妥将 4300 余公顷的基本农田划为一般耕地，已为今后重点项目办理用地审批手续打好基础。通过功能调整，新一轮土地规划实际可操作建设用地增量为 989.38 公顷，为萝北县下一步项目落地提供了有效的空间保障。

完善管理，以矿兴县。在国家规定的法律和政策框架下，萝北县国土部门积极深化矿产资源管理体制改革，使资源开发服务地方发展。探索建立矿产资源有偿利用开发体制。完善矿产资源的勘探、开采和开发的体制机制，发挥市场机制，强化监管责任，使得工作稳步推进，服务采矿及资源深加工企业，有力支持地方建设。据统计，国土部门近年来累计为 29 户砂厂和 26 户采石场办理新设采矿权手续，为 9 户采石场办理了扩储手续。同时，大力推进采矿权整合。对境内石墨和大理岩矿产资源进行整合，对矿山企业生产要素进行重组，达到了一处矿山只设 1 宗采矿权，实现了生产节约集约化和资源优化配置的目标。加强矿产资源储量动态监管。对在生产矿山全部进行动态监测，使企业能够按实际动用储量缴纳各项税费。认真开展矿产资源补偿费征收工作，3 年共实现矿产资源收益 575 万余元。做好地质环境管理，对新办矿山开征了环境治理保证金，做好地质灾害防治工作，建立健全了村级防灾联系网络。

依法管理，违法必究。违法开采、盗采致使萝北矿产资源粗放开发，生态环境遭受破坏。为此，萝北县国土部门和公安、环境等部门一起建立联防联控机制，加强行政执法工作，预防和打击并举，加大违法案件的查处力度，有效遏制违法行为的滋生和蔓延。近 3 年共立案查处 62 起违法案件。强化制度建设，实行集体决策审批制度。做好信访工作，坚持首问责任制和局长接待日制度，把矛盾化解在基层，减轻政府压力，为社会稳定做出积极努力。3 年共接待上访人员 98 人次，调处纠纷 56 起。

三、"三农"工作

创新组织形式，带动百姓致富。萝北县是一个传统的农业边境县，在外务工人员较多，甚至有些农村出现空心化的现象，大量年轻劳动力到外地打工，尤其是朝鲜族村庄表现得比较突出。农村人口老龄化问题迫使当地村干部不得不采取必要的应对措施予以应对。一方面，以村集体名义申请创办农民专业合作社，依托合作社优势，整合农村土地资源，扩大土地规模化经营面积；另一方面，做好外出务工农户的思想工作，引导他们进行土地流转，进入合作社集中"土地托管"，并保障他们的收益。为了顺应形势的发展和解决农民土地流转的疑虑，萝北县大力推广"党支部＋农民专业合作社"的做法，由村党支部带头，将党员、农业大户、合作社、农户等相关主体组织起来，形成利益共同体，并将农机具规模化使用，农业生产资料集中采购，农产品市场销售、流通以及深加工等相关产业链环节打通，不断扩大农业产业化的利润空间。

建立保障体系，确保农民受惠。以往农民对采用先进种植技术或新的稻种容易产生后顾之忧，"谁来托底"成为萝北县农业技术推广中心需要克服的一道坎。为此，萝北县科学选择一些成片地块作为农业技术示范园区，在做好农业先进技术示范推广的同时，大力实施相应的配套保障措施，以确保农户受益不受损。其中，最有含金量的措施就是对愿意接受示范技术的农户实施合同制的"低保"政策，即农户和农业技术人员之间达成一个具有承包关系的协议产量，如果实际产量低于协议产量，农户可以获得相应的低保，以减少农户的种植风险。这其中，农业技术人员实质就是充当"科技保姆"的作用，他们在承包关系的框架之下开展农业生产过程中的全方位技术跟踪服务。"科技保姆"和签约农户的承包关系是建立在统一培训、统一应用技术方案、统一选择优良品种、统一测土配方施肥和统一制定栽培模式的"五统一"基础之上，实现技术推广和经济效益改善"双丰收"。为了保证这种机制能顺利运行，萝北县安排专项经费，设立"风险基金"，对于"科技保姆"不可抗拒的自然灾害，用"风险基金"赔付给"低保"农户60%的损失。如未达到增产目标，"科技保姆"和"风险基金"按照规定比例赔付给"低保"农户，以便于真正能为这些合同制农户起到"托底"的作用。

打造示范载体，扩大辐射范围。跟工业园区不同，农业示范园区建设从城市走向农村，规模成片、水利设施齐全、生产组织体系完善的水田或旱田成为农业示范园区。与传统跑马圈地式的农业示范园区不同，萝北县在划定农业示范园区的同时，采取多方面的配套政策措施，以确保园区既能发挥技术推广示范作用，又能增加农民收入，最终推动农业生产方式转变。在创建过程中，县政府整合上级各类支农资金，安排专项经费对示范区的基础设施进行集中改造，使之符合现代农业无公害化、机械化和规模化的生产要求。同时，建立农业技术推广体系，组织科技人员"接地气"，深入基层传、帮、带，使现代农业技术像星星之火一样，从示范区走向更广大的农村。目前，萝北设立了水稻、玉米等农业示范园区，这些示范园区就像现代农业生产根据地一样散落在平原地区，通过农作物优质品种引入、试验、示范、展示和推广，进一步改善传统农作物的品种，也发挥增产增收作用，有力支持传统农业向现代农业转型发展。表 9-1 为萝北县农业科技示范园区（基地）。

表 9-1 萝北县农业科技示范园区（基地）

基地名称	主体示范	面积（亩）
工农兵村水稻科技示范基地	水稻钵育摆插技术	75
新胜村水稻节水灌溉栽培示范基地	水稻毯式育苗机插技术	105
前卫村水稻科技示范基地	水稻栽培模式对比	72
黎明村水稻钵育摆插科技示范园区	水稻钵育摆插技术	150
勤俭村玉米科技示范园区	玉米滤水育苗移栽技术	150
名山村玉米科技示范园区	玉米滤水育苗移栽技术	150
东胜村玉米科技示范园区	玉米滤水育苗移栽技术	150

降低贷款门槛，扩大服务范围。农村金融创新是萝北县"三农"工作的一大亮点，以农村信用联社为代表的金融机构主动服务"三农"发展，切实起到"雪中送炭"的作用。一方面，推出联保联贷，降低贷款门槛，由原来的 5 户联保降到 3 户联保，有利于简化贷款手续，让更多的农户获益。另一方面，农村信用联社考虑到农民文化素质较低、农村比较分散、存贷款额度比较小等特点，及时推出"一证通"。"一证通"的实施符合农户的实际需求，深受广大农户的欢迎，使农户可以随时取款，在上限额度之内，不分金额、不分取款次数、不分时间，设身处地为农民考虑，农民称之为"没有存款的存折"。在贷款约期上坚持"区分对待"，根据农业产销周期合理约定贷款期限，将粮食生产贷款约期延长为 15 个

月，养殖业及其他贷款根据产销周期合理约定期限，或通过整贷零偿的方式缓解还款压力。同时，农村信用联社为方便各个村屯取款、存款方便，在各村屯设立20处金融服务终端站，使百姓足不出村就能随时随地取款、存款，使农民能够就近获得便捷的金融服务。

专栏 9–4

河南省舞钢市新型农村社区建设与城乡统筹

近年来，舞钢市把新型农村社区建设纳入城镇规划体系，列入重点项目管理，把新型农村社区建设作为统筹城乡发展的结合点、推进城乡一体化的切入点、促进农村发展的增长点，着力增强新型农村社区建设在新型城镇化发展道路上的战略基点作用，在不以牺牲农业和粮食、生态和环境为代价的"新型城镇化、新型工业化、新型农业现代化"、"两不三新"、"三化"协调科学发展的道路上进行了积极探索，取得了一定成效，得到了省委、省政府肯定，这使我们既深受鼓舞，又感压力巨大，同时也增强了我们加快推进新型农村社区建设的信心、决心和动力。目前，全市17个中心社区中已有12个中心社区开工建设，建成新民居3400户，群众正陆续搬迁，已入住1280户，全市城镇化率已达到50.9%，新型农村社区的战略基点作用日益显现。

在推进新型农村社区建设中，我们采取的主要措施是"四三二"工作法，即"坚持四个原则、出台三项政策、构建两大保障体系"。

1. 坚持四个原则

高起点规划、高标准建设原则。以规划为龙头，强化新型城镇化建设的引领力。聘请清华大学、同济大学等国内一流规划设计单位，高起点、高标准编制新型城镇化建设和经济发展"两个规划"，并按规划严格实施。将全市190个村整合规划为4个中心镇、17个中心社区，确定了"1个中心城、4个中心镇、17个中心社区"的发展格局。严把工程质量关，确保群众住上放心房。高标准配套完善基础设施和公共服务设施。建成社区配备专业服务人员，提供与城市社区一样的公共服务。通过推进农民向城镇和社区集中，基本破解了人往哪里去的难题，加快了城乡一体化进程。

节约集约用地原则。一是统筹协调，实现各种规划有机衔接。按照土地利

用总体规划，把市乡经济社会发展规划、城乡建设规划、产业集聚区规划、基础设施建设规划等全部叠加到土地利用总体规划上来，实现了土地规划与中心镇中心社区规划的有机衔接。二是利用城乡建设用地增减挂钩试点政策，节约集约利用土地。要求新建社区用地面积必须小于拆旧面积，山区丘陵地区户均占用集体建设用地由原来的 1.1 亩降到不超过 0.4 亩，全市 190 个村占地由原来的 7.11 万亩缩减到 3.53 万亩，节约土地 3.58 万亩。居民在入住社区新房前，必须把原宅基地交还村集体，并限期拆除旧房后才能兑现市乡奖补资金，确保复耕到位，确保耕地质量不降低、面积不减少，确保粮食稳产高产。三是推动土地向规模经营集中，促进土地规模化集约化经营。鼓励种植大户、农民专业合作社、高效农业示范园区、农业龙头企业参与土地流转，大力发展特色农业，提升农产品附加值。积极培育壮大龙头企业，大力发展现代农业，实现农业增效、农民增收。通过以上措施，基本破解了"土地哪里来"和"粮食怎么保"的难题。

产业为基、就业为本原则。我们始终坚持经济发展规划与城镇建设规划"两个规划"同步推进，依靠产业发展来实现农民人口转移、充分就业、收入增长的目标。为推进农民身份的转变，我们着重加大农民转岗就业培训力度，提高农民素质，拓宽就业领域。指导每个中心镇、中心社区依托自身优势和传统，至少培育 1~2 个支柱产业实现农民就业、收入增长的目标。设立社区居民自主创业基金，择优扶持社区居民自主创业。根据产业分类，舞钢市新型农村社区主要分为四种类型：一是新型现代农业型。瑞祥社区依托瑞祥农牧股份有限公司发展畜牧业、高效种植业，农民把土地全部流转给瑞祥农牧公司，农民就地转化为农业工人，在瑞祥农牧公司打工，除工资收入外，加上土地流转每亩每年 800 元的固定收入，超过了城镇居民的收入水平。二是新型工业带动型。六合苑中心社区依托产业集聚区发展工业企业，实现了农民就地转化就业，农民通过土地入股有一个长期稳定的收入，每亩土地年入股收益不低于 2200 元，劳动力就地转化为企业工人，人均月收入 1800 元。目前，产业集聚区已入驻企业 29 家，从业人员 2.82 万人，为统筹城乡发展提供了坚实的产业支撑。三是新型商贸流通型。柏都社区依托地处舞钢、西平、遂平三县（市）

交界处商贸物流比较繁荣的区位优势，规划建设了 5 万平方米的高档商铺，发展家装、灯具专业市场，吸纳 1000 多人就业，入住新型社区的农民直接转化为商人，或从事运输业，或在商贸企业打工，收入大幅增长。四是新型旅游服务型。张庄社区每家每户依托自然资源优势，发展特色旅游服务业，都办有农家乐项目，户均收入 10 万元左右，高者可达数十万元。

通过以上措施，转变了农民的生产方式，基本破解了民生怎么办的难题。

群众自愿原则。在推进新型农村社区建设的过程中，充分尊重农民意愿，注重典型引导，不搞"一刀切"，不搞强迫命令。靠"优美的环境、优惠的政策、优质的服务、致富的产业"吸引农户自愿入住。

2. 出台三项政策

按照"政府引导、财政奖补、多元投入"的原则，着力破解"钱从哪里来"的难题。具体包括：

土地收益反哺政策。通过城乡建设用地增减挂钩政策，将节余指标产生的级差收益反哺农村，实现城市支持农村，工业支持农业，统筹城乡发展，加快城镇化进程。2009 年以来，用于新型农村社区建设的土地收益反哺资金达 1.1 亿元。

财政奖补政策。一是实行建房购房补贴。对农户在中心镇中心社区内建房购房给予每户 5000~15000 元资金奖补，并对困难农户购房实行 3 万元 3 年期政府贴息贷款。二是匹配建设资金。市财政对中心镇中心社区基础设施和公共服务设施建设资金按照 1:1 进行奖补。2009 年以来，市乡两级财政已匹配建设资金 1.2 亿元。三是加大财政投入。从 2012 年起，市财政每年投入到新型农村社区建设资金不低于 5000 万元，"十二五"期间，对新型农村社区建设平均投资增长幅度不低于 10%。

项目资金扶持政策。一是整合涉农项目资金。将各项惠农政策、资金、支农项目进行整合，打捆使用，已整合各项涉农资金 0.68 亿元，集中投向新型农村社区。二是广泛吸纳社会资金。2009 年以来，已吸纳社会资金 4.8 亿元以支持新型城镇化建设。三是积极进行社会融资。充分利用城乡建设投资公司等融资平台，以乡镇为主广泛进行社会融资，目前已融资 1.5 亿元，用于中心镇中心社区建设和农业产业项目。

3. 构建两大保障体系

组织领导保障体系。成立"三化"协调科学发展指挥部，书记、市长任政委和指挥长，市四大班子分包社区建设，统筹推进。成立正科级规格的社区党委和管委会，打破身份、年龄、学历、地域等条件限制，不拘一格选贤任能；把新型城镇化建设列入重点项目，作为检验、考察、提拔使用干部的重要依据。抽调市直百名干部，长期驻村开展帮建活动，支持中心镇中心社区建设。

城乡一体的社会保障体系。一是实行城乡居民养老保险。对已入住新型农村社区且年满16周岁（不含在校学生）、未参加职工基本养老保险的社区居民办理城乡居民养老保险，做到应保尽保。对土地全部流转的居民，市财政在土地流转期内为每人每年代缴100元养老金。二是实行全民医保。率先在全国探索推行了全覆盖无缝隙的全民医保，新农合参合率达到99%，有效解决农民看病难、看病贵、因病返贫问题。三是实行户籍改革。对入住新型农村社区的居民，根据本人意愿可转为非农业户口，享受城镇居民待遇。当城镇户口待遇标准低于农村户口待遇标准时，按照就高不就低的原则，可继续享受农村待遇标准；愿意参加城镇居民医保的，个人交费标准仍按新农合缴费标准执行，差额部分由市财政补足。四是实行土地确权。为入住社区的居民进行住宅用地审批，办理集体建设用地使用权证，住宅用地需要依法使用国有土地的，按协议出让供地，颁发国有土地使用证。五是办理房产证。对入住新型农村社区的居民取得集体（国有）建设用地使用权的办理集体（国有）房产证。六是实行"两证"抵（质）押贷款。出台质押、抵押贷款办法，允许以农村土地承包经营权质押贷款和以新型农村社区住房抵押贷款。七是推进社会管理创新。在新型农村社区设立社会管理为民服务中心，负责所辖区域的社会管理服务工作，开展全方位、一站式管理服务。通过健全完善的城乡一体化社会保障体系，推进了农民由单独依靠土地保障向社会保障的转变，实现了农民"搬得出、稳得住、能发展、可致富"的目标，真正让农民过上了城市人的生活。

资料来源：河南省舞钢市调研汇报资料。

后　记

县域经济古而有之，自汉代郡县制至今，已有上千年的历史。县域经济是我国行政区域经济的典型代表，具有较强的集聚力、创新力和竞争力，是区域经济发展不可忽视的重要推动力量。改革开放以来，我国县域经济发展方兴未艾，涌现出一大批各具特色的发展典型，形成了一些新的发展模式，县域为增长而竞争，甚至还被学术界称为改革开放以来我国创造经济奇迹的重要原因之一。

当前，我国县域经济正处于后发赶超与转型发展的关键时期，实现工业化、信息化、城镇化与农业现代化的联动协调发展，是县域经济实现科学发展面临的重要历史命题和重大战略取向。受黑龙江省萝北县人民政府的委托，中国区域经济学会县域经济专业委员会承担了"萝北县域经济研究"课题，组建了以中国井冈山干部学院原副院长、中国区域经济学会副理事长、县域经济专业委员会主任委员、江西省教育厅巡视员周金堂教授、研究员为组长的课题组。在周金堂组长的带领下，课题组围绕萝北县域经济的结构特征与发展阶段、发展环境与战略选择、农业转型升级、资源型产业拓展提升、商贸流通业做大做强、旅游业特色发展，县域经济与城镇化、信息化、农业现代化协调化发展等方面开展研究，试图通过研究成果的推介，为中国县域经济的转型发展提供案例解剖、实证分析以及理论支持。

本书是在"萝北县域经济研究"课题最终成果的基础上修订而成。关于本书撰写分工如下：绪论：周金堂；第一章：周金堂、邓洲；第二章：刘勇、王建武；第三章：张书海、叶振宇；第四章：邓洲；第五章：王振霞；第六章：王振霞、刘勇；第七章：葛健；第八章：王建武、周金堂；第九章：叶振宇。罗勇参与了课题调研，并对第二章、第八章提出了撰写意见。全书由周金堂、刘勇提出研究思路与提纲，周金堂、刘勇、张书海负责统稿，周金堂、刘勇修改并审定了书稿。

　　本书出版得到了中共黑龙江省萝北县委、萝北县人民政府和经济管理出版社的大力支持，在此一并表示衷心的感谢。我们热切地希望读者提出批评和指正，也期望本书能对经济新常态背景下的理论和实际工作者探索县域经济发展有所帮助。

著　者

2015 年 6 月 13 日